Lutz Jahoda

Der Irrtum

Teil II
Die Hütte Gottes
bei den Menschen

edition lithaus

Bibliografische Informationen der Deutschen Nationalbibliothek
Die Deutsche Nationalbibliothek verzeichnet diese Publikation
In der Deutschen Nationalbibliografie;
detaillierte bibliografische Daten sind im Internet über
http://dnb.d-nb.de abrufbar.

Impressum

ISBN: 978-3-939305-11-8

© edition lithaus

                Zehrensdorfer Str. 11
                12277 Berlin
Internet: http://www.lithaus.de
e-Mail: info@lithaus.de

Satz und Layout: Lutz Jahoda
Umschlag: Joachim Geissler

Herstellung: Schaltungsdienst Lange oHG, Berlin
                    www.sdl-online.de

Alle Rechte vorbehalten.
Alle Nachdrucke sowie Verwertung in Film, Funk und Fernsehen und auf jeder
Art von Bild-, Wort- und Tonträgern sind honorar- und genehmigungspflichtig.

Den stillen Helden gewidmet

Die geschichtlichen Ereignisse in diesem
Roman beruhen auf Tatsachen.
Auch Vzor und dessen Söhne lebten,
wenn auch unter anderen Namen.
Ansonsten folgen Handlung und Personen
einer fiktiven Dramaturgie.

VORWORT

Es ist die Geschichte des in familiären Notstand geratenen Pensionärs Josef Vzor aus Brünn, seiner Vereinsamung im Strom deutschen Zeitgeistes unter Hitlers Diktatur und seines inneren Widerstands in den Jahren 1939 bis 1945 im Protektorat Böhmen und Mähren.
Vzors Söhne, Franz und Ferdinand, dienen Hitler. Franz, der Ältere, einst Leutnant in der tschechoslowakischen Armee, inzwischen Oberleutnant in einer Nachrichteneinheit der deutschen Wehrmacht, dient nicht gerade freudig. Ferdinand hingegen - Anna Vzors Lieblingssohn - verdingte sich der SS und war die treibende Kraft im Bestreben, so schnell als möglich den tschechischen Namen Vzor loszuwerden, was mit Mutter Annas Unterstützung gelang, so dass die Söhne nicht mehr Vzor, sondern Muster heißen. Franz und Ferdinand Muster - in deutschen Mädchenkreisen kurzzeitig als FF-Brüder - der Abkürzung für 'fader Franz' und 'fescher Ferdi' - bekannt.
Der Kriegsausbruch und Mutter Annas tragischer Tod machten der Fröhlichkeit ein Ende. Vzor, seit zwei Jahren Witwer, lebt zurückgezogen in seinem Weinberghaus und kann nicht wissen, welches Ereignis sich anbahnt, das sein ruhiges Rentnerleben bald auf den Kopf stellen wird.

1

Vzor hatte begonnen, wieder regelmäßig BBC-London zu hören. Er tat dies inzwischen vom Dachboden aus, wo der Empfang besser war. Das lange Stromkabel reichte von der Steckdose im Obergeschoss über die Bodentreppe bis zum Radio unter der Dachluke. Im Ernstfall war das Kabel beim Hinunterlaufen schnell mitzunehmen und aufzurollen. Verschwinden lassen konnte er es am unauffälligsten neben der Küche in der Abstellkammer unter dem Werkzeug zwischen Säge, Heckenschere und Blumendraht. Und das große empfangsstarke Radio mit den Kopfhörern war ebenso schnell zu verstecken. Dafür hatte Vzor im hintersten Dachbodenwinkel alte Decken und Gartenstuhlpolster. Als Alibigerät diente nach wie vor der Volksempfänger in der Küche.

Die erste Meldung, die er dort oben hörte, behandelte die deutschen U-Boot-Gruppenoperationen im Atlantik und im Mittelmeer und deren Erfolge zwischen Juni 1940 bis März 1941, aber auch deren Verluste an 14 Booten in diesen zehn Monaten.

Vom Abklingen der deutschen Luftoffensive gegen England war auch die Rede. Ein anderer Bericht enthüllte, dass der Luftangriff auf Freiburg im Breisgau am 10. Mai vergangenen Jahres ein *deutscher* Luftangriff war, inszeniert aus propagandistischen Gründen, um die Terrorangriffe gegen England zu rechtfertigen.

Im Libuschatal blühten inzwischen die Kirschbäume, und die Wochenschau präsentierte das Afrikakorps unter General Rommel im Vormarsch auf

Tobruk. Das Publikum in den Kinos reagierte erheitert auf den Filmausschnitt, der Soldaten zeigte, die bei glühender Mittagshitze auf kochendheißen Kühlerhauben und Panzerplatten Spiegeleier brieten.

Ende Mai 1941 meldete BBC-London, dass in den Monaten April und Mai 120.000 französische Bergarbeiter gestreikt hatten und dass am 10. Mai in Belgien 100.000 Arbeiter in den Ausstand getreten waren: aus Anlass des ersten Jahrestages des Überfalls Hitlerdeutschlands auf ihr Land.

In Böhmen und Mähren hingegen blieb es ruhig. Die blutroten Plakate mit der Bekanntmachung der Todesurteile im Spätherbst vor zwei Jahren zeigten immer noch Wirkung.

Vzor kümmerte sich um die Frühjahrsarbeiten, war noch einmal zum Steinmetz gefahren, um eine Ratenzahlung für Annas Grabstein auszuhandeln. Die Marmortafel stand bereits im Lager und sah gediegen aus. In wenigen Tagen werde sie aufgestellt, versicherte der Meister.

Am 12. Juni kam Post von der Friedhofsverwaltung, dass am Montag, dem 16. Juni 1941 der Stein aufgestellt werden könnte, ob Herr Vzor mit diesem Termin einverstanden wäre. Dem Steinmetz würde elf Uhr passen. Die Verwaltung bitte um schnellstmögliche Mitteilung.

Da Vzor keine Lust hatte, bis zur Gaststätte *Wlasak* oder noch ein Stück weiter hinunter bis zu *Křípals Gasthaus* zu laufen, ging er drei Häuser weiter zur Gaststätte *Roháč*, an der er meist vorbeilief. Früher, als Anna noch lebte, hatte Vzor öfter Bier geholt, zum Mittag- und zum Abendessen, in einem praktischen Traggestell jeweils zwei Bierkrügel vom Fass. Das war praktisch. Doch nun, da er allein war, wären zwei Halbeliterkrügel zu viel: bevor der eine halbe Liter ausgetrunken wäre, gäbe es auf dem anderen Bier keinen Schaum mehr. Für Biertrinker ein Gräuel.

„Hallo, Nachbar!", rief der Wirt.

„Dobrý den!", antwortete Vzor und bestellte sofort ein Bier, um sich der Peinlichkeit zu entheben, nach so langer Pause nur gekommen zu sein, um zu telefonieren.

„Mám Starobrněnský, stále ještě."

„Ja", sagte Vzor und nahm den Hinweis freundlich nickend zur Kenntnis, dass der Wirt immer noch Altbrünner Bier führe und sich wohl erinnere, was er nicht ausgesprochen hatte, aber mit diesem ′immer noch′ zu verstehen gab, dass der Herr Nachbar früher stets das Altbrünner geholt habe und er, der Wirt, das noch sehr gut wisse.

„Mir ist die Frau gestorben", sagte Vzor und fand, dass dies unter vielen Entschuldigungsmöglichkeiten für eine lange Abwesenheit die überzeugendste war.

„Ja", sagte der Wirt, „ich hab mich eh schon gewundert, dass Sie in letzter Zeit immer allein vorbeigegangen sind. Mein Beileid."

Noch ein Grund für Vzor nachzudenken, welchem Umstand das Beileid gegolten haben konnte: dem Vorbeigehen oder dem Tod der Ehefrau.

Vzor fragte, ob er einen Kasten Flaschenbier mitnehmen und kurz telefonieren dürfe.

„Dürfen dürften Sie schon", sagte der Wirt, „nur *können* werden Sie nicht: Das Telefon ist kaputt."

Vzor ließ sich den Ärger nicht anmerken. Ein Bier am helllichten Tag und einen ganzen Kasten ′Altbrünner′ obendrein, und das alles für nichts und wieder nichts. Also zahlte er, schleppte den Kasten nach Hause, ging wieder los, vorbei an Wlasaks Gaststätte, die aus familiären Gründen geschlossen hatte, marschierte weiter hinunter bis zu Křípals Wirtshaus, dem einzigen Gebäude auf der rechten Seite der Rennstrecke; aber auch dort war das Telefon gestört.

„Die Oberleitung soll irgendwo gerissen sein", sagte Křípal.

Vzor winkte den Wirt nah heran und flüsterte ihm ins Ohr, dass er in Zukunft mit Telefongesprächen lieber vorsichtig sein sollte, weil es weder Sturmböen noch Gewitter gegeben habe, die den Leitungen hätten Schaden zufügen können.

„Von Mitternacht bis zum frühen Morgen hat es geregnet", sagte Křípal, „und es weht immer noch ein starker Westwind."

„Davon reißen keine Leitungen."

Vzor trank nur ein kleines Bier und machte sich auf den Weg zum Zentralfriedhof und sicherheitshalber auch noch zum Steinmetz.

Vier Tage später war Vzor schon wieder auf dem Gottesacker, sprach erst mit dem Steinmetzmeister und dem Gesellen, sah den Zementarbeiten zu, die der Stabilisierung des Grabsteins und der Verankerung dienten, und sprach zuletzt, nachdem die beiden Steinmetzleute gegangen waren, mit Anna. „Die Laterne ist schön", sagte er, „und ich werde sie jetzt einweihen. Passend, dass grad von irgendwoher Musik erklingt. Da wird bestimmt eines Toten letzter Wunsch erfüllt: Melodien von František Kmoch. ʹŠly panenky silniciʹ spielen sie. In Kumrowitz haben wir dazu getanzt. ʹKolíne, Kolíneʹ und ʹČeská Musikaʹ. Auch von Kmoch. Alles zu Herzen gehende Weisen, wie all die Lieder, die zu diesem Land gehören wie die rot-weiß-blauen Farben. Rot wie die Mohnblumen auf den Feldern, weiß wie die schneebedeckten Gipfel der Hohen Tatra und blau wie der Himmel über allem, was uns lieb und teuer war, als wir noch jung und glücklich waren. - Jetzt brennt das Licht! Fünf Hölzer hab´ ich gebraucht! Der blöde Wind war schuld! Andererseits hat er uns die Musik herübergeweht. Jetzt ist es wieder still. In sechs Tagen habe ich Geburtstag: der zweiundsechzigste! Deiner war schon. Nein, ich habe das Datum nicht vergesssen. Wie könnte ich! Der erste Mai! Du sagtest immer: ´Schau, die marschieren für mich!´ Auch die Jahreszahl weiß ich noch: 1889. Da war ich zehn. Du kamst auf die Welt und Kronprinz Rudolf verließ sie gerade. Auf Schloss Mayerling, bei Baden bei Wien, erschoss er erst seine Geliebte, die Baroness Vetschera, und dann sich selbst. Die Baroness hat sich ihres tschechischen Namens nicht geschämt. Wiedersehen, Anna! Ruhe in Frieden!"

Den Aufenthalt in der Stadt nutzte Vzor, Friseur Sobotka aufzusuchen. Es sei wieder soweit, sagte Vzor. In sechs Tagen habe er Geburtstag, da müsse er vorzeigbar sein. Václav Tonda machte wieder einen seiner Scherze, warum sich Vzor nicht Sobotkas Frisur zulege. Die sei dankbar, weil leicht zu pflegen: mit Staubtuch und Möbelpolitur. Vzor lud Tonda und Sobotka ins Libuschatal ein. Der 22. Juni sei ein Sonntag. Das müsse sich doch einrichten lassen. Sobotka sagte zu, Tonda sagte erwartungsgemäß ab. Am Wochenende sei bei ihm Hochbetrieb, und am Sonntag kämen schon am

Vormittag Gäste, da könne er seine Frau unmöglich allein lassen.

Anschließend suchte Vzor noch seinen Freund Spitzer auf, der erst in seinen Terminkalender schauen musste und meinte, dass sich ein Besuch bestimmt einrichten ließe, falls es nicht ausgerechnet am Sonntag irgendwo brenne. Mit Křípal hatte Vzor ein Tauschgeschäft abgesprochen: Gegen zwei Päckchen Kaffee, ein Paar Seidenstrümpfe und zwei Schachteln Zigaretten lägen am 20. Juni zwei Aufschnittplatten mit diversen Wurstsorten, gekochten Eiern und Käse bereit. Zu bezahlen sei nur das Brot, das frisch vom Bäcker komme.

Am Freitag, in der Woche darauf, brauchte Vzor nur noch zu Křípal hinunter. Er nahm dazu das Fahrrad mit Anhänger. Den Berg abwärts fuhr er, zurück musste er schieben. Das passe zur Tätigkeit, meinte der Wirt, und Vzor nickt lachend, als er loszog; denn ein Schieber war er wohl jetzt nach dieser Aktion. Křípal hatte ihm noch zwei kleine Eisblöcke mitgegeben, die Vzor zu Hause in die unterste Abteilung seines geräumigen Eiskastens tat; die Wurstsorten verstaute er in die obersten Fächer, auch den Käse und die Eier, und in ein Fach darunter legte er drei Bierflaschen aus dem Kasten, den er vor zehn Tagen in der Nachbarkneipe gekauft hatte.

Den Samstag nutzte Vzor, um auszufegen, Staub zu wischen und das Wohnzimmer für alle Fälle aufzuräumen, falls die Gäste den Wunsch äußern sollten, lieber in der Kühle des Hauses zu sitzen, anstatt im Freien. Am Abend war Vzor so geschafft, dass er, ohne Radio zu hören, zu Bett ging und bis in den frühen Morgen durchschlief.

Um sieben Uhr weckte ihn der Hahn des Nachbarn. Da war es für den Hahn erst sechs. Hähne scherten sich schon damals nicht um die amtlich verordnete Sommerzeit. Dagegen war selbst die Gestapo machtlos.

Vorm Badezimmerspiegel wünschte Vzor sich alles Gute zum Geburtstag. Junikinder seien Sonnenkinder hatte seine Mutter oft betont. Dieses Gefühl hatte er jetzt auch und überlegte, ob er sich schon nobel anziehen sollte oder erst noch leicht und bequem, dem zu erwartenden warmen Sommertag entsprechend, als sein Blick auf die leeren Wassereimer fiel. Also erst Wasser holen, lautete sein Kommando. Erst das Wasser, dann das Frühstück. Und so schlüpfte er in seine Arbeitshose, zog das Hemd vom gestrigen Tag noch einmal an, griff sich das Frongeschirr, wie er das Schulterjoch inzwischen nannte, hängte die leeren Eimer an die Haken, schloss das Tor auf und stieg die Kalksteinstufen zur Straße hinunter.

Er war noch nicht auf dem letzten Treppenabsatz angelangt, da hörte er das Fauchen und Brummen eines motorstarken Fahrzeugs, das mit hoher Geschwindigkeit heranbrauste und mit quietschenden Bremsen in einer Staubwolke an der Vorgartentür hielt.

„Du kannst einen ganz schön erschrecken!", rief Vzor.

Spitzer stieg aus, hustete, wedelte mit der Handfläche vorm Gesicht, als müsse er erst freie Sicht schaffen und sagte: „Pfui Deibel! Staubt das hier immer so?"

Und Vzor antwortete: „Nur wenn einer so verrückt fährt und bremst wie du!"

Spitzer umarmte seinen zehn Jahre älteren Freund, wünschte Gesundheit und noch mal zweiundsechzig Jahre mindestens, griff sich den Schulterbalken mit den Eimern und sagte: „Komm, gib her, ich kann ′s nicht ansehen, wenn alte Herren sich so schinden müssen. Hat dir der Führer immer noch keine Wasserleitung gelegt?"

„Der hat keine Zeit. Der muss Feldherr spielen."

„Also weißt du ′s schon."

„*Was* soll ich wissen."

„Hast du noch keine Nachrichten gehört?"

„Ich bin grad erst aufgestanden. Was ist passiert?"

„Hitler ist in Russland einmarschiert!"

Scheppernd fiel Vzor der Wassereimer aus der Hand, den er gerade Spitzer reichen wollte, und sagte: „Also doch! Und wann?"

„Gegen vier Uhr früh. Die Städte Minsk, Kiew und Tallin wurden bereits bombardiert. Wehrmachtsverbände sind nach bewährter Art auf breiter Front unwahrscheinlich schnell ins Landesinnere vorgedrungen."

„Franz, mein Ältester, ist dort."

„Er ist nicht mehr in Paris?"

„Er musste Ende März wieder nach Krakau zurück."

„Und dein Jüngster, der Ferdinand?"

Vzor überlegte, ob dies jetzt vielleicht ein günstiger Augenblick sein könnte, Spitzer zu erzählen, dass Ferdinand nach Theresienstadt abkommandiert worden war, verwarf den Gedanken gleich wieder und sagte nur: „Keine Ahnung, wo Ferdinand jetzt ist. Er hat nichts von sich hören lassen."

„Ich füll´ dir nur schnell ein paar Kübel ", sagte Spitzer, „muss leider gleich wieder runter. Hab gesagt, dass ich die neue Zylinderkopfdichtung ausprobieren muss. Ich kann also nicht ewig wegbleiben."

„Heißt das, dass du heut Nachmittag nicht kommen wirst?"

„Die Zentrale hat - weiß der Teufel, warum - Alarmbereitschaft verfügt. Darauf bist du offenbar mit deinen Festlichkeiten abonniert. Du feierst Silberhochzeit – der Rawuzl aus Braunau fängt sein´ Krieg an. Du hast Geburtstag – und Adi, der Zornbinkel, will dem Stalin an die Gurgel."

„Schaust halt, Schorsch. Es wird ein warmer Tag, hat jetzt schon 25 Grad. Regnen wird ´s nicht. Teils heiter, teils bewölkt wird es bleiben, der Wind wird sich legen. Vielleicht kannst du dich doch noch freimachen am Nachmittag. Was mach ich sonst mit dem Büfett? Hab zwei Rebhühner geschossen, hab Kaviar, Dorschleber und russischen Wodka im Eisschrank - nur jetzt leider weder Durst noch Hunger."

Über die ´geschossenen Rebhühner´ musste Spitzer lachen. „Wer wird *noch* kommen?"

„Sobotka, mein Friseur."

„Ich wollte immer schon mit einem Friseur Tarock spielen."

„Dann komm. Ohne dritten Mann könnt´ ich mit Sobotka nur Kugerln spielen. Kennst du doch: die bunten Glaskugeln in das mit dem Schuhabsatz ins weiche Erdreich eingedrehte Loch zu rollen?"

Spitzer war inzwischen dreimal mit den beiden Kübeln zwischen Brunnen und Haus hin und her gelaufen.

„Ich danke dir", sagte Vzor. „Jetzt saus wieder los. Die Zylinderkopfdichtung nimmt dir sonst die Pause übel."

„Weil du grad das mit dem Schuhabsatz eingedrehte Loch erwähnt hast: Der Führer …"

„Ist das der, den du vorhin erst Rawuzl und Zornbinkel genannt hast?"

„Genau der. Der hat sich mit seiner Entscheidung und seinem auf Hochglanz polierten, aber bereits blutverschmierten Absatz heute selbst das Loch gedreht, über das er alsbald stolpern wird. Russland ist groß. Hast du dir die Fläche im Gegensatz zu Deutschland auf der Landkarte angeschaut? Dieses Riesengebiet lässt sich nicht in fünf Monaten erobern und besetzen. Erst werden die Landser in ihren dünnen Uniformmänteln frieren wie geschorene Pudel am Nordpol, und im Frühjahr werden sie mit ihrem Kriegsmaterial im Schlamm versinken. Um das zu erkennen, braucht ein Mensch mit Hirn keine prophetischen Gaben."

Spitzer stieg in sein Feuerwehrauto, wendete und rief aus dem offenen Fenster: „*Ich* hab dir nicht den Geburtstag versaut! Der Rawuzl war ′s! Der Zornbinkel, der elendige!"

2

Vzor verfolgte die Nachrichten mit Sorge. Die Einsamkeit im Weingarten ließ ihn häufiger grübeln als dies für sein seelisches Gleichgewicht gut gewesen wäre. Die Heilige Messe an Sonntagen besuchte er seit längerer Zeit nicht mehr. Nur wenn er in der Stadt war, um Spitzer zu besuchen oder in seiner alten Stammkneipe vorbeizuschauen, einmal im Monat sich die Haare schneiden zu lassen, die im Alter nicht mehr so wuchsen wie einst im Mai, setzte er sich in die dämmerige Stille eines Gotteshauses und hielt stumme Zwiesprache. Ein ihm erst kürzlich zur Kenntnis gelangtes Foto in einer älteren Zeitschrift, die im Wartezimmer seines Zahnarztes Dr. Zenker auslag, hatte seine Beziehung zum Klerus mit Zweifel belegt. Der Schnappschuss zeigte hohe kirchliche Würdenträger, die dem Regime mit zum Hitlergruß erhobenem Arm Ehrerbietung bezeugten. Traurig, dachte Vzor, traurig schwach seid nun auch ihr, Diener Gottes, und beugt euch der Gewalt. Vzor hatte noch Vertrauen zu Gott, zweifelte lediglich an der Kraft der Kirche. Spitzer hingegen meinte, Gott müsse tot sein oder sich anderen Galaxien zugewandt haben.

So gut die Hitlertruppen im russischen Raum vorangekommen waren, mit Moskau gab es Schwierigkeiten. Ende September 1941 entschloss sich Hitler zu einer Wiederaufnahme des Angriffs auf die Hauptstadt. Mit 75 Divisionen versuchte er, was ihm in Frankreich so ruhmreich und glänzend gelungen war. Aber Moskau war nicht Paris. Die Kesselschlachten bei Wjasma und Brjansk führten nicht zum Zusammenbruch der sowjetischen Verteidigung vor Moskau. Anfang Oktober wurde zwar Orjol und Mitte Oktober Kalinin erobert, doch bereits Ende Oktober musste der Angriff auf Moskau abgebrochen werden.

Wenn Vzor die Sondermeldungen hörte und gelegentlich auch die Zeitungsartikel las, staunte er jedesmal, wie Goebbels Niederlagen in Siege umzumünzen verstand. Dabei hatte die deutsche Ostfront seit Beginn des Russlandfeldzugs schon nahezu eine halbe Million Mann verloren.

Der Herbst war da, die Obsternte war eingebracht, die letzten Äpfel von den Bäumen geholt und im Keller trocken gelagert. Was an Obst in Gläsern einzukochen war, hatte Vzor eingekocht. Früher hatte Anna diese Einkocharbeiten erledigt. Seit vergangenem Jahr war Vzor allein damit befasst. Mehrere Körbe mit Stachel- und Johannisbeeren hatte er seinem Freund Spitzer ins Feuerwehrdepot gebracht.

In der zweiten Septemberhälfte war Vzor bei einem seiner Stadtbesuche aufgefallen, dass einige Leute, die meist schnell und mit gesenktem Kopf an ihm vorübergingen, einen gelben Fleck an ihrer Kleidung trugen. Spitzer sagte: „Du kriegst in deiner Einsiedelei wohl überhaupt nichts mehr mit. Seit dem 19. September müssen jüdische Bürger einen an ihrer Kleidung aufgenähten sechseckigen gelben Stern mit der Aufschrift ′Jude′ tragen."

Am 1. November 1941 – ein Samstag mit wechselnder Bewölkung – waren Spitzer und Vzor mit dem Autobus nach Wranau gefahren. Spitzer hatte einen Korb mit erstklassigen Boskoop-Lageräpfeln dabei. Frau Stefanie Wimmers Charme und der Liebreiz ihres Gesichts hatten im Lauf der vergangenen beiden Jahre nicht gelitten. Sie breitete die Arme aus und rief: „Wie kann man sich nur so rar machen, Herr Vzor? Ich dachte schon, Sie wären ausgewandert!"

„Hat denn Georg keine Grüße von mir bestellt?"

„Der Hallodri hat sich ja auch schon eine Ewigkeit nicht blicken lassen."

„Aber angerufen hatte ich", verteidigte sich Spitzer. „Mehrfach."

„Danke für Ihre Beileidskarte", sagte Vzor.

„Schorsch hatte mich informiert. Er erzählte mir auch von Ihrem Schock, als Sie mich im Foyer des Theaters in Begleitung des Stellvertretenden SA-Stabschefs erblickten."

„Ehrlich gesagt, macht mich das immer noch konfus, jetzt, da Sie mich daran erinnern."

„Wo wollen wir uns hinsetzen?"

„Am liebsten in die Küche", sagte Vzor.

„Ihr bleibt doch über Nacht", sagte Stefanie und ging voraus.

„Nur wenn wir dürfen", sagte Spitzer.

„Seit Schorsch eine Freundin hat, ist er mir gegenüber so förmlich vornehm."

„Du hast eine Freundin?", staunte Vzor.

Spitzer bekam rote Ohren, was nicht daran liegen konnte, dass Stefanie gerade die Herdtür öffnete und ein paar Holzspäne auf das Glutbett legte.

„Eine aus Wien, glaube ich", sagte Stefanie, schloss die Feuerlochtür und setzte den Wasserkessel auf die Herdplatte.

„Ja", sagte Vzor. „du warst in letzter Zeit öfter in Wien, dass ich schon dachte, du tschacherst mit Stoffen."

„Ich werde mich hüten. Wie heißt der Neue, der den Freiherrn abgelöst hat?"

„Heydrich", sagte Stefanie. „Chef des Reichssicherheitshauptamtes, Hitlers Bluthund, seit dem 28. September in Prag, aber bis jetzt schon mehr als dreihundert von ihm angeordnete und teilweise durchgeführte Exekutionen an tschechischen Männern und Frauen aus der Widerstandsbewegung, die längst von der Gestapo unterwandert wurde."

„Die Gestapo kann doch weder tschechisch reden noch verstehen", warf Vzor ein. „Wie sollte da eine Unterwanderung stattfinden?"

Spitzer und Stefanie fixierten Vzor, fragend, aber irgendwie auch spitzfindig wissend; Vzor empfand das so und sagte: „Meint ihr etwa einen Typen wie mich, der auf zwei Hochzeiten tanzt, beide Sprachen beherrscht, sich in die tschechische Szene einmischen, die Arglosen aushorchen und an die Gestapo verpfeifen könnte?"

Stefanie schüttelte entsetzt den Kopf, Spitzer lachte hell auf und sagte: „Du bist Deutscher. Da tarnt dich auch kein tschechischer Name. Und so könntest du gar nicht so perfekt tschechisch sprechen, dass dir ein Tscheche aus dem Widerstand vertrauen würde. Umgekehrt könnte ein Schuh draus werden: Die Tschechen horchen *dich* aus!"

„Und verpfeifen mich an die Gestapo?"

„Wieso nicht?", sagte Spitzer.

„Und was würden sie erfahren? Dass ich in bester Laune mit dir und meinem tschechischen Frisör an meinem Geburtstag Tarock spielte?"

„Zum Beispiel", antwortete Spitzer. „Obwohl Heydrich die Tschechen zurzeit gar nicht bei Laune hält."

„Das wird schon wieder", sagte Stefanie. „Zuckerbrot und Peitsche. Augenblicklich ist die Peitsche an der Reihe. Wenn das Volk durch Bluturteile ausreichend eingeschüchtert ist, wird Heydrich wieder den Kunstliebhaber hervorkehren."

„Was wird ´s zum Nachtmahl geben?", fragte Spitzer.

„Deine Überleitungen solltest du dir patentieren lassen", sagte Stefanie. „Was hättest du denn gern?"

„Fasan mit Preiselbeeren und Semmelknödeln und als Nachspeise Marillentorte.", sagte Spitzer. „Oder gibt ´s das nur, wenn der Stellvertretende Stabschef kommt?"

„Wenn die Partei kommt, gibt ´s nur Rindssuppe."

„Wie der Führer sie isst?"

„Wie der Führer sie am Eintopfsonntag isst. Richtig schön braun", bestätigte Stefanie.

„Um die Suppe braun zu kriegen, kochst du da mit dem Rindfleisch ein Braunhemd aus?"

„Zwei Braunhemden."

„Und eine SA-Hose?"

„Du sagst es", nickte Stefanie mit todernster Miene.

„Und wenn die Suppe dann immer noch nicht braun genug ist?"

„Dann gibt man ein paar Tropfen Zuckercouleur hinzu."

„Und, wenn ´s für den Führer ist?", wollte Spitzer noch wissen.

„Zwei Esslöffel Arsen!"

Vzor staunte.

Spitzer stand lachend auf, ging in die Speisekammer und rief: „Steffi, ich sehe da einen verführerisch duftenden Apfelkuchen. Hat den Frau Myslivec für uns gebacken oder soll der für den Herrn Stabschef aufgehoben werden?"

„Du mit deine g´scherten Sprüch!", lachte Stefanie. „Natürlich ist der für euch! Der ist ja schon aufgeschnitten! Bring den Teller rein!"

Und so tranken sie Tee, kosteten vom Apfelkuchen, bedachten Frau Myslivec mit Lob, das Frau Stefanie auszurichten versprach, und dann sagte sie: „Übrigens, Fritz Grünbaum ist gestorben. Bereits Mitte Januar. Im Konzentrationslager Dachau. Verrückt, dass mir das gleich nach dem Lachen eingefallen war."

„Überhaupt nicht verrückt", sagte Spitzer. „Es würde ihn freuen. Schließlich war er Kabarettist, Komiker, Conférencier."

Vzor fiel sofort die peinliche Situation ein, als er mit Anna im Wiener Kabarett ′Simpl′ saß, Karl Farkas und Fritz Grünbaum ihre Doppelconfèrence beendet hatten und Anna laut ausrief: ′Die beiden Juden sind gut!′

„Und er war Brünner", sagte Stefanie, was sich wie eine Fortsetzung von Vzors Gedanken anhörte. „Kennen Sie seine letzte Pointe, Herr Vzor?"

„Nein."

„Es war sein letzter Auftrittstag in Wien. Im ′Simpl′. Er hatte als Chef des Kabaretts den Beleuchter angewiesen, kurz vor Schluss der Vorstellung alle Scheinwerfer und das Bühnenlicht auszumachen. Das geschah dann auch, Grünbaum stand im Finstern und sagte: ′Ich sehe nichts, absolut gar nichts! Da muss ich mich in die nationalsozialistische Kultur verirrt haben!′"

„Na bravo!", sagte Vzor.

„Die Nazis hatten ihn ohnehin längst auf ihrer Liste, hatten sich schon vor der Machtergreifung in Berlin über ihn geärgert, wenn er sich auf der Bühne des Kabaretts ′Chat Noir′ mit blitzgescheiten Sätzen über die Nationalsozialisten lustig machte. Da konnte er 1933 als Österreicher noch ungehindert nach Wien ausreisen. 1938 konnte er nirgendwohin mehr ausreisen. Die Chance, mit seinem Kollegen Karl Farkas noch rechtzeitig genug Österreich zu verlassen, hatte er nicht genutzt. Wie ich erfuhr, soll er schließlich doch noch versucht haben, über Bratislava zu fliehen; aber die slowakischen Behörden hatten ihn eiskalt nach Wien zurückgeschickt, wo er sofort verhaftet und ins Konzentrationslager Dachau eingewiesen wurde. Zwischendurch soll er eine gewisse Zeit im Lager Buchenwald gewesen, aber inzwischen wieder nach Dachau zurückgebracht worden sein."

„Kurz gesagt, nichts Genaues weiß man nicht!", bemerkte Spitzer.

„Die doppelte Verneinung hat dir die tschechische Sprache geschenkt, gelle?"

„Und das ´gelle´ dein reichsdeutscher Mann. Gott hab ihn selig!"

Vzor lächelte verunsichert, hätte zu gern gewusst, woher Frau Wimmer ihre Informationen bezog. Der Stellvertretende Stabschef dürfte wohl kaum den Juden Grünbaum zum Thema seines Tischgesprächs auserkoren haben. Außer, Stefanie Wimmer hätte gezielt nach Grünbaum gefragt, was kaum anzunehmen war.

„Grünbaum kann noch nicht alt gewesen sein", überlegte Vzor laut.

„Ein Jahr jünger als du, Pepi", sagte Spitzer.

„In dem Alter stirbt man doch noch nicht", hörte Vzor sich sagen und hätte sich am liebsten auf die Zunge gebissen; aber der Satz war raus und Stefanie Wimmers Erwiderung ebenfalls.

„Im KZ schon", sagte sie.

Und Vzor, aus seiner Verlegenheit heraus, stellte auch noch die dümmste aller Fragen, und so war auch der Satz „Woran sterben die Leute dort?" ebenfalls nicht mehr zurückzuholen.

Spitzer schaute Stefanie an, Stefanie schaute auf Vzor, und Vzor erwartete den Satz: Das sollten Sie Ihren jüngsten Sohn fragen.

Vzor schloss die Augen, aber der Satz kam nicht. Als er die Augen wieder öffnete, war Frau Wimmer nicht mehr in der Küche, aber Spitzer war da, schaute besorgt und fragte: „Ist dir nicht gut, Pepi?"

„Mir war nur ein bisschen schwindlig", schwindelte Vzor.

„Steffi wird gleich wieder da sein, sie holt nur was."

Vzor nickte und begann endlich seinen Apfelkuchen aufzuessen. Jetzt mit weniger Genuss. Misslichkeiten wie diese konnte er wochenlang mit sich herumschleppen.

Dann kam Stefanie Wimmer wieder zurück, in der Hand ein Foto im Format einer Weltpostkarte und legte das Bild neben Vzors Kuchenteller.

„Was ist das?", fragte Vzor, und er fragte genau so wie Anna einst immer zu fragen pflegte, obwohl das Bild direkt vor ihm lag und er sehen konnte, was es zeigte.

„Das ist Mauthausen", sagte Stefanie.

„Es ist kein gutes Foto", sagte Vzor, nachdem er den Kuchenbissen heruntergewürgt hatte.

„Es kommt auch nicht vom Ansichtskartenständer aus dem ČEDOK- Reisebüro", sagte Spitzer.

„Es ist bestimmt schon mehrfach kopiert", sagte Stefanie.

Vzor setzte seine Lesebrille auf, und Stefanie erläuterte: „Was in der Bildmitte wie eine überdimensionale, quer den Berg hinaufgestellte Schreibmaschinentastatur aussieht, sind keine Tasten; es sind zentnerschwere Steinquadern, die aber nicht einfach dort liegen; sie werden getragen, geschleppt von Menschen, die ohne Gerichtsverfahren inhaftiert und dorthin zur Zwangsarbeit transportiert wurden. Was auf dem Bild nicht zu erkennen ist: Es sind in den Steinbruch geschlagene Treppen – keine bequemen Zwölferstufen wie im Schloss Schönbrunn. Es sind etwa vierzig Absätze, die überwunden werden müssen. Fünferreihen sind zu sehen, etwa fünfunddreißig, also einhundertfünfundsiebzig gepeinigte Menschen, die einhundertfünfundsiebzig Granitblöcke den Steinbruch hinaufschleppen, nicht einberechnet die im Bild nicht mehr erkennbaren restlichen Stufen, die verdeckt werden von der Gruppe der im Bildvordergrund wartenden Häftlinge mit bereits geschulterten Steinquadern. Das Foto wurde bestimmt an einem heißen Sommertag gemacht. Der Betrachter ahnt die Sonnenglut, obwohl die Tageszeit nicht genau zu bestimmen ist. Dem Körperschatten nach, den der Bewacher im oberen Bildabschnitt wirft, könnte es entweder halb zehn am Vormittag oder halb drei am Nachmittag sein."

„Was ist das rechts im Bild?", fragte Vzor. „Sieht aus wie ein überdachter Sitzplatz. Und was hängt da an dem Giebelbalken?"

„Sieht aus wie eine Stoffpuppe, die an einem Strick baumelt."

„Und der Mann, der vor dieser primitiven Holzkonstruktion steht? Ist das ein Aufseher?"

„Die Person trägt gestreifte Sträflingshosen, die von Hosenträgern gehalten werden, hat aber ein weißes Hemd an. Ist offenbar ein bevorzugter Häftling. Und wenn Sie durch ein Vergrößerungsglas schauen, können Sie einen Knüppel erkennen, den der Mann in der rechten Hand hält." Stefanie reichte Vzor eine Lupe.

Vzor besah sich die Aufnahme durch die ins Vergrößerungsglas zusätzlich eingeschliffene Sammellinse und erkannte im Hintergrund einen Mann, der einen langen Stock aufrecht nach oben streckt: „Da hinten, etwas verdeckt von der wartenden Häftlingsgruppe, gibt einer ein Zeichen. Ich kann aber nicht erkennen, ob es ein Uniformierter oder ein Sträfling ist."

Stefanie beugte sich über das Foto, nahm Vzor die Lupe aus der Hand, schaute und sagte: „Das ist ein Sträfling. Die Jacke ist offen und auch hier ist etwas Weißes zu sehen; demnach auch ein Bevorrechteter, dem ein weißes Hemd zu tragen gestattet ist."

„Darf ich noch einmal schauen?" Stefanie gab Vzor die Lupe zurück, Vzor schaute und sagte: „Der Mann da oben an der Felswand, den Sie als Sonnenuhr benutzten, sieht auch nicht wie ein Uniformierter aus. Er hat kein Gewehr, stützt sich lediglich auf einen dicken langen Ast."

Stefanie überprüfte das und meinte schließlich, dass Vzor recht haben könnte. „Die Herren vom Lagerpersonal sind sich zu fein, um selbst zu prügeln. Sie schauen lieber zu und genießen. Also wie es aussieht, ist dieses überdachte Holzpodest ein Züchtigungsplatz, unmittelbar dort errichtet, wo die Häftlinge mit den Felsblöcken auf der Schulter

Aufstellung nehmen müssen zu ihrem qualvollen Aufstieg."

Der Teekessel für den zweiten Aufguss begann zu pfeifen, Spitzer stand auf, ging zum Herd und sagte: „Steffi, würdest du bitte das Foto wieder wegtun."

„Auf der Rückseite steht noch eine Anmerkung in tschechischer Sprache", sagte Steffi.

Vzor drehte die Fotografie um und las: „Grüße aus Oberösterreich. Tschechische Häftlinge beim Bau der *Tschechischen Mauer*."

"Steffi, tu das Bild weg!", wiederholte Spitzer.

Vzor reichte Frau Wimmer das Bild und sagte: „Wenn das stimmt, dann wehe den Reichsdeutschen in diesem Land."

Stefanie Wimmer hatte noch am Abend ein besonders wertvolles Exemplar aus ihrer Geheimbibliothek hervorgeholt. „Die bibliophile Ausgabe einer Erzählung von Franz Kafka", erklärte sie, „1919 als Drugulin-Druck bei Kurt Wolff erschienen. Der Titel, ´In der Strafkolonie´, passend zum Foto, geradezu seherisch seiner Zeit vorausgeeilt, als Kafka im Herbst des Jahres 1914 diese Erzählung schrieb, nachdem er von einem Berlinaufenthalt nach Prag zurückgekehrt war. Schon neunzehn Jahre später *gab* es die ersten Straflager. Am 3. Juni 1924 verstarb Kafka an Lungentuberkulose, genau einen Monat vor seinem einundvierzigsten Geburtstag. Am 11. Juni wurde er in Prag-Straschnitz beigesetzt. Er wäre jetzt erst achtundfünfzig und ein Opfer der Nürnberger Gesetze."

Spitzer bat um Musik und um einen Wechsel des Gesprächsthemas. Ihm stecke noch der Anblick der jüdischen Familien in den Knochen, die im vergangenem Monat die Stadt verlassen mussten. Er habe die Menschen gesehen und sich gefragt, was wohl die Mütter ihren Kindern erzählt haben mochten, die doch bestimmt wissen wollten, wohin es gehe und warum überhaupt sie die Wohnung verlassen mussten. Mit kleinen Rucksäcken auf dem Rücken waren sie neben den mit Polstern und Decken beladenen Kinder- und Leiterwagen dahingetrippelt, ihren Lieblingsteddy im Arm. Seit diesem Tag träume er davon, es zerreiße ihm das Herz, weshalb er um ein heiteres Thema bitte.

Frau Stefanie bemerkte daraufhin, dass er sich dann ein anderes Wochenende hätte aussuchen müssen, schließlich sei am 1. November Allerheiligen und am 2. November Allerseelen. Da gedenke der katholische Christ der Toten, und ob Herr Vzor auf dem Friedhof gewesen sei.

Selbstverständlich, antwortete Vzor, bereits am frostigen Morgen habe er das Grab seiner Frau aufgesucht, ihr einen schönen Herbstkranz mitgebracht, das Ewige Licht angezündet und einen Boskop-Apfel auf die Laterne gelegt. Auch am Grab seiner Eltern sei er gewesen, allerdings nur kurz, danach sofort wieder mit der Straßenbahn zurück in die Stadt geschaukelt, um am Bahnhof Spitzer zu treffen, weil ja von dort der Bus nach Wranau abfuhr.

Die Traurigkeit hatte auch noch den Sonntag überschattet. Bereits am Samstagnachmittag hatte sich der Himmel bezogen, am Abend hatte es zu regnen begonnen. Ein kleiner Spaziergang zwischen Frühstück und Mittag sollte Aufmunterung bringen. Vergeblich. Die Laune war trüb geblieben, als tropfte mit dem Regen Schwermut von Ästen und

Zweigen. So hatte Vzor die beiden ersten Novembertage 1941 in Erinnerung.

3

Immer noch in Ermangelung eines Hitlerbildes, redete Vzor wiedereinmal mit dem Volksempfänger: „Läuft wohl nicht mehr so, dein Blitzkrieg, wie? Jetzt versuchst du schon zum dritten Mal Moskau einzunehmen, probierst es mit einer Umfassung von Süden und Norden. Dabei hast du schon Probleme mit der absoluten Blockade Leningrads. Bei Tichwin machen dir die Russen Schwierigkeiten. Recht so. Und wetten, dass dir die Front im Süden auch bald Kopfschmerzen bereiten wird? Rostow am Don wirst du nicht lang halten können."

Und tatsächlich, am 29. November war Rostow wieder in russischer Hand, und auch im Norden bei Leningrad lief es nicht mehr nach Hitlers Wunsch. Bei Tichwin musste Hitlers 16. Armee bis hinter den Wolchow zurückweichen. Und am 5. Dezember begann vor Moskau die gewaltige Gegenoffensive Stalins. Am 7. Dezember griffen japanische Flugzeuge den Hauptstützpunkt der US-Flotte im pazifischen Raum an. Fünf Schlachtschiffe, die in Pearl Harbor vor Anker lagen und 14 weitere Kriegsschiffe wurden versenkt und 188 Flugzeuge zerstört. Am 8. Dezember erklärten die Vereinigten Staaten von Amerika und Großbritannien Japan den Krieg. Und bereits drei Tage darauf erfolgte die Kriegserklärung Deutschlands und Italiens an die USA.

Da entschloss sich Vzor doch noch zum Kauf eines Hitlerbildes. In der Innenstadt gab es einen Laden, der früher auch Bilder des Papstes führte. Die gab es vielleicht *auch* noch, aber nicht mehr in der Auslage. Dafür gab es eine reiche Auswahl an Hitler. Sogar in Öl. Hitler in Aspik wäre Vzor am liebsten. Grimmig schmunzelnd ging er langsam am Schaufenster vorbei, disponierte um, kaufte erst eine Sonnenbrille, die dunkelste und preiswerteste, die es gab, antwortete auf den Hinweis des Verkäufers, dass mit diesem billigen Produkt kein optimaler Augenschutz gewährleistet sei, mit dem kurzen Satz: „Ich will mit dem Nasenfahrrad eh nicht in die Sonne." Im Bilderladen sah sich Vzor weiteren Auffälligkeiten ausgesetzt: Die Frau hinterm Ladentisch meinte, dass der Herr die Bilder vielleicht doch besser ohne Sonnenbrille betrachten sollte; die Schönheit des Kunstwerks käme mit Brille nicht zur Geltung, die Farben würden beeinträchtigt. „Nein, danke", sagte Vzor, „ich will nur dieses Bild hier", wobei er auf einen Buntdruck des erträglichen Ausmaßes von 13x18 zeigte. Dass er dem Bild des Führers das Wörtchen ′nur′ vorangestellt hatte, wurde Vzor erst am gekränkten Blick der Verkäuferin bewusst.

„Möchte der Herr vielleicht noch einen schönen Rahmen? Wir führen auch Spiegel, wie Sie sehen."

Vzor schaute höflichkeitshalber hinauf zu den Spiegeln, die an der Wand hinter dem Ladentisch hingen, in denen sich die Schaufensterfront und ein Teil des Gehsteigs spiegelten, und erblickte die fahle Gestalt des krummen Herrn Berla. Zwinkernd versuchte er durch die Scheibe das Ladeninnere zu erspähen.

Die Verkäuferin wiederholte ihre Frage nach einem Rahmen, Vzor dankte, sagte, dass ihm die schlichte Holzeinfassung genüge, worauf die Verkäuferin meinte, dass der Führer schließlich auch ein schlichter Mensch aus dem Volke sei, geradezu spartanisch, streng, hart und dennoch anspruchslos.

„Na ja", sagte Vzor und verschluckte den Einspruch gegen Hitlers Anspruchslosigkeit, schaute noch einmal in den Spiegel, konnte aber den Herrn Berla nicht mehr erblicken.

„Vielleicht doch noch einen Spiegel?", fragte die Verkäuferin.

„Nein, danke", sagte Vzor, zahlte, nahm das verpackte Hitlerbild und verließ das Geschäft.

Zu Hause bekam der Buntdruck seinen Platz über dem Volksempfänger in der Küche, und am Samstag, dem 13. Dezember, hatte Vzor Gelegenheit, beiden Großschnauzen die Meinung zu sagen. Vor allem dem Oberlumpen, der hochmütig, an jedem Bildbetrachter vorbei, noch in die tausendjährige Zukunft des Reiches blickte. Vzor, soeben erst dem Bett entstiegen, ungewaschen, ungekämmt und unrasiert, absichtlich respektlos schlampig im wärmenden Schlafrock, aber versehen mit den neuesten BBC-Nachrichten der Nacht, baute sich vor Hitler auf und sprach: „Da hat dir aber diesmal schon am Sankt Nikolaustag der Krampus was in die Socken gepackt: qualmende Kohlen mit Grüßen von Josef Wissarionowitsch Dshugaschwili, genannt Stalin. Stinkt dir gewaltig. Kann ich mir denken. Und wie wird dir erst der Zweifrontenkrieg in Afrika gefallen, sobald die Amerikaner dort den Engländern zu Hilfe kommen werden? Das wird geschehen, so wahr ich Vzor und meine Söhne Muster heißen."

Diese persönliche Ansprache tat Vzor ungemein gut. Das Hitlerbild zu kaufen und über die ′Goebbelsschnauze′ zu hängen und so den beiden Größenwahnsinnigen die Meinung sagen zu können, fand Vzor außerordentlich erfrischend. Der reinste Jungbrunnen.

Den Heiligen Abend verbrachte Vzor allein. Schneeregen vorm Fenster, auf dem Küchentisch ein Tannenkranz mit vier roten Kerzen. Mit einbrechender Dunkelheit zog Vzor die Verdunkelungsrollos herunter und las im Flackerlicht der Kerzen die Weihnachtspost. Franz hatte geschrieben. Als Absender war nur eine Feldpostnummer angegeben. Schwägerin Dorothea schrieb aus Wien. Tante Magdalena und Tante Maria schickten aus der Steiermark Weihnachts- und Neujahrsgrüße als Antwort auf Vzors Festtagswünsche. Frau Stefanie Wimmer schickte eine Karte, und Spitzer kam selbst.

Am 25. Dezember stand er vorm Haus, auch wieder mit einem Wagen, nur diesmal mit keinem Fahrzeug aus dem Feuerwehrdepot, sondern mit einem korallroten Opel-Admiral, der Stefanie Wimmer gehöre, wie Spitzer verkündete, ein Modell der gehobenen Preisklasse, Baujahr 39, aufgetankt mit Benzin aus Sonderbeständen, auf die nur hohe und höchste Parteiführer Zugriff hätten. Diese Zusatzbemerkung erfolgte in bereits stark gedämpfter Lautstärke, und den Abschlusssatz – „wie schön und gerecht, dass auch wir davon profitieren" – sprach Spitzer bereits im Flüsterton, nah an Vzors linkem Ohr.

„Wieso?", fragte Vzor. „Willst du mit mir eine Spritztour nach Luhatschowitz machen? Zum Weihnachts-5 Uhr-Tee der lustigen Witwen?"

„Gute Idee", sagte Spitzer. „Warum nicht gleich nach Bad Pištan für drei Wochen? Täte uns beiden gut. Dir, deiner Knie wegen, und mir, meiner Halswirbelsäule zuliebe."

Spitzer hatte einen Thermobehälter im Wagen und bat Vzor, ihm die verchromte Henkelkonstruktion abzunehmen, um den Wagen abschließen zu können.

„Du hast schon Sand auf die Stufen gestreut?", fragte Spitzer. „Es sind noch Nullgrade. Gestern waren es in der Stadt fast warme zehn Grad."

„Du kennst mich doch: ich denke immer schon einen Tag weiter."

Es wehte ein kräftiger Nordwestwind, Vzor war nur leicht angezogen, aber auch Spitzer war bestrebt, schnell ins Haus zu kommen.

„Wo hast du *das* her?", fragte Vzor und stellte den silbrig glänzenden Thermosbehälter auf den Küchentisch. „Sieht aus wie aus dem Grandhotel."

Spitzer schmunzelte und sagte: „Da ich annehme, dass du gestern Karpfen blau hattest, habe ich uns eine bereits halbierte und fix und fertig zubereitete Weihnachtsgans mitgebracht."

„Du bist verrückt!"", sagte Vzor. „Wer soll das aufessen?"

„Na wir!", sagte Spitzer. „Wer weiß, was noch alles auf uns zukommen wird. Eines Tages wird auch das Protektorat leergefressen sein. Da sollte man auf Vorrat essen. Die Wochenschauen gaukeln uns Vormärsche der Wehrmacht vor, die es nicht mehr gibt."

„Ich weiß", sagte Vzor. „Radio London. Schwerste Verluste der Wehrmacht vor Moskau: etwa 120.000 Mann, 1.300 Panzer, 18.000 Kraftfahrzeuge. Alles futsch innerhalb eines knappen Monats. Feldmarschall von Brauchitsch als Oberbefehlshaber des Heeres von Hitler abgelöst."

„Sei vorsichtig, Vzor. Wer Feindsender hört und dabei erwischt wird, landet im KZ. Hörst du BBC-London etwa mit dieser Goebbelskiste?" Spitzer zeigte auf den Volksempfänger, entdeckte das Führerbild über dem Radio und rief: „Ach du dicke Scheiße! Deine neueste Tarnung, wie?"

„Ich rede jeden Morgen mit ihm."

„Und sagst ihm die Meinung."

„Erst in deutsch und dann in tschechisch. Tschechische Schimpfwörter befriedigen mich am dauerhaftesten."

„Dann vergiss ihn jetzt und lass uns erst einmal den Gaumen befriedigen. Soll ich ihn zuhängen?"

„Nein. Gefahr darf man nicht verhüllen. Man könnte sie sonst vergessen."

4

Zwei Tage darauf fauchte ein Schneesturm übers Land, blies aus nördlicher Richtung und wehte Straßen und Schienenwege zu. Vzor saß in der warmen Küche, schaute auf das Kalenderblatt: Es war Sonntag, der 28. Dezember 1941. Er hatte die alte Kaffeemühle zwischen den Knien, drehte die Kurbel, die Bohnen knirschten, im Radio rief das Winterhilfswerk zu Kleiderspenden auf: Warme Unterwäsche für die Soldaten an der Ostfront war gefragt, lange Unterhosen wurden benötigt, Wollstrümpfe, Wollsocken, Strickhandschuhe, Pulswärmer, Wollschals, Ohrenschützer. Franz hatte sich wohlweislich mit warmen Kleidungsstücken eingedeckt, als er das letzte Mal in seiner Kumrowitzer Wohnung war.

Unschlüssig stand Vzor vorm Radio, starrte auf das Hitlerbild und sagte schließlich: „Na, du Idiot, tut dir dein Entschluss schon leid?"

Spitzer hatte über Stefanie Wimmer und Stefanie über eine dunkle Verbindung verbürgte Situationsberichte aus dem Osten erhalten. Auch das war vor zwei Tagen ein Gesprächsthema gewesen. So müsse mit einer allgemeinen Offensive der Roten Armee an der gesamten sowjetisch-deutschen Front gerechnet werden. Wahrscheinlich bereits im Januar. Eine Katastrophe, weil Väterchen Frost auf Stalins Seite stehe. Deutsches Kriegsgerät streike bereits. Panzerketten würden über Nacht unbeweglich, Motore dürften nicht länger abgestellt werden, wenn die Fahrzeuge am nächsten Morgen noch einsatzbereit sein sollen. Das koste Sprit, doch Sprit sei knapp, weil der Nachschub ähnliche Probleme habe und kein Verlass mehr sei auf die deutschen Präzisionswaffen, dieweil die Kalaschnikows schossen und schossen, da die auf Toleranz konstruierte russische Mechanik Staubpartikel, Sand, Erdreich und Eiskristalle vertrage, hingegen das neueste deutsche Maschinengewehr, mit der ungeheuer schnellen Schussfolge, störungsfrei nur auf partikelfreiem Schießstandgelände funktioniere. So sei zwischen Januar und April 1942 auf deutscher Seite mit schwersten Verlusten zu rechnen. Noch wisse

Hitler nicht, was auf ihn zukomme, wenn sich Schnee und Eis in Schlamm verwandeln werden.

Noch eine Information: Seit dem gemeinsamen Weihnachtsessen musste Vzor mit einem neuen Beziehungsgefühl fertig werden, nachdem Spitzer sich verplappert hatte und Vzor damit seine Vermutung bestätigt sah, dass Schwägerin Dorothea und Spitzer ein bislang geschickt gehütetes Verhältnis unterhielten. Für Vzor nicht geschickt genug, und so hatte er sagen können: „Wenn du also angeblich zur Schulung in Pilsen warst, bist du in Wirklichkeit in Wien gewesen, hast auf meine Schwägerin Dorothea gewartet und vor der Anwaltskanzlei gestanden wie der Trawnitschek vorm Versatzamt." - „Weißt eh", hatte Spitzer gesagt, „seit ich deine Schwägerin bei Marischler nach Annas Beerdigung zum ersten Mal sah …"

„Ja, ja, Schwippschwager", war Vzors Entgegnung gewesen, „du hast mir in der Familie grad noch gefehlt!"

Dennoch hatte Vzor gehofft, gemeinsam mit Spitzer ins Neue Jahr rutschen zu können. Leider nicht möglich, lautete Spitzers Bescheid: Silvester gelte erhöhte Bereitschaft, da müsse er als Lediger ohne Familienverpflichtung zugunsten des verheirateten tschechischen Fahrerkollegen, Dienst schieben.

Am letzten Tag des Jahres wehte der Wind nur mäßig aus Nordwest, also ging Vzor noch einmal los und schaute bei Sobotka vorbei, der gerade dabei war, seinen Laden auszufegen.

„Machst du mir im alten Jahr trotzdem noch einen sauberen Fassonschnitt?", fragte Vzor.

„Für meinen deutschen Freund jederzeit", sagte Sobotka überbetont deutlich, tippte sich aber gleichzeitig an die Stirn und deutete auf die Uhr an der Wand.

Vzor musste lachen, zeigte dennoch fragend auf den Frisierstuhl, Sobotka hob hilflos beide Arme und nahm dabei bereits den Frisierumhang vom Haken.

„Bei dir gibt es ja zum Glück nicht mehr viel zu schneiden", sagte Sobotka. „Ein wenig die Spitzen, an den Ohren etwas säubern und den Nacken ausrasieren."

„Hast du noch Zeit auf ein Bier?", fragte Vzor.

„Heute sogar auf zwei", sagte Sobotka.

„Prima", sagte Vzor. „Dann können wir dem Václav noch einen guten Rutsch wünschen."

Sobotka und Vzor blieben nicht lang, tranken wirklich nur die vier Bier, die Vzor bezahlte. Václav Tonda dankte. Sobotka eilte nach Haus zu Frau und Familie. Vzor blieb noch kurz sitzen, sah zu, wie Tonda die Tische zu einem großen U zusammenschob. „Václave, mám tě pomoct?", fragte Vzor. Seit geraumer Zeit duzten sich beide

„Tonda lachte und rief: „Soweit kommt 's noch, dass mir die Gäste beim Umräumen helfen! Du bleibst sitzen und bist Zeuge, dass ich nicht hinter der Theke sitz' und Zeitung les' und meine Herzallerliebste für mich arbeiten lass!"

„Kann und werde ich jederzeit bestätigen", sagte Vzor. „Gibt 's heute eine geschlossene Gesellschaft?"

„Wie immer zu Silvester. Was wirst *du* heute machen?"

„Mich vor den Spiegel stellen und mit mir selber anstoßen."

„Ich würde ja sagen, komm her und feiere hier; aber die Gäste, die kommen, kennst du nicht, ich muss hinter der Theke stehen, meine Frau wird in der Küche sein – du würdest dich zu Tode langweilen. Hast du in deinen deutschen Kreisen niemanden?"

„Meine Verwandtschaft ist in Österreich, meine Frau ist im Himmel, Sobotka bei seiner Familie, mein Freund Georg Spitzer hat Nachtwache bei der Feuerwehr, und meine Söhne sind im Krieg. To není k smíchu."

„Ja", bestätigte Tonda, „das ist weiß Gott nicht zum Lachen. Das ist ein Trauerspiel. Am besten, du säufst dir einen an, bleibst oben auf deiner Anhöhe, legst die Beine hoch, machst dir das Radio an und scheißt auf alles, was dich ärgert. Damit hast du bis ins nächste Jahr zu tun."

„Deine Ratschläge sind halt immer noch die besten", sagte Vzor, lachte und rief einen fröhlichen Gruß an Frau Tonda durch die Pendeltür zur Küche, gab Václav die Hand und wünschte einen guten Rutsch und Gesundheit fürs Neue Jahr.

Auf dem Weg zur Straßenbahn holte sich Vzor auf Fleischmarken doch noch zehn Deka Schinken, dünn aufgeschnitten, dazu aus einem Milchgeschäft Emmentaler Käse, ebenfalls in Scheiben, vom Bäcker ein Laib Brot, bedauerte, keine Kirche aufgesucht zu haben, tröstete sich aber schnell mit dem Gedanken, den Herrgott letztlich stets im Herzen zu tragen. Auf den Kauf einer Flasche Rotwein verzichtete Vzor. Im Keller standen noch mindestens drei Flaschen, war ihm eingefallen. Also auf nach Haus!

Das Radio verbreitete schon am späten Nachmittag Silvesterlaune. Auch in der Stadt war Vzor aufgefallen, dass die Deutschen immer noch die Siegeszuversicht der ersten beiden Kriegsjahre vor sich hertrugen und Vzor sich fragte, wo seine Landsleute diesen Optimismus hernahmen.

Im Radio erklang gerade die Peter-Kreuder-Komposition aus dem Jahre 1936, damals von der Filmschauspielerin Camilla Horn gesungen, jetzt nur noch als Orchesterversion zu hören, wahrscheinlich um naheliegende Gedankenverbindungen zu Hitlers Paktbruch nicht aufkommen zu lassen. Vzor hatte dennoch den Text sofort wieder im Kopf: ′Was du mir erzählt hast von Liebe und Treu – alles Lüge – nitschewo!′

Seit Vzor nach Annas Tod das große Radio auf dem Dachboden hatte, fehlte der Apparat im Wohnzimmer. Um dort am Kamin nicht ohne Musik und Nachrichten sein zu müssen, hatte Vzor eine provisorische Leitung vom Volksempfänger in der Küche ins Wohnzimmer gelegt und dort an einen kleinen Lautsprecher angeschlossen.

Vzors dritter Jahreswechsel in Einsamkeit verlief nicht besser und nicht schlechter als die Jahreswechsel davor. Vzor holte Wasser, Vzor versorgte die Öfen, heizte auch den Herd in der Küche, briet zwei Spiegeleier mit zwei Scheiben Schinken, aß mit Genuss und machte sich eine Stunde später auf der heißen Herdplatte Topinki – eine rustikale Form dessen, was die Engländer Toast nennen. Dazu nahm Vzor kein Weißbrot, sondern zwei Scheiben des üblichen dunklen Brots, legte sie kurz auf die heiße Herdplatte bis eine mittlere Bräunung eintrat, nahm die Scheiben vom Ofen, rieb mit einer Knoblauchzehe über die geröstete Fläche, bestrich die Scheiben zuletzt mit etwas Gänseschmalz und genoss diese Delikatesse zu einer Flasche Bier.

Dann holte er aus dem Keller eine Flasche vom Nikolsburger Roten, setzte sich in den gemütlichen Ohrensessel vorm Kamin, lauschte der Musik und seufzte. Von den alten Liedern, die Anna einst mochte, war keines mehr zu hören. Die Schlager von damals, die heute noch im Rundfunk gesendet wurden, konnten demnach - mit Ausnahme der Familie Johann Strauß - nur von Komponisten und Autoren stammen, deren Vorfahren der Reinheit deutschen Blutes entsprachen.

Die kurzweilige Schlagerparade machte Vzor den langen Abend erträglich. Zwar war er inzwischen lange Abende in Einsamkeit gewohnt, doch war ein Silvesterabend nun mal kein gewöhnlicher Abend; da war ein einsamer Mensch jeglichen Reizen gegenüber empfindlicher: dem Lachen näher, aber auch dem Weinen. Lachen konnte er über eine humorige Szene mit Hans Moser als Kofferträger im Wortduell mit einem reichsdeutschen Ehepaar, das Mosers wienerischer Fachsprache hilflos ausgeliefert war, was Hans Moser mit folgendem Satz kommentiert: „Schlimm, wann aner ka Deitsch versteht!"

Aber Tränen standen Vzor in den Augen, als Rudi Schuricke einen Schlager aus dem Jahr 1938 sang, den Anna immer dann trällerte, wenn sie sich vernachlässigt fühlte: „Lass die Frau, die dich liebt, niemals weinen".

Zwischendurch war Vzor zum Schlafzimmer hinaufgestiegen, um zwei Holzscheite nachzulegen. Der Kachelofen strahlte bereits Wärme ab. Die Übergardinen vor den Luftschutzrollos waren dicht geschlossen wie an allen Fenstern. Darauf achtete Vzor jeden Tag, weil auch hier draußen an den letzten Häusern vorm Wald gelegentlich ein von der Partei bestellter Luftschutzbeauftragter vorbeikam, der die Einhaltung der Verdunkelungsvorschriften zu überprüfen hatte. Auf das zweifelhafte Vergnügen, einen solchen Kontrollburschen im Haus zu haben, konnte Vzor gern verzichten.

Herbert Ernst Groh sang „Ja, ja, der Chiantiwein, der lädt uns alle ein". Da ließ sich Vzor, der gerade ins Wohnzimmer zurückkam, nicht lang bitten und sagte: „Wenn das so ist, Herr Groh, stoße ich gern mit Ihnen an, in der Hoffnung, dass Sie sich nicht daran stoßen, dass ich keinen Chiantiwein, sondern nur Nikolsburger im Glas hab!"

Vzor ging in die Küche, weil ihm der Emmentaler eingefallen war, und eingefallen war er ihm, weil ihn der Wein daran erinnert hatte. Und als Vzor wieder in seinem bequemen Ohrensessel vorm Kaminfeuer saß, sang irgendein Sänger mit rheinländischer Dialektfärbung, dass die Stimmung beim herrlichen Weine kornblumenblau sei. Kein schlechter Anlass, das auszuprobieren, fand Vzor und sprach dem Wein zu, sprach mit sich selbst, mit dem Käse, mit dem Kaminfeuer, küsste die Weinflasche und sang mit Johannes Heesters, dass man sein Herz nur einmal verschenken kann.

Erst kurz vor Mitternacht schlug Vzors gute Laune um. Hans Albers und Heinz Rühmann sangen: „Jawoll, meine Herrn, darauf könn´ Sie schwör´n, von heut an gehört uns die Welt ...".

Es war das übermütig muntere Lied aus der quicklebendigen Filmkomödie ´Der Mann, der Sherlock Holmes war´. Hans Albers und Heinz Rühmann in der Badewanne. Vzor und Anna hatten den Film Ende 1937 gleich zweimal gesehen. Da hatte Vzor am Text noch nichts gestört. Doch heute, nach einer ganzen Flasche Wein in einer auf den Kopf gestellten Zeit, kippte ein Erregungshebel in Vzors Seelenmechanismus. Die Zeile ´von heut an gehört uns die Welt´ war der Auslöser. Die Flasche, die er vor einer Stunde noch geküsst hatte, flog mit Schwung über die Glut und zersplitterte an der Rückwand des offenen Kamins.

Die Silvesterglocken aus dem Radio hörte Vzor nicht mehr. Schwer wie ein umgesägter Baumstamm war er aufs Sofa gefallen, angezogen, und schlief so, ohne sich zugedeckt zu haben, bis in den hellen Neujahrsmorgen.

5

Das Jahr 1942 begann für Vzor schleppend - für Hitler, den größten Lumpen aller Zeiten, wie Vzor ihn nannte, dynamisch dramatisch. Vzor hatte Kopfschmerzen, weil das Wetter umgeschlagen war. Der Feldherr hatte wahrscheinlich auch welche, doch bestimmt der allgemeinen Lage wegen.

Vzor vertrieb sich die Zeit mit seinen Wetterbeobachtungen und schrieb in sein ´Wetterbuch´: *Freitag, 2. Januar 1942. Der Himmel total bezogen.*

Am Morgen Glatteis. Im Lauf des Tages Schneefall. Wetterwechsel zum 3. Januar: Die Temperatur steigt auf 4,4 Grad. Es taut.

Mit dem Vollmond hatte sich nicht nur das Wetter geändert, auch die Kampfkraft der von Hitler unterschätzten Roten Armee war plötzlich eine andere geworden. Schon am 8. Januar starteten Stalins Generäle eine gewaltige Offensive, die den deutschen Truppen schwerste Verluste zufügte. Am selben Tag – es war ein Donnerstag – war Vzor mit dem Autobus in die Stadt gefahren, um sich nach dem Neujahrsbefinden Spitzers zu erkundigen, anschließend einzukaufen, schließlich noch Sobotka aufzusuchen und den Tag mit einem Besuch in Václav Tondas Wirtshaus zu beschließen.

Die alte Lebensweisheit, sich etwas vorzunehmen sei die eine Seite eines Vorhabens, sie auszuführen eine letztlich andere, bestätigte sich an diesem Tag.

Es begann damit, dass Spitzer nicht im Depot war. Vor einer Stunde sei er noch im Haus gewesen, hieß es. Inzwischen sitze er bestimmt schon im Zug. „In welchem Zug?", fragte Vzor. Der diensthabende Kollege im Telefonzimmer grinste. Fukatsch kam gerade aus der Garage und konnte als Chef der Feuerwehrwache genauer Auskunft geben: Spitzer habe für ein langes Wochenende Urlaub genommen. Über Silvester habe er bis zum gestrigen Tag viele Kollegen vertreten, habe mit einer Truppe junger Burschen, die mit dem Exerzier- und Schießdienst der Hitlerjugend nichts am Hut haben wollten und deshalb der Freiwilligen Feuerwehr beigetreten waren, Ausbildungsübungen absolviert und sich so dieses lange Wochenende redlich verdient.

„Und wo?", fragte Vzor.

„Wo was?", fragte Fukatsch zurück.

„Wo Spitzer hingefahren ist."

„Wo er immer hinfährt", antwortete Fukatsch und konnte sich ein Grinsen nicht verkneifen.

„Nach Wien zu seiner Verlobten", sagte Vzor, und Fukatsch sagte: „Na bitte, Sie wissen ´s eh."

„Eine hübsche Person", sagte Vzor.

„Sie kennen sie?"

„Möchte wohl sein", antwortete Vzor.

„Wieso?"

„Sie ist meine Schwägerin."

„Na, Servus!", sagte Fukatsch und musste sich setzen.

Das nächste Ereignis an diesem Tag: Es begann zu schneien. Eine der Kirchenglocken in der Nähe schlug elfmal, als die Flocken vom Himmel schwebten und die Stadt innerhalb der nächsten halben Stunde neu einkleideten. Wie frisch eingezuckert wirkten Türme und Dächer, Dachgauben, Mauervorsprünge, Laternen, Sträucher und Bäume. Als wären die Straßen und Gassen, Höfe und Plätze in schalldichte Spezialwatte gepackt, verstummten die Geräusche zwischen den Häusern. Selbst die sonst rumpelnden und in den Kurven quietschenden Straßenbahnen fuhren still, wie von Zauberhand bewegt.

Wie mochte das in Russland sein?, fragte sich Vzor. Ob dort der Schnee das Knattern der Maschinengewehre, das Wummern der Kanonenschüsse und das Krachen explodierender Granaten ebenso zu dämpfen vermag? Mit diesen Gedanken stapfte er durch den Schnee bis zur nächsten Haltestelle der Tram.

Auf die Bahn zu warten dauerte länger als mit ihr zu fahren. Nach vier Stationen stieg Vzor schon wieder aus, ging nur noch wenige Schritte und stand bereits in der Seitenstraße, an deren Ende Václav Tondas Wirtshaus war.

Es schneite immer noch. Die Stille, die Vzor im Zentrum der Stadt so wohltuend empfunden hatte, überfiel ihn hier unerklärbar beklemmend. Je näher er dem Gasthaus kam, umso stärker wurde dieses Gefühl, das sich mit Unruhe und unguter Ahnung mischte. Da hockte etwas in der Gasse, das anders war als sonst. Schwer zu deuten, da äußerlich keine Veränderung zu erkennen war. Erst als Vzor näher kam, sah er die Bretter. Sämtliche Fenster des Lokals, einschließlich der großen Scheibe neben der Eingangstür und die Tür selbst, waren zugenagelt.

Vzor ging vorbei, bewegte sich wie auf Schienen, sah die Zerstörung mit Entsetzen, aber nur aus den Augenwinkeln.

Kurz darauf stand Vzor in Sobotkas Friseurladen. Sobotka schnitt einem Buben die Haare, kein Kunde war sonst noch im Raum, Sobotka hielt inne, in der rechten Hand die Schere, in der linken Hand den Kamm, stand regungslos, wie für eine Aufnahme mit langer Belichtungszeit. Vzor verharrte ebenso. Frage und Antwort hingen unausgesprochen im Raum. Dann legte Sobotka Schere und Kamm beiseite, sagte zu dem Buben: „Okamžik, hned jedem dál!" – in freier Übersetzung: Augenblick! Gleich geht´s weiter! - und winkte Vzor hinaus.

Ein nicht alltägliches Bild: Der kleine Mann im weißen Frisörkittel, wie in einem Fixierbild nahezu unsichtbar im dichten Flockenwirbel vorm Haus. Dagegen Vzor in hartem Kontrast: schwarzer

Mantel, schwarze Wollmütze, schwarzer Rucksack. Sobotka redete auf Vzor ein, Vzor schüttelte den Kopf.

Die Szene dauerte vielleicht drei Minuten, dann war Sobotka wieder im Laden und Vzor allein. Von weitem hätte man ihn für eine Litfaßsäule halten können, die der Plakatkleber übersehen hatte.

6

Appetitlos saß Vzor in der kalten Küche und starrte aus dem Fenster. Es war die so genannte Blaue Stunde zwischen Dämmerung und Dunkelheit, deren Farbstimmung eigentlich erst bei einem wolkenlosen Abendhimmel zur Geltung kommt, wenn sich das nachtblaue Firmament im Schnee zu spiegeln scheint. Davon konnte an jenem späten Nachmittag nicht die Rede sein. Es schneite immer noch, wenn auch nur spärlich, doch Josef Vzors Gemütsverfassung war dunkler als eine schneelose, wolkenverhangene Neumondnacht.

Am 31. Dezember, kurz vor den Prost-Neujahr-Rufen, als wäre unbedingt noch ein Jahressoll des Reichssicherheitshauptamtes zu erfüllen gewesen, war das Wohnviertel rund um den Gasthof von zwei Überfallkommandos abgeriegelt worden. Die tschechischen Polizisten, die im Auftrag der Gestapo das Lokal durchsuchen mussten, waren auf den Protest der bereits angeheiterten tschechischen Silvestergäste gestoßen, worauf es zu einem Tumult gekommen sei, in dessen Verlauf Fenster zerschlagen und Einrichtungsgegenstände demoliert wurden. Verhaftet wurden der Wirt, dessen Frau und die

Kellnerin sowie die komplette Silvestergesellschaft. Wie aus tschechischen Polizeikreisen bis zu Sobotka durchgesickert war, soll Václav Tonda im Keller seiner Gastwirtschaft einer jüdischen Familie Unterschlupf gewährt haben.

Vzor seufzte, stand auf, zog die Verdunkelungsrollos herunter, machte Licht, packte den Einkauf aus und trug alles in die Regale der kalten Speisekammer. Dann ging er in den Keller, um Holz für die Öfen heraufzuholen. Als er an der Kellertür zum Hof vorbeikam, fielen ihm kleine Schneereste auf, die im Innenraum des Kellers nichts zu suchen hatten. Die schmalen Schneehäufchen, die zirka zwanzig Zentimeter lang waren, führten ins Kellerinnere und waren bereits nach wenigen Metern nur noch als Feuchtflecke zu erkennen. Vzor ging mit dem ersten Holzkorb hinauf, holte die lichtstarke Taschenlampe, die im Flur griffbereit auf der Ablage der Schuhkommode unterhalb des Sicherungskastens lag, und stieg wieder die Kellertreppe hinab. Im Lichtkegel konnte er jetzt den Feuchtspuren folgen. Sie führten in den rückwärtigen Kellerbereich, wo das eingeweckte Obst und die Winteräpfel lagerten.

Vzor kontrollierte Regalbrett um Regalbrett und stellte fest, dass hier einer oder eine - wer auch immer es war, der sich bedient hatte – recht geschickt zu Werke gegangen war. So fehlten mehrere Konserven, einige Lageräpfel, ein Marmeladenglas und eine Keksdose; doch vom äußeren Eindruck her betrachtet, war alles so zurückgeordnet, dass Vzor ohne die feuchten Spuren nichts bemerkt hätte.

Vzor überprüfte die Kellertür: sie war abgeschlossen. Der Schlüssel zu dieser Tür lag auf einem Stützbalken. Vzor schloss immer zweimal ab. Falls jemand die Tür mit einem Sperrhaken aufbekommen hatte, dürfte er sie vielleicht nur einmal zugeschlossen haben: der Einfachheit halber, falls er *noch* einmal zu kommen gedachte. Also holte Vzor den Schlüssel herunter, steckte ihn ins Schloss, probierte: es war zweimal abgeschlossen. Der heimliche Gast mit den kleinen Füßen musste ein Profi sein.

Vzor öffnete die Tür und leuchtete hinaus. Der weiße Freund aller Einbrecher hatte sämtliche Spuren überdeckt. Flocken fielen jetzt nur noch vereinzelt. Zwei Vertiefungen – obschon auch zugeschneit und mehr zu erahnen als zu sehen – fanden sich im Schutz des Dachüberstands unmittelbar vor der Tür. Die Kürze dieser Vertiefungen entsprach etwa dem Maß der Fußspur im Keller. Vzor dachte nach: Zu schneien begonnen hat´s um elf. Hilft mir das weiter? Eigentlich nicht. Der Einbrecher konnte bereits in der Nacht gekommen sein oder frech am Tag, nachdem er beobachtete, dass sich keiner mehr im Haus befand. Ein Liliputaner vielleicht. Einer vom Zirkus aus dem Winterquartier, der Langeweile und Hunger hatte.

Vzor ging hinüber zum Schuppen, suchte im Licht der Taschenlampe nach einem armdicken Baumstamm, fand keinen, entdeckte aber einen Balken, der die brauchbare Länge hatte, schleppte ihn in den Keller und verkeilte damit die nach innen zu öffnende Tür, die sich jetzt nicht mehr bewegen ließ. Wozu noch abschließen?, dachte Vzor. Soll der Bursche sich doch wundern, hin und her probieren, mit seinem Sperrhaken: aufschließen, zuschließen, aufschließen, zuschließen.

Vzor amüsierte diese Vorstellung. Mit seiner Konstruktion zufrieden, holte er einen Apfel vom Regal, füllte den Holzkorb, legte noch eine Flasche Bier obenauf, dazu die Taschenlampe und den Boskoop, und stieg wieder nach oben.

Am nächsten Morgen, nachdem es ausreichend hell geworden war, überprüfte Vzor von der rückwärtigen Korridortür aus mit einem kurzen Blick den Hof zwischen Haus und Geräteschuppen. Die letzten Flocken waren gestern um 21 Uhr gefallen. Der Brünner Sender hatte das gemeldet und für den Tag klares und sonniges Wetter vorausgesagt. Die Stufen waren überzuckert, die Schneedecke im Hof war ebenfalls unberührt. Also schenkte sich Vzor den Weg in den Hof, frühstückte in Ruhe, schrieb danach einen Brief an Schwägerin Dorothea nach Wien, rügte ihre Geheimtuerei mit lustigen Worten, schrieb anschließend noch einen Brief an die Hinterruckler-Tanten Maria und Magdalena, versprach, sobald es die Witterung erlaube und die Natur wieder frühlingshaft ergrünt sei, mit seiner alten Box Aufnahmen von Annas Grab zu machen. Der Grabstein sei sehr schön geworden.

Der bezogene Himmel klarte tatsächlich auf, also nahm Vzor den Bierkasten mit den leeren Flaschen, steckte die beiden Briefe in die Jackentasche, ging zu Roháč hinüber, warf die Briefe in den Postkasten, der an der Gaststättenmauer hing und betrat das Lokal. Der Geruch nach kaltem Rauch und Bier, der Duft nach gebratenem Fleisch, die Theke und die blank polierten Holztische erinnerten ihn an Václav Tondas Gaststätte.

„Ein Bier vom Fass?", fragte der Wirt, und Vzor nickte. „Und vielleicht noch einen kleinen Rostbraten dazu?"

„Ich hab erst spät gefrühstückt", sagte Vzor, „aber ehe ich mich schlagen lasse. Doch dann bitte wirklich nur eine kleine Portion mit Saft und eine Semmel dazu."

„Boženko, prosím", rief der Wirt laut in Richtung Küche, „jednu roštěnku pro našeho souseda! Jenom štávu a žemličku k tomu. A jedno pivo!"

Mit dieser Anweisung an Božena für einen Rostbraten für den Nachbarn, nur mit Saft und einer Semmel dazu und einem Bier, verschwand der Wirt mit dem Bierkasten in einem Hintergelass.

Vzor hörte das Klirren der umsortierten leeren Flaschen und das dumpfere Geräusch der vollen Flaschen, die der Wirt offenbar jetzt in den mitgebrachten Holzkasten stellte.

In der Küche brutzelte es, der Wirt kam mit dem vollen Kasten, stellte ihn mit einem Knall neben die Eingangstür, sah, dass noch kein Bier unterm Zapfhahn stand und rief deshalb in die Küche: „Boženo, co je s pivem?"

„Mám plné ruce práce!", schallte es zurück.

„So ist das mit den Frauen", sagte der Wirt und ging selbst hinter die Theke. „Sollen sie zwei Sachen auf einmal machen, rufen sie: Hab alle Hände voller Arbeit!"

Roháč behandelte das erste Bier des Tages ähnlich wie Tonda: ließ ein Glas volllaufen und kippte es weg. Dabei sagte er: „Stellen Sie sich vor, Nachbar, bei mir haben sie eingebrochen."

„Bei mir auch", sagte Vzor.

Was wurde Ihnen geklaut?"

„Nur Essen", sagte Vzor.

„Mir auch", sagte der Wirt. „Heute Nacht erst wieder. Schinken haben sie mitgenommen, Butter und Brot und Salz, Gott erhalt ′s, und zwei Flaschen Brause. Seltsam. Daneben hat Schnaps und Bier gestanden, da fehlte nichts, aber zwei Flaschen Brause. Wie finden Sie das?"

„Seltsam", antwortete Vzor. „Und keine Spuren im Schnee?"

„Hat ja seit gestern Vormittag bis neun Uhr abends geschneit", sagte der Wirt.

Božena, die Frau des Gastwirts, kam mit dem Rostbraten aus der Küche, stellte neben den heißen Teller ein Bastkörbchen mit einer aufgebackenen Semmel darin, sagte „Dobrou chuť přeju!" und ging wieder.

„Ja", sagte der Wirt, „guten Appetit wünsche ich auch."

Vzor fragte tschechisch, ob in der Nähe vielleicht ein Zirkus sein Winterquartier aufgeschlagen habe.

„Warum?", fragte der Wirt.

„Der Spuren wegen", sagte Vzor und erwähnte die schmalen kurzen Schneeflecke und die Kinderschuhgröße der beiden überschneiten Vertiefungen vor der Kellertür.

„Liliputaner, meinen Sie?"

„Wäre doch möglich."

„Früher hätte ich gesagt: Zigeunerkinder! Aber die haben die ordnungsliebenden Deutschen doch längst samt ihren Familien weggefangen, oder?"

„Woher soll *ich* das wissen?", sagte Vzor, wollte noch ein ′bin ich vielleicht bei der SS?′ hinzufügen, dachte an Ferdinand und unterließ diesen Zusatz.

Dennoch entschuldigte sich der Wirt.

„Schmeckt hervorragend", sagte Vzor und nahm genüsslich den reinen Bratensaft mit einem Semmelstück auf. „Ich denke, ich werde öfter vorbeischauen."

Der Gastwirt strahlte. Vzor dachte: Ob diese Freude echt ist? In Wirklichkeit denkt er vielleicht: Nicht nur vorbei*schauen*, alter Zausel! Auch was anbringen! Eine größere Zeche machen!

Vzor trank sein Bier aus, fragte, wieviel Fleischmarkenabschnitte er vorbeibringen müsse. Roháč schmunzelte, sagte, dass dies aus der abgabenfreien Abteilung ′Genießen und Schweigen′ sei. Und so dankte Vzor, zahlte, nahm den Kasten und eilte, so schnell es auf dem glatten Schnee ging, zurück zu seinem Haus.

Am Tag darauf, es war Samstag, der 10. Januar 1942, meldete Radio Brünn, dass es über Nacht bis sieben Uhr früh geschneit habe und dass es den ganzen Tag über geringfügig weiterschneien werde.

Vzor heizte, rasierte sich, frühstückte in Ruhe, zog dann seine warme Arbeitsjoppe an, schlüpfte in seine warmen Filzstiefel und stieg durch den frisch gefallenen Schnee den Weinberg hinauf. Vielleicht zeigten sich im oberen Abschnitt des Weingartens Fußspuren. Eine neugierige Elster hüpfte frech vor ihm her. Vzor sah sich gründlich um, stieg bis zur obersten Begrenzung des Anwesens, wo jenseits des Kammweges der Wald begann. Überprüfte bei der Gelegenheit den Zaun, den er gemeinsam mit Franz ausgebessert hatte. Alles in Ordnung. Außer den Abdrücken von Katzenpfoten und der typischen Spur eines quer durch den Garten geschnürten Fuchses war nichts zu sehen.

Am Abend – Vzor hatte gerade einen Topf Wasser mit Rindsknochen auf die Herdplatte gestellt – ging plötzlich das Licht aus. Oha, dachte Vzor, die ersten Anzeichen einer Energiekrise! Also tastete er sich zur Kredenz und dort zu den linkerhand in der Besteckkastenschublade liegenden Streichhölzern, strich ein Zündholz an, öffnete den Schrank unter den beiden Abwaschbecken, griff nach den Kerzen, zündete drei an und verteilte sie in der Küche: eine auf dem Bord über der Spüle, eine auf dem Esstisch und eine auf der Arbeitsplatte seitlich des Herdes. Das Feuer unter dem Suppentopf prasselte. „Es geht halt nichts über eine gute alte Kochstelle", sagte Vzor und rieb über der aufsteigenden Warmluft zufrieden die Handflächen aneinander.

Das halbe Kilo Rindfleisch, das er am Donnerstag gekauft und gerade erst, bevor das Licht ausging, mit einem feuchten Leinentuch abgewischt hatte, lag in einem zweiten Topf, aufgesetzt mit zwei Liter kaltem Wasser. Die klein geschnittenen Leber- und Milzstückchen – auch nicht so ohne weiteres zu bekommen, aber im Tauschverfahren gegen Kaffee oder französische Zigaretten eben doch – lagen zum kurz Anbraten auch schon in der Pfanne. Vzor kochte nach einem alten österreichischen Kochbuch, das Anna von ihrer Mutter zur Hochzeit bekommen hatte. Zum Glück war das Buch am Unglückstag nicht in der Stadtwohnung gewesen. Vzor wäre sonst inzwischen längst verhungert oder am täglichen Wirtshausessen verarmt. Oft sprach er mit sich selbst und noch öfter zu Anna, richtete dann den Blick zur Zimmerdecke und sagte: „Jetzt schaust mir sicher zu und wirst lachen müssen und wirst sagen: Hättest, statt Zeitung lesen und dich bedienen lassen, lieber in der Kuchl neben mir g´standen und aufgepasst, wie gekocht wird. Dann täten dir jetzt nicht die Ohrwascheln glühen!"

Annas Mutter hatte vorn ins Kochbuch in gestochener Sütterlinschrift folgenden Satz geschrieben: *'Nach diesen Rezepten kochten bereits die Schlossköche für Kaiserin Maria Theresia. Möge Dir nie etwas anbrennen. In Liebe, Deine Mutter.'*

Nach dem Unglück hatte Vzor sich gefragt, immer wenn er das Kochbuch aufschlug und den vorletzten Satz zu Gesicht bekam, ob nicht Geschehnisse mit solch unheilvollen Formulierungen regelrecht herbeizitiert werden. Kluge Leute hatten dafür eine Bezeichnung, einen gescheiten Satz, den Vzor schon einmal wusste, aber ständig vergaß, sobald er ihm eingefallen war. Heute hatte er Glück und den Begriff sofort parat: ´Das Phänomen der sich selbst erfüllenden Prophezeiung´. Worauf er auch heute wieder dachte: Man könnte es freilich auch einfacher sagen: Ein Unglück herbeireden. Klang zwar nicht so gebildet, war aber leichter zu behalten.

Das Wasser mit den Knochen sollte nur einige Minuten kochen, also raus mit dem zerhackten Zeug, abschwemmen und dem Rindfleisch im Zweilitertopf hinzugegeben und das Ganze über die Flammen gestellt.

Das erledigte Vzor. Die Lesebrille beschlug dabei. Also erst die Brille am Geschirrtuch klargewischt und dann wieder ins Kochbuch geschaut. Sicherheitshalber. „Die Leber- und Milzstücke müssen mit ein wenig Fett kurz angebraten werden", las er laut und hörte Anna sagen: ′Kurz, Pepi, kurz! Die Leber wird dir sonst steinhart! Und nicht saufen beim Kochen! Sonst wird die Leber in dir genau so hart wie die in der Pfanne!′

So machte sich Vzor seinen Spaß, überlegte, dass das Anbraten noch später erledigt werden könnte, weil ja das Fleisch mit den Knochen bei mäßiger Hitze vorerst eine *gaaanze* Stunde kochen muss. Und so sagte er: „Also richt′ ich jetzt mein Augenmerk vorerst auf das Wurzelwerk!" Über den Reim musste er laut lachen, hatte aber gleich ein schlechtes Gewissen, weil ihm Václav Tonda einfiel und weil Anna ohnehin als Dauervorwurf über all seinem Tun und Lassen schwebte.

Vzor putzte die Karotten, die Sellerie- und Petersilienwurzel, wusch und schnitt den Porree, schälte eine große Zwiebel, halbierte sie, beließ aber die gelbe Schale – auch das nach kaiserlich-königlicher-Hofkoch-Anweisung – und beförderte das Geschnittene und Geputzte gefühlvoll in die leicht wallende Fleisch- und Knochenbrühe.

Vzors Schatten schaukelte riesig über die vom flackernden Kerzenlicht gespenstisch erhellte Wand, als tanze die Hexe Babajaga in Männerkleidung beim Zubereiten einer Zauberbouillon durch die Küche.

„Jetzt noch die kurze Anbratgeschichte!", kommandierte Vzor.

Das Fett in der Pfanne knallte hell und erinnerte an die geschwungenen Peitschen der Bierkutscher von einst. Leber und Milz zischten. „Aua!", rief Vzor, weil ihn ein heißer Fettspritzer am Handgelenk traf.

Schließlich war auch dieser Arbeitsgang getan: Die Leber- und Milzstückchen kreiselten mit dem Wurzelwerk rund um die Zwiebel. Noch einmal verglich Vzor die Rezeptangaben mit allem bereits Erledigten. Salz und Pfefferkörner fehlten. Das holte Vzor nach. Tomaten und Champignons, las er. Tomaten hatte er keine mehr. Statt Champignons nahm er von den getrockneten Waldpilzen etwas. Was war noch zu tun? – Ach so, ja: Das Knochenmark hatte er gleich zu Beginn der Kochprozedur aus den Knochen geschält. Das müsste noch in Scheiben oder Würfel geschnitten werden, um es kurz vor dem Anrichten in die kochende Suppe zu geben.

Vzor holte sicherheitshalber noch drei Kerzen aus dem Schrank, legte sie griffbereit auf den Tisch, setzte sich und sah der sanft wallenden Rinderbrühe zu, deren Schaum über den Topfrand zu quellen drohte. Auch dazu gab es eine Erinnerung: „Anna, schöpf den Schaum ab!", hatte er vor vielen Jahren gerufen. „Der Schaum quillt gleich über und ruiniert uns den Herd!" Da hatte ihm Anna geantwortet: „Wenn der Mann sich schon einmal in die Küch´ verirrt, kommt auch gleich nix G´scheites aus seinem Mund! Es quillt, aber nix läuft über! Der Topf muss nur groß genug sein! Außerdem steckt in dem Schaum der ganze Eiweißgehalt, und Eiweiß ist gesund! Alsdann, jetzt weißt es: Nix wird abgeschöpft!"

Noch eine weitere Stunde ließ Vzor die Bouillon köcheln, musste Holz nachlegen, wurde müde, erledigte aber, was noch zu tun war, nahm die Knochen und das Fleisch aus der Brühe, rieb etwas Muskatnuss in ein Sieb und seihte die Brühe durch dieses Sieb in eine tiefe Suppenterrine. Vom Fleisch schnitt er zwei dünne Scheiben ab, nahm etwas vom frisch geriebenen Kren – auch ein Moment, der ihn bei der Zubereitung zu Tränen rührte – und aß mit großem Genuss, obwohl die für den Schlaf zuständigen unsichtbaren Heinzelmännchen bereits unnachgiebig heftig an seinen Augenlidern zerrten.

Mit dem Licht wurde es nichts mehr an diesem Abend. Auch am nächsten Morgen blieb der Strom weg. Also ging Vzor die paar Schritte zu Roháč's Nachbakneipe. Aus einem trüben Himmel schneite es leicht, und die Luft war eisig, wie sie eisiger am Nordpol nicht hätte sein können.

Die Wirtshaustür war zugesperrt. Vielleicht schlief der Wirt noch. Es war Sonntag. Wenn ich jetzt klopfe und der Wirt kommt verschlafen heraus, wird er mich fragen, ob ich kein Bett habe, oder er wird 'Tüchtig, tüchtig!' sagen, 'den Kasten Bier schon ausgetrunken?'

Also ließ Vzor das Klopfen sein und spähte durch eines der beschlagenen Fenster und sah, dass im Hintergrund eine Lampe brannte. Er trat auf die Straße zurück, schaute zum Nachbarhaus, wo gerade hinter einem der Fenster das Licht anging.

„Na also", seufzte Vzor beruhigt, ging zurück zum Haus und rief, als aus einem der Gärten ein Hahn krähte: „Gib a Ruh! Heute ist der Tag des Herrn!"

Im Korridor drehte Vzor den Lichtschalter, und es war so, als hätte er ihn nicht gedreht. So drehte er noch einmal. Es machte deutlich klick, wie sich das für einen Schalter des Baujahres 1927 gehörte. Tschechische Wertarbeit, deutsche Fabrik. Dennoch blieb die Deckenbeleuchtung dunkel. Genervt ging

Vzor in die Küche und versuchte sein Glück dort: dasselbe Ergebnis: also keins.

Da machte es klick und auch noch klack, doch jetzt in Vzors Kopf, er schlug sich mit der flachen Hand gegen die Stirn, ging zurück in den Korridor und öffnete die Tür zum Sicherungskasten.

Wäre ihm eine Maus entgegen gesprungen, hätte er sich nicht *mehr* gewundert: Die Zählscheibe im Stromzähler rotierte im Licht der Taschenlampe wie ein verrückt gewordenes Ringelspiel, und die Zahlen der Zählautomatik im letzten Fenster der Zahlenreihe liefen und liefen, wie sie im Stromkasten einer Geisterbahn nicht schneller hätten laufen können.

Und genau so schnell wie sich die Zählscheibe drehte, drehten sich jetzt die Überlegungen in Vzors Kopf: Es gab zwei Stromkreise: einen für das Haus hier und einen für die Hütte oben im Weingarten. Da hier immer noch kein Licht brannte, die Nachbarhäuser hingegen Licht hatten, konnte es nur an der Sicherung liegen, die für den Stromkreis des Hauses zuständig war. Wo kein Licht, dort auch kein Stromverbrauch. Da aber der Stromzähler trotzdem lief, und nicht gerade langsam, konnte es nur der zweite Stromkreis sein. Und diese Sicherung schraubte Vzor jetzt kurz entschlossen aus. Und siehe da: Der Stromzähler ruhte. Vzor atmete auf. Aber beruhigt konnte er nicht sein. Im Gegenteil: Aufgeschreckt war er; regelrecht alarmiert. In der Hütte stand dieser Elektroradiator: ein Stromfresser. Kürzlich erst hatte Vzor ihn erwähnt, als Spitzer fragte, ob die Hütte eigentlich noch bewohnbar sei. Dieser mit Kacheln ummantelte Heizkörper war für kühle Tage im

Frühling und Herbst hinaufgestellt worden. Seit die Kinder aus dem Haus waren, war der Elektroradiator nie wieder benutzt worden. Wieso also war er an? Was heißt, war? Ist er ja noch. Nur die Stromzufuhr ist ihm gerade erst entzogen worden.

Vzor überprüfte die andere Sicherung: Sie war rausgeflogen, wie man so sagt. Also schraubte er eine neue ein. Von diesen Dingern hatte er eine ganze Schachtel voll. Er prüfte an sämtlichen Schaltern: Das Haus hatte wieder Strom. Den Überspannungsschutz hätte er eigentlich gestern schon überprüfen können, sagte sich Vzor und rätselte, wo die Überspannung hätte herrühren können, wo er doch nur die Funzel in der Küche an gehabt hatte. Rätsel über Rätsel. Annas Spruch, als sie noch lebte: „Es gibt Dinge im Himmel und auf Erden, die könnte nicht einmal Zauberer Humstibumsti erklären!"

Das ging Vzor durch den Kopf, während er den Küchenherd anheizte und nebenbei auch schon überlegte, wie er die Überprüfung der Hütte anstellen sollte. Der einfachste Weg wäre, die Sicherung ausgeschraubt zu lassen. Sollte ein Landstreicher oder wer auch immer dort oben Quartier genommen haben, würde er über kurz oder lang durch die Kälte vertrieben werden oder erfrieren. Erfrieren allerdings, wäre nicht so gut.

Also nach dem Frühstück rauf zur Hütte! In normalen Zeiten wäre Vzor zum nächsten Telefon geeilt, hätte die Polizei gebeten, vorbeizuschauen. Die wäre, hoch zu Ross, angeritten gekommen, und die Angelegenheit wäre in Kürze aus der Welt gewesen. Hingegen im Protektorat die immer noch zuständige tschechische Polizei anzurufen, hätte äußerst unliebsame Vorgänge in Gang gesetzt. Da waren die Verhältnisse ähnlich wie im besetzten Frankreich. Franz hatte berichtet, wie die Gestapo es sich leicht machte und ihre schmutzige Arbeit der französischen Polizei überließ. Noch wusste Vzor nicht, wer in seiner Hütte hockte. Also, wer auch immer es war; die Gestapo sollte Vzor niemals wieder behelligen.

Vzor goss etwas Sonnenblumenöl in die Pfanne, legte etwas Schinken hinein, stellte die Pfanne auf den Herd, schlug den Inhalt zweier Eier in eine Tasse, roch sicherheitshalber daran - eine Angewohnheit, die er von Anna übernommen hatte – und kippte die Eier über den Schinken. Mit dem Tee, den er sich aufbrühte, fand er, dass dies eigentlich ein echt britisches Frühstück sein müsse.

´Hemenex´ schrieben die tschechischen Gastwirte vereinfachend auf die Speisekarten, wohingegen die englischen Piloten immer noch ´ham and eggs´ zu sich nahmen, bevor sie in ihre Bomber stiegen, um in Richtung Deutschland zu fliegen.

Vzor war frei von solchen Überlegungen. Seine Gedanken waren längst wieder bei seinem Problem angelangt: Womit sollte er sich bewaffnen? Es könnte ja sein, dass der Eindringling auf ihn losging. Vzor grübelte, welche Gartengeräte dort oben untergebracht waren, die ihm gefährlich werden könnten? Eine Sense, eine Sichel, ein Hammer? – Bei Hammer und Sichel fielen ihm die Russen ein.

Vzor nahm seinen Bergstock vom Haken. Annas Wanderstock mit den vielen ums Holz gebogenen Erinnerungsmarken, wie sie an Wallfahrtsorten, Wanderstrecken und Bergstationen angeboten wurden, ließ er hängen. Die warme Wattejoppe hatte er schon an, die Wollmütze auf dem Kopf. Die Vordertür war abgeschlossen, die Tür, die zum Hof führte, ließ er offen. Und so stieg er den Hang zur Hütte hinauf. Schuhspuren im Schnee sah er auch heute keine. Die Fenster der Hütte behielt er im Blick. Die Vorhänge waren zugezogen. Vzor bemühte sich, so leise wie nur möglich zu gehen, aber der Schnee knirschte unter seinen Stiefeln, egal wie er auftrat.

Dann stand er vor der Tür, bedacht darauf, ruhig zu atmen, fühlte das Klopfen seines Herzens, starrte auf die Klinke und das Schloss, sah die Unversehrtheit und tastete nach dem Schlüssel in der Aussparung zwischen der Blockhauswand und dem Türrahmen und fand nur bestätigt, womit er gerechnet hatte. Vorsichtig griff er in die Joppentasche, umfasste den Zweitschlüssel, hielt ihn fest umklammert. Ihn um Himmelswillen jetzt nicht fallen lassen! Klamm genug waren die Finger, und der angewehte Schnee lag wadenhoch. Ein Aufbrechen der Tür, wie in Filmen praktiziert - mit Schwung und vollem Körpereinsatz, ohne sich das Schlüsselbein zu brechen -, wäre selbst vom berühmten Ringer Fryštěnski nicht zu bewältigen gewesen: Die Tür ging nach außen auf.

Vzors Atem pfiff leise. Die Bronchien waren auch nicht mehr das, was sie mal waren, als er noch mit Anna wanderte. Ruhig Blut. Nicht nervös werden. Vzor sah sich um: Außer seiner Atemluft und einigen Schneeflocken bewegte sich nichts in der Nähe. Eiskalter Dunst überm Land und sonntägliche Stille weit und breit.

Der Gedanke an die kleinen Fußspuren dämpfte Vzors Erregung. Blitzlichtbilder stellten sich ein: Der Drei-Manegen-Zirkus Barnum & Barlay in Brünn. Die Familie in der Nachmittagsvorstellung. Im Programm eine Clownstruppe: ′Artistik aus dem Lande Liliput′.

Beherzt schob Vzor den Schlüssel ins Schloss, stieß auf Widerstand, drückte und hörte den Schlüssel innen zu Boden fallen. Noch einmal zögern - lauschen? Nichts da! Entschlossen drehte Vzor den Schlüssel einmal, zweimal und gab der Bewegung zuletzt noch die kleine Vierteldrehung nach links: Das Schloss schnappte, die Tür sprang einen schmalen spaltbreit auf. Vzor riss an der Klinke, musste Kraft aufwenden gegen den Schnee, zwängte sich durch die halb geöffnete Tür, stand im gefilterten Licht der zugezogenen Verandafenster, hob den Stock, richtete die Spitze gegen eine Vorhanghälfte und schleuderte die Gardine zur Seite. Wusch! Das klang, als wäre ein D-Zug durch die Hütte gerauscht. Diese Schrecksekunde galt es zu nutzen: Vzor stürmte durch die Verandatür ins Blockhausinnere, drehte den Lichtschalter - Blödsinn, weil zwecklos! Auch hier das diffuse Licht, nur matter als vorn, weil das Fenster zum Berghang wies, vom Dachüberstand zusätzlich überschattet. Also auch hier – wusch - die Gardine beiseite gefegt!

Da ertönte eine helle Stimme: „Heil Hitler! Melde Stromausfall! Ansonsten keine Vorkommnisse! Stube belegt mit einem Mann!"

Vzor riss es, als hätte ihm der Heilige Geist eine gewischt. Im Halbschatten zwischen Küchenecke und Toilettentür stand ein blasser Bub in kompletter Winteruniform eines Pimpfs, stand in Habt-Acht-

Haltung, den rechten Arm immer noch zum Hitlergruß erhoben, aber zitternd, weshalb Vzor „Rühren!" befahl.

Der Junge setzte den linken Fuß vor und ließ die zurückgenommenen Schultern fallen.

„Setzen!", kommandierte Vzor.

Wo der Junge stand, war nichts zum Sitzen. Also drehte Vzor seinen Spazierstock um, hakte den Griff zwischen Halstuchknoten und Braunhemd des Buben und zerrte den Jungvolkknaben behutsam zur Eckcouch. Dort fädelte Vzor den Stockgriff wieder frei und gab mit der Krücke dem Jungen einen sanften Schubs gegen die Brust: Der Pimpf verlor das Gleichgewicht und plumpste in die Sitzkissen.

Vzor stand neben dem fahrbaren Radiator, atmete tief durch, berührte mit der linken Hand die obere Kachelfläche, fühlte, dass sie noch lau war und sagte: „Gemütlich hast du es dir gemacht, Hitlerjunge Quex! Wie lange wohnst du schon hier?"

Der Junge mochte neun, höchstens zehn Jahre alt sein, hatte braune Augen, dunkle Haare, einen gescheiten Gesichtsausdruck und antwortete, dass er noch nicht lange hier sei. Kurz vor dem Schneefall habe er mit seinen Leuten diese Höhe eingenommen. Hier sei sein Kommandostand, von hier könne er das gesamte Tal überblicken, auf dem Dach habe er ein MG-Nest stationiert, und oben auf dem Bergkamm werde sich die Artillerie eingraben.

Vzor brauchte ein paar Sekunden, um sich auf diese überraschende Wendung einzustellen, staunte, wie er das packte, als er sich „Sehr gut", sagen hörte und hinterdrein noch seine Frage vernahm: „Keine Panzer dabei? Keine Luftunterstützung?"

„Nein, mein Führer!", antwortete der Junge, worauf Vzor unwillkürlich unter seine Nase fasste.

Vzor inspizierte die Küchenecke und fand einige Gegenstände, die vor kurzem noch im Keller seines Hauses waren. Auch den vom Gastwirt vermissten Schinken sah er, auch das Brot. Brot und Schinken waren angeschnitten, die Butter lag daneben, und auch die Brauseflaschen waren da.

Vzor nahm den Knochenschinken, ließ ihn am Strick vor den Augen des Jungen hin und her pendeln und sagte: „Ist das nicht ungesetzlich?"

„Im Krieg ist nichts verboten", sagte der Bub.

Da stutzte Vzor. Zu dem Satz hätte kaltschnäuzige Gleichgültigkeit gepasst; doch der Satz hatte traurig geklungen. Vzor war kein Kinderpsychologe, folgte nur seinem Gefühl und dem Gesichtsausdruck des Buben und war im Zweifel, ob es gut wäre, den Knaben jetzt schon aus seiner Phantasiewelt herauszuholen. Vzor wagte es: „Wo ist deine Mama?", fragte er.

„Verschollen", sagte der Bub.

„Und dein Papa?"

„Gefallen."

Keine Träne, kein Schluchzen, keine äußerliche Regung, die von einem Kind dieses Alters zu erwarten war; dennoch diese nicht greifbare, aber fühlbare Niedergeschlagenheit.

„Du solltest ein heißes Bad nehmen", sagte Vzor, „und etwas Warmes essen. Ich hab gestern erst eine klare Rindssuppe gekocht."

„Ich muss auf meinem Posten bleiben", sagte der Junge.

„Verstehe", sagte Vzor. „Wie heißt du überhaupt?"

„Horst", sagte der Junge.

„Und weiter?"
Die Antwort kam jetzt weniger schnell: „Mölders."
„Wie der Jagdflieger?"
Horst nickte.
Vzor bemühte seine Phantasie und sagte schließlich: „Unten bei mir im Haus sitzt der Divisionsstab. Da solltest du dich schon sehen lassen. Für den Kommandostand hier oben hast du ja deine Leute. Gesichert durch den Maschinengewehrposten auf dem Dach."
Der Bub schaute misstrauisch, überlegte.
„Lass dir Zeit", sagte Vzor, sah sich um und beschloss, schnell ein wenig aufzuräumen.
Die Toilette war etwas verschmutzt. Es war eine Art von Plumpsklo mit Gefälle zu einer Senkgrube seitlich der Hütte zum abfallenden Hang hin. Der Wassereimer zum Spülen war leer. Also nahm Vzor den Kübel, ging vor die Hütte, schleifte ihn durch den Schnee bis er randvoll gefüllt war, ging zurück, kippte den Inhalt ins Becken, nahm die Toilettenbürste, säuberte die Schüssel und ging zurück ins Zimmer. Es gab nur diesen einen Raum, die Kochnische, die Veranda und die Toilette.
Der Junge stand am Tisch, vor sich eine Reisetasche, deren Reißverschluss er gerade zuzog.
„Abmarschbereit?", fragte Vzor.
Der Junge nickte.
„Guter Entschluss, Oberleutnant!", sagte Vzor.
„Ich bin Major", sagte der Bub.
„Entschuldigung", sagte Vzor.
„Schon gut", sagte der Knabe mit gleichgültiger Miene. „Nicht so wichtig!"
„Haben Herr Major keinen Mantel?", fragte Vzor und sah sich um.

„In der Tasche", antwortete der Junge. „Hab ich grad eingepackt."

Der Bub muss aus gutem Hause stammen, sagte sich Vzor. Er spricht ein gepflegtes akzent- und dialektfreies Deutsch, wie es die Prager Deutschen sprechen. Auch in der Wortwahl, so schien es Vzor, war der Junge seinem Alter voraus.

Vzor hätte es lieber gesehen, wenn der Bub den Mantel angezogen hätte. Die schwarze Pimpfenuniform und die Schirmmütze waren noch einigermaßen unauffällig, wenn nicht auf dem Ärmel der Jungvolkaufnäher mit dem Hakenkreuz gewesen wäre.

Vzor spähte aus der Hüttentür: Linkerhand am Fuß des Berghangs, wo die Nachbarhäuser standen, stieg nur Rauch aus wenigen Schornsteinen. Ein Kamin qualmte besonders stark: Es war der Schornstein der Gaststätte Roháč.

„Sollten wir nicht lieber die Dunkelheit abwarten?", fragte der Junge.

Vzor schaute zum Wald hinüber. Zwei Skilangläufer kamen zwischen den Bäumen hervor, bogen aber rechts ab und glitten am Waldsaum entlang in Richtung Kohoutovice.

„Ist das Gelände sauber?", fragte der Junge flüsternd.

„Das Gelände ist feindfrei", flüsterte Vzor zurück.

„Dann auf, marsch, marsch!", kommandierte der Bub und sprang den Berg hinunter wie ein junger Gamsbock. Vzor schlug die Tür zu, drehte den Schlüssel zweimal und folgte dem Knaben, allerdings mehr wie ein vom Hexenschuss geplagter Oberförster.

Ist das schon Strafe oder erst Kontrolle? Wer überprüft mich und warum? Wer schickte mir den Waisenknaben? Jesus war stark, als er vierzig Tage in der Wüste fastete und den Versuchungen des Teufels widerstand. Doch was ist *das* hier?, fragte sich Vzor. Ich musste weder fasten, noch redete der Teufel zu mir, verlangte Missbrauch zu eigennützigen Zwecken und versprach mir den Himmel auf Erden dafür.

Vzor versorgte die Glut auf dem Kaminrost mit Holzspänen und mittleren Holzscheiten und seinen Kopf mit Gedanken, die ihm nicht weiterhalfen.

Der Bub hockte auf einem der beiden Sessel vorm Kamin, die Reisetasche auf den Knien, als säße er im Wartesaal des Brünner Hauptbahnhofs.

„Wie alt bist du?" Vzor verschaffte der Glut Luft und fragte weiter, ohne sich umzudrehen: „Bist du schon elf? Du sprichst, als wärst du es."

„Ich bin neun", sagte der Junge.

„Wo hast du zuletzt gewohnt?"

Der Bub schwieg.

„Du musst doch mit deinen Eltern irgendwo gewohnt haben."

Der Junge starrte ins Feuer.

„Wo bist du geboren?"

„In Prag", sagte der Bub.

Der Junge antwortete in einer Art, die Vzor an einen Varietébesuch mit Anna erinnerte. Da war ein Hypnotiseur aufgetreten, hatte Leute aus dem Publikum auf die Bühne gebeten, hatte sie in Trance versetzt und ihnen Fragen gestellt. So wie die Leute damals aus ihrem Dämmerzustand heraus antworteten, so ähnlich sprach der Junge. Am liebsten hätte Vzor in die Hände geklatscht und ′Aufwachen, Major Mölders!′ gerufen. Einen Versuch wäre es wert, sagte sich Vzor, hatte schon beide Hände erhoben, als der Bub plötzlich zu ihm aufsah. Da nahm Vzor den Schwung aus der Bewegung, führte die Hände langsam zueinander, hielt sie reibend ans Kaminfeuer und sagte: „Wir sollten in die Küche gehen und uns um die Suppe kümmern."

„Gute Idee", sagte der Junge, stand auf und ging mit seiner Tasche aus dem Zimmer, als wäre soeben sein Zug aufgerufen worden.

Vzor wollte sagen, dass die Tasche getrost im Wohnzimmer bleiben könne, unterließ aber auch das.

Während Vzor das Knochenmark aus der Speisekammer holte, setzte sich der Junge an den Tisch, stellte die Reisetasche neben sich auf den Küchenstuhl, nahm die Jungvolkmütze ab und legte sie auf die Tasche.

Vzor füllte aus dem großen Rindssuppentopf mehrere Schöpflöffel in einen kleineren Topf und stellte ihn auf den Herd. Dann schnitt er das Knochenmark in Würfel, schnitt auch vom Fleisch eine dicke Scheibe ab, die er ebenfalls zu Appetitshäppchen zerteilte und wartete jetzt nur noch auf das Aufwallen der Suppe.

„Funktioniert das Radio?", fragte der Junge.

„Willst du es ausprobieren?"

„Gern", sagte der Junge. „Wir hatten früher auch mal eins, schenkten es aber dann dem Führer. Wir schenkten ihm auch das Telefon."

„Verstehe", sagte Vzor und hatte Mühe, sich der Situation gewachsen zu zeigen.

Der Junge stand auf, ging um den Tisch herum, schaltete den Volksempfänger ein und betrachtete das farbige Hitlerbild. „Wir hatten keins in der Wohnung."

Vzor hatte eine Vision: Václav Tonda, Ehefrau Milena, die Kellnerin - alle drei saßen jetzt mit am Küchentisch, nur die Silvestergäste standen draußen und schauten vorwurfsvoll durch die Fenster. Dazu stellte sich der verwegene Gedanke ein, der sich auszubreiten begann wie ein Leuchtschriftband auf dem Dach eines Zeitungshauses: Hat Spitzer dem Jungen meine Adresse gegeben? Hat er den Buben vielleicht selbst hierher gefahren?

Vzor stellte den großen Suppentopf wieder kalt. Im kleinen Topf begann die Suppe allmählich zu brodeln. Vzor nahm einen Kochlöffel vom Wandhalter, holte das Brett mit den gewürfelten Mark- und Fleischstücken und schob beide Köstlichkeiten vorsichtig in die kochende Suppe. Dann schnitt er noch für jeden eine dicke Scheibe vom Brotlaib ab, stellte für den heißen Topf eine Keramikkachel auf den Tisch, dazu zwei tiefe Teller sowie noch einen kleinen Teller für die beiden Brotscheiben.

„Löffel fehlen", sagte der Junge und drehte am Suchknopf. Ein Rundfunksprecher meldete mit markiger Stimme den erfolgreichen Vormarsch der Afrikakorpskämpfer unter dem Kommando von Generalfeldmarschall Erwin Rommel in der Cyrenaika.

„Dreh weiter", sagte Vzor. Der Bub drehte, fand Musik, und Vzor sah, wie über den traurig düsteren Blick des Knaben ein Schimmer von Glückseligkeit huschte.

Vzor nahm den Topf vom Feuer und stellte ihn auf die Keramikfliese.

„Wir hatten immer eine Porzellanterrine mit Deckel", sagte der Junge.

„Wir auch", sagte Vzor.

„Und damit die Suppe längere Zeit heiß bleibt, hatten wir auch noch ein Rechaud."

„So vornehm waren wir nicht", sagte Vzor.

„Das hat mit vornehm nichts zu tun", sagte der Junge. „Es ist nur praktisch."

Der Bub löffelte bereits den Inhalt des zweiten Tellers und hielt schon Ausschau nach der zweiten Scheibe Brot.

„Iss langsam", sagte Vzor. „Ich möchte nicht, dass dir schlecht wird." Und gleichzeitig überlegte er, wer wohl das Kind abgeschoben hatte oder wem der Junge weggelaufen sein könnte. Vielleicht wurde nach dem Buben schon gefahndet? Horst. Deutscher konnte ein Name nicht klingen.

Der Bub hatte braune Augen, dichte schwarze Wimpern, um die ihn manch ein Mädchen beneidet hätte. Die Haut sah gesund aus, war leicht gebräunt, und das braune Haar – das fiel Vzor erst jetzt auf – war an den Spitzen hell, fast gelbstichig, als sei es irgendwann gebleicht worden und im Lauf von Monaten herausgewachsen. Eine Frisörschere hatte das Haar demnach längere Zeit nicht zu sehen bekommen. Vzor stellte sich vor, wie das Kind mit kurzem Haar aussähe: scheußlich. Wie sagte Sobotka immer, wenn die Sprache auf die bis zum halben Hinterkopf hinauf rasierten langen Nacken kam: „Das ist kein Haarschnitt – das ist Körperverletzung!"

Und schließlich ertappte sich Vzor auch noch bei dem Gedanken, wie er den Bengel am schnellstens wieder loswerden könnte.

Der Bub hatte aufgegessen, sagte „Danke" und unterdrückte einen Rülpser.

„Zu schnell gegessen", sagte Vzor.

„Kann sein", sagte der Bub, und mit treuherzigem Augenaufschlag fragte er: „Darf ich bei irgendwas helfen?"

„Du kannst mir helfen, Holz zum Waschkessel zu tragen", sagte Vzor. „Unten im Keller. Dort kennst du dich ja schon aus." Vzor hatte sich den letzten Satz nicht verkneifen können.

Der Bub überging diese Spitze, sagte: „Mach ich!"

„Ich werde in der Zwischenzeit für den Kessel Wasser schleppen müssen", bemerkte Vzor.

„Da kann ich doch auch helfen", sagte der Bub.

„Da müsstest du über die Straße. Da gibt es Feindeinsicht", erklärte Vzor. „Auf dem Hof hingegen, zwischen Haus und Scheune, sind Herr Major geschützt."

Der Junge lächelte verschmitzt.

Und so schleppte Vzor die vollen Wassereimer und Horst das Holz. Treffpunkt war der Waschkessel. Und nachdem Vzor die beiden letzten Wassereimer geleert und zusätzlich ein paar Kübel mit sauberem Schnee in den Kessel gekippt hatte, sang er: „Schnee macht das Waschwasser weich und fein. Mit Seife und Bürste wird ´s Bubele rein!" Dabei setzte er die Holzspäne im Feuerloch unterm Kessel in Brand und legte noch drei Holzscheite auf.

Der Junge sah zu und sagte schließlich: „Hätten wir uns in dem Kessel nicht lieber Gulasch machen sollen? Nur einmal kochen, aber sechs Wochen davon essen."

Vzor bekam den Mund nicht zu, brauchte eine Weile und sagte schließlich: „Du willst also noch sechs Wochen bleiben."

„Bis Kriegsende, dachte ich."

Da fiel Vzor das Holzscheit aus der Hand, das er noch auflegen wollte.

8

Grübeln, zweifeln, zittern, zagen. In dieser Reihenfolge fühlte Vzor sich bedrängt seit jener Stunde, die ihm einen dritten Sohn bescherte.

Gewissheit über den ihm unbekannten Knaben erhielt Vzor, als er die Reisetasche des Jungen auspackte und sich über den Mantel wunderte. „Trägst du den immer so?", fragte er.

„Wie denn?", fragte Horst.

„Linksrum, mit dem Futter nach außen. Warum?" In diesem Augenblick sah Vzor den gelben Fleck innen an der Außenseite des Mantels und verdeckte ihn blitzschnell wieder.

„Das ist militärische Tarnung!", sagte der Junge und nahm Vzor den Mantel aus der Hand.

Vzor ließ sich nichts anmerken, sagte: „Ach so, verstehe. Ich wollte den Mantel in den Schrank hängen."

„Da komme ich nicht ran", sagte der Bub.

„Dann hänge ihn in den Flur."

„Dort brauchte ich auch einen Stuhl."

„Wir suchen morgen einen Haken. Den bringen wir so an, wie es dir recht sein wird. In Ordnung?"

Der Junge sagte nichts, nahm den Mantel, legte ihn zusammen und packte ihn zurück in die Tasche.

Noch am selben Tag, kurz vor Mitternacht, schlich Vzor im Schein einer alten Petroleumlampe hinauf ins Schlafzimmer, überzeugte sich, dass der Junge schlief, nahm die Tasche, die neben dem Bett stand, trug sie hinunter in die Küche, machte Licht, drückte die Rollos fest an die Fensterscheiben, setzte sich an den Tisch unter die Lampe, stellte die Tasche auf den Stuhl neben sich, öffnete den Reißverschluss, holte den Mantel vor und trennte mit einer Nagelschere den gelben Lappen vorsichtig ab.

Das Stoffquadrat, wie Vzor inzwischen wusste, war allen nichtarischen Bürgern vom sechsten Lebensjahr an auferlegt zu tragen, sichtbar auf der linken Seite des Kleidungsstücks, aufgrund der Polizeiverordnung vom 1. September 1941, und der Fetzen hatte, wie Vzor erleichtert feststellte, auf dem Mantelstoff noch keinen hellen Fleck hinterlassen. Vzor erinnerte sich an Spitzers Information, dass der 19. September 1941 als Stichtag gegolten hatte. Wer danach als Jude dieser Anweisung nicht nachgekommen war, habe mit sofortiger Einweisung in ein Konzentrationslager zu rechnen. Wie mochte da *jetzt* die Strafe aussehen, nach bald vier Monaten?

Vzor glättete die Nadelstichspuren, entfernte einen letzten Faden und hängte den Mantel, immer noch gewendet, über die Lehne des Küchenstuhls. Dann betrachtete er noch einmal das abgetrennte Stoffquadrat, den giftiggelben sechszackigen Stern, in dessen Mitte, in dicken schwarzen, den hebräischen Schriftzeichen nachempfundenen Buchstaben, das Wort ′Jude′ stand.

Kopfschüttelnd stand Vzor auf, schaute in den Herd, fand noch ein Glutbett, legte ein paar Späne auf, wartete bis die schmalen Holzstücke Feuer fingen und warf mit spitzen Fingern den Flicken in die Flammen.

Den Mantel beließ Vzor gewendet, packte ihn zusammengefaltet zurück in die Reisetasche, zog den Reißverschluss zu, löschte das Licht und stieg mit Tasche und Petroleumlampe die Treppe zum Schlafzimmer hinauf.

Vzor liebte knarrende Treppen, die lauter waren als seine Knie und fragte sich bei der Gelegenheit, wo er in seiner gegenwärtigen Situation den Humor hernahm.

Der Junge schlief fest, schniefte nur leise. Vzor stellte die Tasche genau dorthin, wo er sie weggenommen hatte, prüfte die Kacheln des Ofens, die noch genügend Wärme ausstrahlten und kehrte wieder ins Erdgeschoss zurück.

Die Schlafcouch, auf der vor kurzem erst Georg Spitzer übernachtet hatte, war schon aufgebettet, aber Vzor war noch nicht nach Schlaf zumute. In der Speisekammer musste noch eine angebrochene Flasche Rotwein stehen. Vaterland gerettet, pflegte er einst in einem Fall wie diesem zu sagen; doch seit Hitler im Land herrschte, war dieser Seufzer in Vzors Repertoire gestrichen. Auf dem Weg zur Speisekammer löschte er die Petroleumlampe, kontrollierte das Feuerloch im Herd, sah nur noch verglimmende Asche, holte zufrieden die kühle Flasche und aus dem Küchenschrank ein Weinglas und saß noch eine gute halbe Stunde in seinem Lieblingssessel vorm Kamin, schaute den kleinen grünlichblauen Flämmchen zu, die aus einem letzten

Holzscheit züngelten und wartete auf die Müdigkeit, die sich nach dem zweiten Glas meist einzustellen pflegte.

In dieser Nacht wartete Vzor vergeblich; seine Gedanken wirbelten wie ein Sturmtief, während er in Ruhe, wie im windstillen Auge eines Taifuns, unbehelligt dasaß. Ob der Junge vielleicht zu jener Familie gehörte, die Tonda im Keller seines Wirtshauses versteckt hatte? Konnte Václav den Buben möglicherweise durch eine zweite Kellertür, die ins Nachbarhaus führte, noch in allerletzter Sekunde aus dem Keller schaffen, ihm sagen: ′Lauf ins Libuschatal! Im Weinberg, auf halber Höhe hinterm letzten Haus vorm Wald, gibt es eine Holzhütte; dort kannst du dich verstecken?′ - Unwahrscheinlich, dass dies so abgelaufen sein könnte. Oder war es vielleicht doch Spitzer? Dessen Frage nach der Bewohnbarkeit der Weinberghütte hatte Vzor nicht vergessen. Überlegungen gab es reichlich und Fragen ebenso: Wer besorgte dem Buben den Jungvolkanzug? Wer half ihm, den Aussiedlungsvorgängen zu entgehen? Warum nur er und nicht die Mutter mit ihm? Wo war der Vater des Jungen? Und wie mochte der richtige Name des Buben lauten?

Vzor war ratlos. Nur eine Reichsfleischkarte, nur eine Reichsbrotkarte und im Haushalt einen Buben, der eigentlich in die dritte Volksschulklasse gehen und ausreichend verköstigt werden müsste. Vzor schaute zur Zimmerdecke, und wenn er das tat, meinte er immer den Himmel und dann zumeist Anna, außer er setzte ein „mein Gott!" voran, dann meinte er stets den Chef, auf dessen Hilfe er baute. Denn wenn keiner seiner Freunde den Knaben Unbekannt hierher gelotst hatte, wer sonst außer

Ihm? Also sagte er: „Mein Gott, wenn es schon so sein soll, halte bitte deine Hand schützend über dieses Haus und über alle, die darin wohnen. Und falls ich für den Buben koscher kochen muss, gib mir ein Zeichen."

Nach diesem Stoßseufzer quälte er sich aus den Sachen, zog seinen Flanellpyjama an, trank das Weinglas leer, löschte das Licht und legte sich hin. Seine letzte Frage galt Anna: „Weißt *du*, wie man koscher kocht?"

Als Vzor am nächsten Morgen in den Spiegel schaute, erschrak er: Zu den bereits vorhandenen grauen Haaren waren über Nacht eine Menge neuer hinzugekommen. In Eile stieg er zum Schlafzimmer hinauf, öffnete einen Spaltbreit die Tür und sah, dass der Junge bereits die Gardinen aufgezogen hatte und dabei war, die Rollos hochschnellen zu lassen.

„Du gehst in Deckung!", rief Vzor, schnappte den Jungen und beförderte ihn im hohen Bogen zurück ins breite Federbett. „Bruchlandung!", rief der Bub und lachte.

„Zudecken!", kommandierte Vzor. „Ich muss den Kachelofen anheizen und kurz lüften!"

Während er das eine und kurz darauf das andere tat, sann er über die Unterschiedlichkeit der für ihn ohnehin rätselhaften Psyche eines Kindes nach. Wie hätten sich Franz und Ferdinand in einer Situation wie der des Buben Horst verhalten? Keinen Vater, keine Mutter, umherirrend, durstig und hungrig. Vzor erinnerte sich, dass beide Söhne Angst vor dunklen Räumen hatten.

„Gibt es Spielsachen im Haus?", fragte der Bub.

Vzor fiel ein, dass eine Kiste mit allerlei Spielzeug aus der Stadtwohnung hergebracht worden war, damit die Buben auch im Sommer hier draußen etwas zum Spielen hatten. Und als die Jungs groß genug waren, war die Stadtwohnung um eine weitere Kiste erleichtert worden. Und so sagte Vzor, dass er auf dem Dachboden nachschauen werde. Ob er da mitgehen dürfe, fragte der Junge. „Warum nicht", antwortete Vzor. „Aber erst nach dem Frühstück."

Die Ernährung wird zu einem Problem werden, dachte Vzor, während er am Herd stand und das Rührei für den Buben zubereitete. Allein die tägliche Milch, die ein Kind unbedingt braucht. Würde er den Gastwirt von nebenan oder Křípal darum bitten, beim Einkauf der Milch einen halben Liter täglich mehr einzuplanen, wäre dies zwar nicht gleich verdächtig, zöge aber eine Kette von Fragen nach sich, die er nur mit Unwahrheiten hätte beantworten müssen.

„Vorsicht!", rief Vzor, als er sich mit der heißen Pfanne dem Tisch näherte.

„Duftet gut", sagte der Knabe.

„Freut mich!", sagte Vzor.

„Danke!", rief der Bub zurück und schielte nach dem Brot und der Butter.

„Kommt auch noch", sagte Vzor. „Eins nach dem andern!"

Das waren Annas Worte, wenn die Buben einst drängelten. Jetzt schmierte Vzor die Butterbrote, statt selbst zu essen.

Vzor trank lediglich einen Zichorienkaffee. Den Bohnenkaffee aus Frankreich, den er noch reichlich vorrätig hatte, würde er als Tauschobjekt benötigen, um zusätzliches Essen herbeizuschaffen, was notwendig sein werde. Dem Buben hatte er einen Holunderblütentee zubereitet. „Schmeckt gut!", lobte der Junge. „Dürfte ich noch etwas Zucker bekommen?"

„Warum nicht?", sagte Vzor. „Aber nur einen Würfel! Nicht aus Geiz, sondern nur, weil zu viel Zucker nicht gut für die Zähne ist!"

„Ich habe eine Tube ′Blendax′ in meiner Tasche und sogar eine Zahnbürste. Daran soll ′s nicht liegen."

Na toll, dachte Vzor, das wird ja noch Dialoge geben!

Nach dem Frühstück sagte Vzor: „Auf dem Dachboden ist es hundekalt. Du wirst deinen Mantel anziehen müssen."

„Möchte ich nicht", sagte der Junge. „Wenn ich den Mantel anhabe, denke ich immer, dass ich fort muss."

„Du musst nicht fort", sagte Vzor. „Komm, wir steigen die Hühnerleiter rauf!"

Es waren tatsächlich zwei Spielzeugkisten. Der Bub kramte in beiden, nahm aber nur eine große Schachtel mit Holzschienen hinunter, dazu eine Holzlokomotive mit mehreren Waggons, ein handtellergroßes silbriges Flugzeug und zwei Märklinautos. Das silberne Flugzeug hatte am Leitwerk noch das alte Hoheitszeichen der tschechoslowakischen Republik. Von den beiden Autos war eines davon eine Horch-Limousine, der andere Wagen war ein Mercedes mit geöffnetem Verdeck. Auf den zeigte der Junge und sagte: „Ich glaube, mit so einem offenen Auto war der Führer durch Brünn gefahren."

„Ja, leider", sagte Vzor.

9

Gegen den Beherrscher Europas zu sein, war im Jahre 1942 unter den Deutschen noch ein seltenes Gedankenspiel. In Afrika liefen die Operationen gegen die Engländer zufriedenstellend. In Russland würde man, sobald wärmere Tage den Behinderungen durch Schnee, Matsch und Schlamm ein Ende gesetzt haben, wieder eine zusammenhängende Front bilden und festigen können. Deutsche U-Boote operierten erfolgreich vor den nord- und mittelamerikanischen Küsten. Im zentralen Mittelmeerraum bedrängten deutsche und italienische Flugzeuge den britischen Flotten- und Luftstützpunkt auf Malta. Auf eine Einnahme wurde zwar verzichtet, aber deutsche U-Boote lauerten vor der Insel, um die Versorgung der Basis zu unterbinden. Joseph Goebbels, der unverdrossen emsige Schönwettermacher und Lust-und-Laune-Einpeitscher der Nation, sorgte für diese verhältnismäßig gute Grundstimmung im Volk; doch ob die auch den Mann mit dem bösen Blick, dem Seitenscheitel und dem Kurzhaarpinsel unter der Nase erreichte, war schwer zu sagen. Ahnte er schon, dass es verkehrt war, Napoleon nachzueifern?

Vzor musste sich die entgegengesetzte Zuversicht selbst herbeireden, doch die Angst der ersten Tage gänzlich zu verdrängen, gelang ihm nicht. Die Furcht saß ihm im Genick, wie dem entkommenen Hasen das Hundegebell in den Ohren. Immerhin konnte Vzor sich mit Wilhelm Busch trösten: ′Wer einsam ist, der hat es gut, weil keiner da, der ihm was tut′. Möge es so bleiben, lautete sein tägliches Morgen- und Abendgebet.

Am 18. Januar war es mit der Einsamkeit vorbei. Vzor verglich gerade die Messdaten, mit denen er ins Haus gekommen war und die er in sein Wetterbuch übertragen hatte - *Sonntag, 18. 01. 1942. Minus 9,8 Grad, nachts minus 18,4 Grad, in Bodennähe: - 22,3 Grad. Schneehöhe: 17 Zentimeter* – als es draußen hupte. Vzor sprang auf, schaute aus dem Fenster: Es war Spitzer.

„Tolle Sonntagsüberraschung!", rief Vzor in Panik, und „Volle Deckung!", war sein zweiter Satz, den er ohne nachzudenken formulieren und aussprechen konnte.

Horst befolgte das Kommando in Blitzeseile, rannte die Treppe hinauf - schließlich kannte auch er das Märchen vom Wolf und den sieben Geißlein – und verschwand, in Ermangelung einer geräumigen Standuhr, im Schlafzimmerschrank.

Auf der Straße, inmitten frisch gefallenen Schnees unter einem strahlend blauen Himmel, stand Stefanie Wimmers korallrot glänzender Opel-Admiral im Sonnenschein. Doch war Spitzer diesmal nicht allein gekommen. Stefanie Wimmer saß am Steuer. Ohne Mantel stiegen beide aus. Gute Heizung, dachte Vzor. Erstaunlich, wie locker sie daherkamen, so unangemeldet fröhlich, dass Vzor befürchtete, jeden Moment umfallen zu müssen. Nicht wegen des Knaben Mölders, der geschickt genug war, sich unsichtbar zu machen: Es waren die Holzschienen, die mit Weichen verbunden kreuz und quer durchs Wohnzimmer lagen. Sie wegzuräumen hätte zu lang gedauert, die Glocke schepperte bereits, also ging Vzor gottergeben hinaus in den Flur, um die Tür zu öffnen.

„Hallo, wie schön, euch zu sehen!", heuchelte er und dachte gleichzeitig: Habt *ihr* mir den Buben ins Haus geschickt? Falls ja, werdet ihr euch hoffentlich nach dem Wohlergehen des Kindes erkundigen! Und laut rief er: „Die Gartentür klemmt ein wenig! Vorsicht, rutscht nicht aus! Ich hab die Stufen noch nicht freigefegt, hätt´ es später erst gemacht, um mich beim Wasserholen nicht auf den Hintern zu setzen."

„Besser beim Wasserholen als beim Wasserlassen!", sagte Spitzer und handelte sich einen freundschaftlichen Klaps von Stefanie ein, deren Hand von Spitzers Nacken in einer fließenden Bewegung zu Vzors Hand überwechselte, die Vzor ihr hilfreich entgegenstreckte.

„Sie haben hier oben keine Wasserleitung?", staunte Stefanie.

Vzor reichte auch Spitzer die Hand, schloss die Tür und sagte: „Leider nein, aber nach dem Endsieg wird es so weit sein, meinte jedenfalls meine Frau Anna immer, wenn die Rede darauf kam, worauf ich dann jedesmal sagte: Ich weiß, erst die Autobahn, danach der Völkermord, und erst dann die Wasserleitung!"

Stefanie und Spitzer trampelten den Schnee von den Schuhen, und Vzor rief: „Los, Freunde, schnell rein in die Küche! Die ist geheizt!"

„Wir frieren nicht", sagte Stefanie, „der Admiral hat eine gute Heizung."

„Und fünfundsiebzig Pferdestärken unter der Haube", ergänzte Spitzer.

„Und eine geteilte Frontscheibe, und ein imprägniertes, Wasser abweisendes Stoffdach", fügte Vzor hinzu, der das alles schon einmal von Spitzer gehört hatte.

„Aus Leder", korrigierte Spitzer. „Und nicht nur das Verdeck. Auch die Sitze. Wer hätte das von einer Firma gedacht, die vor fünfundzwanzig Jahren nur Nähmaschinen herstellte."

„Ja, ja, die deutsche Tüchtigkeit!", sagte Vzor.

„Höre ich da einen gewissen Sarkasmus?", fragte Stefanie.

„Beißenden Spott?", glaubte Spitzer übersetzen zu müssen.

„Bissig, scharf, ironisch, boshaft?", ergänzte Stefanie.

„Aber ja!", bestätigte Vzor, und alle lachten.

„Nehmt bitte Platz. Was darf ich euch anbieten?"

„Kaviar und Champagner", sagte Spitzer.

„Kenne ich den Satz nicht schon?", fragte Vzor.

„Natürlich", lachte Stefanie. „Schorsch hat ein mageres Repertoire, und Sie, Herr Vzor, haben ein gutes Gedächtnis."

„Es geht gleich los", sagte Vzor, der sich erinnerte, unter den Frankreichkonserven auch zwei kleine Kaviardosen gesehen zu haben. Eine Champagnerflasche musste auch noch da sein. Um die Überraschung perfekt zu machen, holte er zwei Gläser und den Sektkübel aus reichen Hinterrucklerzeiten, ging auf den Hof hinaus, füllte alle drei Behältnisse mit Schnee und verschwand leichtfüßig, mit einem gesummten Lied auf den Lippen, in der Speisekammer.

„Offenbar geheime Verschlusssache", sagte Spitzer leise und winkte Stefanie mit einer Kopfbewegung aus der Küche.

Es war tatsächlich Kaviar. Nicht der orangefarbige Ketakaviar, sondern der grauschwarz glänzende Kaviar. Und es waren keine Blechdosen, sondern dickwandige flache Glasbehälter mit Schraubverschluss. Sündhaft teuer wahrscheinlich. Mit Hilfe eines kleinen Schraubenschlüssels, den Vzor zwischen Deckelrand und Glasfalz schob und das Deckelblech leicht anhob, gelangte zischend Luft heraus oder Luft ins Vakuum der Glasdosen hinein – Vzor hatte keine Zeit, sich über den genauen Grund des Zischens Gedanken zu machen. Er roch am Kaviar, der fischig gesund duftete, und stellte die Dose ohne Deckel in das Schneebett der Schüssel. Dasselbe machte Vzor mit der zweiten Kaviardose. Und die Champagnerflasche in dem schneegefüllten Sektkübel sah auch recht beeindruckend aus. Und so schmetterte Vzor ein lautes „Ratatata!" in den hallenden Raum der Speisekammer, öffnete die Tür und sah, dass weder Stefanie noch Spitzer am Tisch saßen. Zitternd stellte er den Sektkübel ab und rief, sich um Festigkeit in der Stimme bemühend: „Wo seid ihr?"

„Im Wohnzimmer!", rief Spitzer. „Entschuldige, ich wollte Stefanie nur deinen gemütlichen Kaminplatz zeigen und die Couch, auf der ich schon mal schlafen durfte, mit dem herrlichem Blick zum Kaminfeuer."

„Kein Problem", sagte Vzor, der sich wieder in der Gewalt hatte. „*Ich* muss mich entschuldigen, dass ich noch nicht aufgeräumt habe."

„Schläfst du neuerdings hier unten?"

„Ja", sagte Vzor schnell, „meiner kaputten Knie wegen."

„Die alten Römer wussten schon, wie man Häuser baut: ebenerdig und nur mit höchstens zwei, drei flachen Stufen", sagte Stefanie. „Kennen Sie Pompeji?"

„Ist das die Stadt, die bei einem Vulkanausbruch verschüttet wurde?"

„Richtig, Herr Vzor. Neunundsiebzig nach Christi Geburt spie der Vesuv Lava und Tonnen von Asche über den Südosthang und begrub Pompeji und Herculaneum."

„Sechsundvierzig Jahre nach Christi Tod am Kreuz", sagte Vzor und war dankbar für die Ablenkung, obschon er sah, wie Spitzer neugierig die Holzschienen, die Lokomotive und die Waggons betrachtete.

„Wenn es stimmt, dass Jesus Christus im Alter von dreiunddreißig Jahren starb, wäre das korrekt", bestätigte Stefanie Vzors Kopfrechnung.

„Darf ich zum Sektfrühstück bitten?"

Spitzer riss es, als hätte ihn ein Hummer sonst wo hin gebissen. Vzor musste lachen, als ihm dieser Gedanke kam, der zum Sektfrühstück passte. Froh, seinen Besuch wieder aus dem Wohnzimmer heraus zu haben, legte er drei Semmeln ins Backrohr, belebte das Feuer mit zwei mitteldicken Holzstücken, eilte in die Speisekammer, ergriff die beiden Schüsseln und stellte die in Schnee gebetteten Kaviargläser vor den Sektkübel, an dessen Außenwand sich bereits Feuchtigkeitsperlen zeigten.

„Bum Radetzky!", rief Spitzer und bekam den Mund nicht mehr zu.

„Mich kann man nicht ärgern", sagte Vzor, „sogar Sektgläser gibt es hier im Haus", hielt die Gläser gegen das Licht, fand sie makellos sauber und stellte sie auf den Tisch. Dann umfasste er mit der linken Hand den Hals der Champagnerflasche und löste vorsichtig den Drahtkorb über der stabilen Korkenwulst, legte das Drahtkörbchen beiseite und widmete sich mit vorsichtigen Bewegungen dem Korken.

„Ein gut geschulter Kellner lässt Champagnerkorken niemals knallen. Lediglich ein dezentes Plop darf zu hören sein, ähnlich dem Geräusch eines vom Racket getroffenen Tennisballs", sagte Spitzer. Stefanie betrachtete Vzor mit Bewunderung, wie unbeeindruckt lächelnd er Spitzers Worte und die Schwierigkeit überspielte, die ihm der widerspenstige Korken bereitete. Dann endlich war das „Plop!" zu hören, beinahe wunschgemäß gedämpft, aber dennoch laut genug, um Vzors Aufatmen zu überdecken.

Spitzer applaudierte, Stefanie sagte: „Gekonnt, gekonnt!" Vzor goss die Gläser behutsam voll und sagte: „Prost! Auf euer Wohl!"

„Dito!", riefen Stefanie und Spitzer, stießen mit Vzors Glas an und tranken.

Vzor nippte nur, weil noch Messer sowie kleine Teller und Löffel fehlten und die Semmeln aus der Backröhre mussten.

Dann endlich war alles getan. Sogar Butter stand auf dem Tisch. Und Vzor sagte: „Trinken wir auf das Wohl von Franz, dem wir den Kaviar zu danken haben!"

„Mir ist das wirklich peinlich", sagte Spitzer. „Ich werde niemals wieder solche Scherze mit dir machen."

Der Kaviar reichte, um jedem zwei aufgeschnittene, mit Butter bestrichene Semmelhälften dick mit Kaviar zu belegen. Es blieben sogar mindestens zwei gehäufte Löffel übrig: die sogenannten Anstandshäppchen. Vzor dachte: Ob dem Buben die grauschwarzen Fischeier auch geschmeckt hätten? Da sagte Spitzer, als hätten ihn verzerrte Impulse aus Vzors Gedankenströmen gestreift: „Seit wann spielst du mit Holzeisenbahnen?"

Vzor in Erklärungsnot zögerte ein paar Minilaussekunden zu lang, weshalb Spitzer zu Stefanie sagte: „Wir dürfen den Pepi nie wieder so lang allein lassen."

Vzor hatte jetzt zur Holzeisenbahn eine Kichererklärung im Kopf: Falls meine Schwägerin von dir ein Kind kriegen sollte, wäre das doch schon ein geeignetes Geschenk! Aus Rücksicht auf Frau Stefanie unterließ er die Bemerkung und sagte: „Ich bin dabei, den Boden zu entrümpeln. Die Sachen waren eingestaubt, hab sie gesäubert und die Holzschienen überprüft, ob sie sich noch ineinanderstecken lassen. Holz arbeitet bekanntlich, kann quellen, kann schrumpfen, kann sich verziehen." Vzor fand die Erklärung bereits zu lang und sagte deshalb nur noch: „Wäre was fürs Kinderhilfswerk, oder?"

„Ich würde es eher einem christlichen Kindergarten schenken", sagte Stefanie, „egal ob evangelisch oder katholisch."

„Eine gute Idee", sagte Vzor. „Danke!" Dann brachte er das Gespräch auf Václav Tonda und die Geschehnisse in der Silvesternacht.

Spitzer wusste nur, dass die Gaststätte immer noch geschlossen war. Bretter vor den Fenstern, Bretter vor der Tür. Gestern erst sei er dort vorbeigefahren. Alles unverändert.

Vzor hatte auf eine Regung in Spitzers Gesicht gehofft. Umsonst. Es gab auch keine Blicke zwischen Spitzer und Stefanie, als er einflocht, wie schlimm Erlebnisse wie diese für ein Kind sein müssen. Und wie furchtbar allein der Gedanke, dass dies vielleicht gerade jetzt wieder geschähe, hundertfach, tausendfach im von Hitlertruppen besetzten europäischen Raum.

Vzor war ratlos, Stefanie seufzte, wechselte das Thema, fragte nach der Bewässerung des Weinbergs, Vzor sagte, dass er zum Glück im oberen Teil des Weingartens Regenwasserzisternen mit zugehörigen Schleuseneinrichtungen und Verteilergräben habe, dazu Rieselrinnen über den gesamtem Hang verteilt, so dass er nur bei extremer Trockenheit Wasser vom Brunnen hinauf in den Garten schleppen müsse. Stefanie erzählte, wie fortschrittlich die Bewässerung schon bei den alten Römern war, schilderte anschaulich die quadratisch angelegten Flachbauten in Pompeji und Herculaneum rund um den offenen Innenhof, dem sogenannten Atrium, mit einem Wasserbecken in der Mitte, gespeist vom Regenwasser aus vier Dachrinnenzuleitungen des überdachten Atriumrundgangs.

Vzor fragte nach Grasel, dem Multitalent. Der sei ausgebucht, sagte Stefanie. Neuerdings unter höchster Geheimhaltungsstufe. Begabungen, wie er sie habe, seien offenbar gefragt. Er fahre auch nicht mehr für die Taxifirma. Der Teufel wisse, woran und für wen er gegenwärtig arbeite.

„Übrigens, dein Sohn Ferdinand ist wieder in der Stadt", sagte Spitzer leichthin.

Stefanie sah, dass Vzors Gesicht sich verdüsterte, trat gegen Spitzers Schienbein und sagte schnell: „Der Schorsch hat ′s neuerdings mit den Augen; da würde ich nicht so ohne weiteres glauben, was er gesehen haben will."

„Vielleicht war ′s Franz", sagte Vzor. „Wenn Franz auf Urlaub kommt, schläft er meist ein bis zwei Nächte in seiner Wohnung und meldet sich erst dann bei mir."

Der französische Champagner beeinflusste Spitzers Feinfühligkeitsempfinden. „Noch kann ich Schwarz von Feldgrau unterscheiden", sagte er. „Außerdem kann 's dir doch wurscht sein: Ferdinand will eh nix von dir wissen! Willst du vielleicht etwas von ihm?"

Vzor gab darauf keine Antwort, fragte, da er gerade die Champagnerflasche in der Hand hielt, wer auf der Rückfahrt am Steuer sitzen werde, dem dürfe er jetzt nichts mehr einschenken.

„Wer spricht von Rückfahrt?", sagte Spitzer. „Ich dachte, wir übernachten hier?"

Vzor erblasste zum zweiten Mal, auch wieder nur innerlich, wie er meinte; aber ein Abbild inneren Befindens zeigt sich immer, außer der Betroffene ist ein Poker-Ass, und so sagte Spitzer: „Sehe ich Erschrecken in deinen Augen?"

Vzor reagierte schnell: „Sie haben recht, Frau Stefanie: er sieht schlecht!"

Befreiendes Lachen, Vzor, den kühnen Einsatz wagend: „Wie lang wollt ihr bleiben?"

„Höchstens noch eine Viertelstunde", sagte Stefanie. „Und *ich* werde wieder fahren. Wenn du also noch trinken möchtest, Schorsch, tu dir keinen Zwang an."

„Danke", sagte Spitzer, sah Vzor an, deutete aufs leere Glas, und Vzor, bemüht, seine Erleichterung nicht zu zeigen, goss nach, überlegte, ob es sinnvoll sei, noch einen zweiten Anlauf zu wagen und entschied, es zu versuchen: „Wisst ihr etwas über Werner Mölders und diesen tragischen Unfall so kurz nach Udets Tod?"

„Seit wann interessierst du dich für Jagdflieger?"

Vzor achtete auch jetzt auf Anzeichen nervöser Beunruhigung bei Spitzer, auf Blickwechsel zwischen ihm und Stefanie, vermochte aber keinerlei Unsicherheit zu entdecken und antwortete schnell: „Schicksale junger Männer, ungefähr im Alter von Franz, missbraucht für diesen schmutzigen Eroberungskrieg, berühren und interessieren mich."

„Mölders war erst achtundzwanzig", sagte Stefanie. „Und wie alt ist Ihr Ältester?"

„Zwei Jahre jünger."

„Aber kein Ritter der Lüfte, oder?"

„Nachrichtenabteilung", sagte Vzor, „und keinen totgeschossen."

„Das dürfte bei Mölders anders gewesen sein", sagte Stefanie.

„Na ja", sagte Vzor, „dieses auffällige Zusammenfallen zweier Unfälle. Zuerst Ernst Udet, kurz darauf Mölders. Ist das nicht seltsam?"

„Es stimmt zumindest nachdenklich", sagte Stefanie.

„Ich traue der Sippschaft nicht über den Weg. Ich bin kein Studierter, bin nur ein einfacher Werkmeister in Pension, habe nicht den Einblick wie Sie in höhere Wirtschafts- und Politvorgänge, aber ich glaube, dass es üble Ränkespiele gibt, viel Missgunst in allerhöchsten Kreisen, wo einer gegen den anderen ist, ihn auszuspielen versucht, wo Mord zur Tagesordnung gehört, Nötigung bestimmt auch. Ein Verdacht ist schnell in die Welt gesetzt, Vorgänge lassen sich geschickt konstruieren, Zeugen werden unter Druck leicht gefunden und gefügig gemacht, Papier ist geduldig, und Lügen kommen wie auf einer vereisten Rodelbahn daher, während die Wahrheit durch Pappschnee tappt."

„Dein Freund ist ein Philosoph, und du solltest nicht so viel trinken. Du hast heute Abend noch Spritzendienst."

Spitzer erhob sich, umarmte Vzor, dankte und fügte noch hinzu, dass er sich, mit dem Kaviar zwischen den Zähnen, wie Puschkin in Petersburg fühle.

„Wenn Schorsch trinkt, wird er immer so literarisch."

„Der Wagen wird ausgekühlt sein, und Sie haben keinen Mantel", sagte Vzor.

„Der Champagner im Blut wird uns wärmen", sagte Spitzer.

„Eher der Motor", sagte Stefanie und schob ihren Jugendfreund durch den Korridor zur Haustür. Draußen am Auto holte Stefanie Spitzers Mantel vom Rücksitz, Schorsch zog ihn an. Vzor griff nach Stefanies Mantel und hielt ihn galant auf. „Danke", sagte Stefanie, „und besuchen Sie mich wieder einmal."

„Ahoi!", rief Spitzer.

„Wiedersehen!", rief Vzor, und Stefanie zog die Tür ins Schloss, nickte lächelnd und startete den Motor.

Vzor sah dem Wagen hinterher und hob den Arm, Stefanie schaute in den Rückspiegel, sah Vzor winken, und Spitzer sagte: „Was meinst du, Steffi, ob Vzor eine Freundin hat?"

„Wie kommst du darauf?", lachte Stefanie, öffnete das Seitenfenster, hielt den Arm hinaus und winkte zurück.

„Ich weiß nicht", sagte Spitzer, „aber ich wurde die ganze Zeit das Gefühl nicht los, dass noch jemand im Haus ist."

Stefanie schüttelte ungläubig den Kopf.

„Glaub mir, der hat 'n Luder! Wenn die nicht sogar oben im Schlafzimmer noch im Bett lag."

„Du bist verrückt!" Stefanie trat auf die Bremse kurz vor der Einmündung zur Asphaltstrecke vor Wlasaks Wirtshaus am kleinen Steinbruch, und weil die Straße frei war, gab sie Gas und lenkte den Wagen links hinunter, vorbei an Křipals Gaststätte zur rechten, und ließ den schweren Opel-Admiral gemächlich hinabrollen in Richtung Endstation Schreibwald.

Zu diesem Zeitpunkt war Vzor schon wieder im Haus, hatte im Küchenherd Holz aufgelegt und rief jetzt am Fuß der Treppe: „Major Mölders, in fünf Minuten ist Lagebesprechung in der Küche!"

10

Der Knabe Mölders stellte Vzors Leben auf den Kopf. Zweimal in der Woche musste er zum Einkauf nach Jundorf hinunter oder in die Stadt und den Buben im Haus allein lassen. Schon der Milch wegen musste er sich dieser Strapaze unterziehen. Dann sah er sich verpflichtet, jeden Tag am Herd zu stehen. Zwei warme Essen aus der Gaststätte nebenan zu holen, wäre bequemer, aber auffällig. Auch bei nur einer Portion hätte sich der Wirt gewundert und gefragt, warum er nicht im Schankraum esse.

Angst machte ihm Ferdinands ungeklärte Anwesenheit in der Stadt. Wenn er nachts nicht einschlafen konnte, fragte er sich immer wieder, ob es nicht vernünftig gewesen wäre, Spitzer und Steffi ins Vertrauen zu ziehen.

Vzor kochte, Vzor wusch, Vzor überprüfte täglich die Rechenkenntnisse des Buben, staunte, dass er im Kopf addieren und subtrahieren konnte. Dividieren war für ihn auch kein Problem. Das allerdings auf dem Papier. Der Bub begriff sehr schnell, konnte fließend lesen, war gut in der Betonung, merkte sich alle Liedertexte, die im Radio zu hören waren und konnte die Melodien nach einmaligem Hören schon Note für Note sauber nachsingen.

Da Vzor mit dem Jungen nicht zu einem Frisör gehen konnte – auch Sobotka wäre ein Risiko -, griff Vzor zu Kamm und Schere, bemüht nachzuvollziehen, was er bei Sobotka über die Jahre hinweg beobachtet hatte.

Abend für Abend saß Vzor neben Horst im Ehebett und spielte ihm auf der Mandoline alte Kinderlieder vor. Eines Abends wollte es der Junge selbst versuchen, und so brachte ihm Vzor die Griffe bei und zeigte ihm, wie man mit dem Plektron, diesem schildpattähnlichen Blättchen, die Saiten zitternd anriss und so den typischen Mandolinenklang erzeugen konnte.

In diesem Auf und Ab der Gefühle zwischen Angst und Kurzweil vergingen die Tage.

Eines Nachts weinte der Bub laut und bitterlich. Vzor eilte nach oben, fand ihn schlafend, aber offensichtlich schlecht träumend. Der Junge warf sich von einer Seite auf die andere, schlug um sich, schluchzte und rief: „Manuel ist doch lieb, Mama! Manuel ist doch lieb! Mami, Mami, Mami, Manuel ist doch lieb!"

Vzor setzte sich aufs Bett, rief: „Horst, wach auf! Wach auf! Ich bin es! Wach auf!"

Der Bub öffnete die Augen, blinzelte ins Licht der Nachttischlampe, erkannte Vzor, lächelte unter Tränen und sagte nach zweimaligem Schlucken leise: „Darf ich Papa zu dir sagen?"

Jetzt musste *Vzor* schlucken, nickte, sagte „Ja, mein Sohn", legte seine Hand auf die Stirn des Jungen, die heiß und feucht war und wiederholte: „Ja, mein Sohn, das darfst du."

In dieser Nacht blieb Vzor neben dem Jungen im Doppelbett, ließ bei offener Schlafzimmertür das Treppenlicht brennen und schlief, bis ihn das Scheppern des Weckers ein Stockwerk tiefer aus den Träumen riss.

„Guten Morgen, Papa!", sagte der Junge, als hätte er nie geträumt und ihn immer schon so angeredet.

Zwei Tage darauf lag ein Brief ohne Absender im Briefkasten. Vzor öffnete den Umschlag und fand lediglich ein unbeschriebenes Blatt Papier. Er hielt den leeren Briefbogen gegen das Licht, wendete ihn, und Horst, der neben ihm stand, sagte: Das Blatt wird vom Hinundherdrehen nicht lesbarer. Man muss das Papier über eine Flamme halten."

Da erinnerte sich Vzor an seine Schulzeit und an die mit Milch geschriebenen Geheimbotschaften, deren Buchstaben sich tatsächlich mit der Erwärmung bräunlich färbten und so sichtbar wurden.

Die Adresse auf dem Umschlag war mit Schreibmaschine geschrieben, das Kuvert war unfrankiert, demnach von der Post weder gestempelt, transportiert und demnach auch nicht ausgetragen. Irgendwer musste den Brief im Dunkel der Nacht in den Kasten gesteckt haben.

„Wollen wir das Experiment gleich versuchen?", fragte Horst.

„Nach dem Mittagessen", sagte Vzor.

Es gab Grießbrei mit Himbeersaft. Die Himbeeren aus eigener Ernte, der eingekochte Saft immer noch betäubend duftend. Im Keller standen mehrere Flaschen und Gläser: Erinnerungen an vergangene Sommer.

Horst löffelte schnell, die Vorfreude auf den Versuch war ihm ins Gesicht geschrieben. Vzor ging ins Wohnzimmer, öffnete die Fenster, um zu lüften, beugte sich hinaus, atmete tief die Luft, die bereits nach Frühling roch. Die Sonne schien, die Eiszapfen an der Dachrinne glänzten feucht und tropften. Im Schmelzwasser über dem Kies der Straße spiegelte sich der Himmel.

„Ich bin fertig!", tönte die helle Knabenstimme aus der Küche. Vzor schloss schnell die Fensterflügel, nahm die dicke Kerze vom Kaminsims, ging in die Küche zurück und stellte das Monstrum aus Bienenwachs auf den Tisch.

„Ist ja ein Riesending!", rief Horst. „Ist das eine Altarkerze?"

„Woher kennst du Altarkerzen?"

„Aus der Kirche natürlich."

„Du gehst in die Kirche?"

„Jetzt nicht im Krieg. Aber früher schon."

Vzor richtete den Docht auf und griff nach der Streichholzschachtel.

„Darf *ich* die Kerze anzünden? Du zitterst so."

Vzor gab dem Jungen die Streichholzschachtel.

„Vorsicht, verbrenn dir nicht die Finger!"

„Ich weiß, wie man mit Streichhölzern umgeht."

Die Kerze brannte, und Vzor bewegte das Blatt vorsichtig über der Flamme hin und her."

„Nicht zu nah an die Flamme!", rief Horst. „Aber auch nicht zu hoch darüber!"

Vzor lächelte über die Umsicht des Buben, aber mehr über dessen Neugier.

„Es gelingt, es gelingt, es gelingt!", schrie Horst und hüpfte wie ein Pingpongball.

Ob mit Zitronensäure oder mit Milch geschrieben, das vormals makellos weiße Blatt zeigte tatsächlich zartbräunliche Buchstaben. „Auf der Kredenz liegt ein kleiner Schreibblock und ein Bleistift daneben. Schnell, bevor die Schrift wieder verblasst!"

Horst holte Block und Bleistift und legte beides auf den Tisch.

„Los, schreib auf: Credo. Mit C am Anfang! Dann stehen Zahlen darunter. Eine Zwei, daneben ein Schrägstrich. Hast du das?"

„Eine Zwei und ein Schrägstrich daneben", wiederholte Horst.

„Gut. Hinter dem Schrägstrich eine Fünf und wieder ein Schrägstrich. Dann eine Achtzehn und wieder ein Schrägstrich. Hast du das?"

„Ich hab ′s! Kommt noch was hinter dem letzten Schrägstrich?"

„Ja", sagte Vzor, „eine Sieben."

„Ist noch etwas zu lesen?"

„Moment! – Ein kleines ′m′, ein kleines ′d′ und ein großes ′H′."

„Vorsicht! Nicht zu nah an die Flamme!", schrie Horst.

„Ich rate halt mehr als ich sehe", verteidigte sich Vzor.

Das Papier wurde an einigen Stellen brauner als die Schrift. Die offene Flamme war anscheinend nicht das bestmögliche Entzifferungsverfahren.

„Ich kenne das eigentlich nur mit dem Bügeleisen", sagte Horst im Tonfall eines Fachmanns.

„Und das sagst du erst jetzt?" Vzor blies die Flamme aus und holte das Bügeleisen aus dem Unterteil des Küchenschranks.

„Was ist denn das für ein Monstrum?"

„Damit hat noch meine Mutter gebügelt", sagte Vzor, öffnete die Klappe am hinteren Teil des Bügelmonsters und ließ den Eiseneinsatz herausgleiten. „Dieses Teil kommt ins Feuer bis es glühendrot ist."

„Und wie holt man das glühende Eisen wieder raus aus dem Ofen und bringt es wieder rein ins Bügeleisen?"

„Mit dem Schürhaken. Dafür ist dieser Metallring am Hinterteil des Eisens. Du wirst es gleich sehen."

Vzor packte das Eisen in die Glut des Küchenherds, und Horst meinte altklug, dass man das Papier gleich auf die Herdplatte hätte legen können und wartete auf den glühenden Eiseneinsatz, den Vzor aber schon früher aus der Glut nahm und ins Bügeleisen hineingleiten ließ, das in Kürze heiß genug sein würde, um das Blatt unbeschadet bügeln zu können. Und tatsächlich: Die Buchstaben ′m.d.H.′ waren nach der Bügelprozedur deutlicher zu erkennen. Auch das Wort ′Credo′ war besser zu lesen, wobei auffällig war, dass das ′C′ nach links wegkippte, als hätte es was gegen die restlichen vier Buchstaben. Und schließlich tauchte gelbstichig noch das Wort ′Danke′ am unteren Rand des Briefbogens auf, wo Vzor das Blatt gehalten hatte, als er es über die Kerzenflamme führte.

Horst fragte, ob er das neue Wort auch noch aufschreiben solle.

„Nein, danke", sagte Vzor, „das merke ich mir", nahm das Blatt, reichte es dem Buben, der es anerkennend betrachtete und zurückgab.

„Soll *ich* es verbrennen, oder willst *du* es tun?", fragte Vzor.

„*Ich* verbrenne es", sagte der Junge.

„Gut, dann tu das! Geheimbotschaften muss man immer sofort verbrennen. Den Inhalt muss man sich natürlich vorher einprägen!"

Darüber lachte der Junge schallend, dass jemand so blöd sein könnte, eine Nachricht zu verbrennen, bevor er sich den Text gemerkt hatte.

Vzor schob mit dem Schürhaken zwei Ringe der Herdplatte beiseite, Horst ließ das Briefblatt in die Glut segeln, schnupperte und rief: „Die Nachricht war mit Milch geschrieben: Es riecht nach angebranntem Griesbrei!"

Vzor schob die Eisenringe wieder über das Feuerloch.

„Und was ist mit *dem* Zettel hier?", fragte Horst und deutete auf den Merkblock.

„Diese Notizen werde ich auch noch verbrennen. Ich muss sie nur noch auswendig lernen."

Da sagte Horst: „Brauchst du nicht! Musst nur mich fragen! Credo, zwei, fünf, achtzehn, sieben, mdh, Danke."

Noch spät am Abend saß Vzor vorm Kamin in bislang vergebliches Grübeln versunken. Den langen Nachmittag über hatte er erwartet, dass ihn der Junge bedrängen würde, an der Lösung der geheimen Botschaft mitarbeiten zu wollen; aber nichts dergleichen geschah. Das Interesse an dem Geheimbrief war für den Buben erloschen. Vzor überlegte, wann genau, und kam dahinter: unmittelbar nach dem Überbügeln des Blattes, als das Wort ′Danke′ aufgetaucht war. Somit musste den Brief eine Person geschrieben haben, die der Knabe kannte. Wofür sollte sich sonst wer bei Vzor bedanken, wenn nicht für die Aufnahme des Jungen. Für Vzor lag der Verdacht allmählich auf der Hand, dass der Junge die Botschaft längst entschlüsselt hatte. Jeder andere, so überlegte Vzor, hätte den Buben geschüttelt, wenn nicht gar geohrfeigt, um zu wissen, wie er wirklich hieß, wo er herkam und wer ihn hierher brachte. Für Vzor ein unerträglicher Gedanke. Wenn der Bub so beharrlich dabei blieb, Horst Mölders zu heißen und es dankbar genoss, nicht über das Vorher ausgefragt zu werden, dürfte er angeleitet worden sein. Wer auch immer es war, der ihn unterwiesen hatte, musste ihm den Jungvolkanzug gekauft, ihm den Schwur abgenommen haben, keinem zu verraten, wer ihm geholfen hatte und hierher brachte. Dass ihm der Gelbe Stern am Mantel belassen wurde, war natürlich Absicht. Die Person muss mich und meine Einstellung kennen, sagte sich Vzor, zog zu wiederholtem Male den Zettel aus der Tasche und starrte auf die Handschrift des Buben, auf das Wort ′Credo′, auf das ′mdH′ und auf die Zahlen zwei, fünf, achtzehn, sieben.

Aus dem Volksempfänger kam leise Tanzmusik. Schlager von Peter Kreuder, Franz Grothe, Peter Igelhoff, Theo Mackeben, Werner Bochmann. Und Heinz Rühmann sang: „Mir geht ′s gut, ich bin froh, und ich sag′ dir auch wieso …" Und das sagte er dann auch singend in seiner trockenen Art. Nur Vzor sagte keiner, was die Ziffern sollten und das ′mdH′ und das Credo mit dem zur Seite gekippten Buchstaben ′C′, weshalb es Vzor gar nicht gut ging und er auch nicht froh sein konnte, so aufmunternd fröhlich ihm das auch Heinz Rühmann nahelegte.

„Credo", sprach Vzor leise vor sich hin. „Credo – ich glaube. Credo - das kirchliche Glaubensbekenntnis. Das ′C′ will aber mit dem Wort nichts zu tun haben, bleibt also ′redo′. Was ist aber ′redo′?" Er las das Wort von rechts nach links, wie Juden angeblich den Talmud lesen, und las: „Oder." Und jetzt fragte er sich erst recht: Oder was oder wie oder wer oder wo oder wann? – Vielleicht war der Fluss gemeint: die Oder. Entspringt im Odergebirge, südwestlich von Ostrau und fließt und fließt und fließt. Wohin nur? Auf alle Fälle bergab. Also Richtung Meer. Vzor kannte die Zwitta und die Schwarza, die seine Heimatstadt Brünn umfließen, kannte die südmährische Thaya, die im Österreichischen in die March mündet und die March in die Donau, westlich von Bratislava. Mit der Oder war er nicht so bewandert. Die war auch so gestraft genug: musste schon immer durchs Altreich fließen. Wird im Norden in die Ostsee gurgeln. Vzor entschloss sich an diesem Abend, mit Horst von morgen an auch Geographie durchzunehmen. Auf dem Dachboden mussten bestimmt auch noch Schulbücher von Franz und Ferdinand liegen.

Vzor war müde, beendete sein Rätselraten, bereitete sein Nachtlager auf dem Sofa, kontrollierte den Herd in der Küche und das Feuer im Kamin, ging noch einmal ins Bad und begab sich endlich zur Ruhe.

11

Es war noch dunkel draußen, als Vzor schon wieder auf den Beinen war, um all das zu tun, was Anna täglich getan hatte, als die Söhne noch klein waren, in den Kindergarten gingen, die Schule besuchten, und was Vzor jetzt zu erledigen versuchte, recht und schlecht und Anna stille Abbitte leistete für ungenügend gewürdigte oder gar unterlassene Anerkennung.

In den Schränken gab es noch gut erhaltene Kleidungsstücke der Jungs, als sie zwischen acht und zwölf waren: Unterwäsche, Hemden, Lederhosen, Pullover, Jacken, was aber Vzor nicht des wöchentlichen Waschtags entheben konnte. Also stieg er in den Waschkeller hinunter, heizte den Kessel an und verschaffte sich während der eintönigen Arbeit die zwiespältige Kurzweil, Erklärungswege zu durchdenken und Überlegungen abzuwägen, was ebenso nötig war.

So lange sich die Anwesenheit des Buben geheimhalten ließ, bestand kein Anlass zur Sorge. Doch bereits die kleinste Veränderung des eingeschliffenen Tagesablaufs barg eine Unzahl von Zufallsmöglichkeiten. Der harmloseste Fall wäre, wenn Franz auf Urlaub käme, womit irgendwann zu rechnen sei. Doch auch für diesen Umstand bedürfte es einer überzeugenden Begründung.

Die einfachste, weil gegenwärtig glaubhafteste Erklärung wäre, Horst zum verloren gegangenen Evakuierungskind zu erklären. Vollwaise. Nicht gerade aus Gelsenkirchen, dem Geburtsort von Werner Mölders, aber aus Hamburg vielleicht und ohne Familiennamen, weil sich Familiennamen zurückverfolgen lassen. Mölders wäre ohnehin die denkbar ungünstigste Wahl. Am klügsten wäre, das Kind namenlos zu lassen. Horst müsse genügen. Vater und Mutter verschollen, das Kind unter Schock außerstande, sich an seinen Familiennamen zu erinnern, am besten an gar nichts.

Dieses Bekenntnis, fand Vzor, war glaubhaft und wäre so auch Spitzer und Frau Stefanie gut zu vermitteln, allerdings mit der dringenden Bitte, dennoch Stillschweigen zu bewahren, weil es keinen Nachweis bezüglich der Richtigkeit dieser Angaben gebe. Striktes Mitteilungsverbot würde er auch Franz auferlegen müssen, der gelegentlichen Bruderkontakte wegen. All die durchdachten Überlegungen umzusetzen, wäre eine Notentscheidung, befand Vzor, während er den Heizkessel mit Wasser versorgte und das Waschpulver bereitstellte. Zusammenfassung dieses Denkmanövers: So lange sich eine Offenbarung vermeiden lasse, sei dies für den Knaben Horst der verlässlichste Schutz. Punkt, Schluss, aus! Daran wollte Vzor sich halten. Und so näherte er sich gedanklich bereits dem nächsten Punkt, den gründlich zu durchdenken sich aus dem soeben gefassten Vorsatz ergab: Den Jungen mit diesem neuen Identitätsentwurf vertraut zu machen.

Doch wie macht man das? Einen klugen Kopf müsste man fragen, wie den Professor Bubeník zum Beispiel. Die studierte Stefanie Wimmer wüsste sicher auch Rat. Sein Verstand sagte ihm nur, dass das, was er vom Buben verlangen würde, nur eine Wiederholung dessen wäre, womit sich der Junge schon selbst beholfen hatte: der Ausstieg aus der Wirklichkeit. Nichts anderes war doch dieser Horst Mölders. Einen Seelendoktor brauchte ich halt, seufzte Vzor in Gedanken, obschon er auch ohne ärztlichen Rat wusste, dass eine Beschädigung dieser kindlichen Schutzbehauptung lediglich negative Folgen hätte, außer, der Junge habe nach Anweisung gehandelt. Doch nach wessen Anweisung? Die Person musste in Bedrängnis gewesen sein, aber gleichzeitig in Kenntnis des Schlüsselverstecks.

Zum Mittagessen gab es für jeden eine Brühwurst und Kartoffelbrei. Horst war genügsam. Sein Lieblingsgetränk war ein Fingerbreit Himbeersaft in einem hohen Glas, aufgefüllt mit Quellwasser.

Am Nachmittag spielten Vzor und Horst Schule. Auch dafür waren die erforderlichen Requisiten vorhanden: eine Schultafel auf einer Staffelei, dazu Schwamm und Kreide. Besonderen Spaß machte es dem Buben, wenn er die Rolle des Lehrers spielen und Fragen stellen durfte. In Verlegenheit geriet Vzor, als Horst ihn nach der Anzahl der Buchstaben im Alphabet fragte und Vzor die Zahl 26 nannte, aber Horst meinte, dass die Antwort 29, wenn nicht gar 30 lauten müsse, da es ja noch die Umlaute Ä, Ö und Ü gebe und außerdem noch das scharfe ′ß′ existiere. Nun, welche Zahl auch immer stimmen wird, dachte Vzor, für eine Sache könnte das Spiel gut gewesen sein: Es brachte ihn auf die Idee, die Zahlen aus der Geheimschriftbotschaft auf das ABC anzuwenden. Am Abend, sobald der Bub im Bett sein wird, werde er sich dem Experiment widmen. Der Zettel mit den Zahlen, wie sie der Bub aufgeschrieben hatte, musste noch in der anderen Hose stecken. Hoffentlich nicht in der Arbeitshose, die nass und inzwischen steif im Hof auf der Leine hängt.

Der Zettel war da und endlich auch die Nacht. Der Bub schlief, und Vzor setzte die Zahlen in Buchstaben um. Gewusst, wie, und schon war das Ganze ein Kinderspiel: Die 2 war der Buchstabe B, die 5 war das E. Mit der 18 offenbarte sich ihm das R, mit der 7 der Buchstabe G, und die vier Buchstaben aneinandergereiht ergaben das Wort ʹBergʹ. Berg oder? Berg oder mdH? Was bedeutete mdH? FdH kannte Vzor. Früher den Übergewichtigen zugeeignet, gegenwärtig als Trostspruch allen zugedacht, die mit den Lebensmittelmarken nicht auskamen: Friss die Hälfte! Für den Normalverbraucher nichts Neues.
Vzor stellte die Reihenfolge her, wie sie notiert war: Das Wort Oder an die Spitze und dann das Wort Berg darangesetzt: Oderberg. Ein Name! Der Bub hieß Oderberg! Aber was sollte dieses mdH? Md könnte *mit dir, mit dem* bedeuten. Und das H müsste zu einem Hauptwort gehören, sonst wäre es nicht groß geschrieben. Hund, Haus, Hof, Herz ... Mit dem Herzen? Oderberg hat ʹs mit dem Herzen? Der Junge sieht nicht herzkrank aus. Was gibt es noch für Wörter, die mit einem großen H beginnen? – ʹHabererʹ fiel ihm ein. Der österreichische Ausdruck für einen Verehrer, aber auch für einen Kumpan. Er erinnerte sich, wie die Hinterruckler ihn bezeichneten, als seine Verbindung mit Anna bekannt wurde: ʹDer Haberer aus Brünnʹ. So nannten sie ihn vor der Hochzeit. Doch er wurde das Gefühl nicht los, dass er auch noch nach der Eheschließung der Haberer geblieben war. Zur Hochzeitszeremonie fiel ihm noch der liturgische Freudengesang ein: das Halleluja. Auch nicht zu gebrauchen! Hallodri – mdH – mit dem Hallodri? „Bin *ich* vielleicht damit gemeint?", fragte er und ertappte sich dabei, laut

gesprochen zu haben. Das Wort Hammer fiel ihm noch ein. Doch was sollte er mit dem Hammer tun? Etwas zusammennageln? Zusammenfügen? – Und schließlich gelangte er an das Wort ′Hand′. Mit der Hand – mdH. Obwohl ihm das auch nichts sagte, blieb er daran hängen. Mit der Hand, mit der Hand - händisch. Händisch! So sagt man in Österreich und damit auch immer noch in Brünn, wenn man etwas manuell erledigt. Und mit diesem ′manuell′ schlug es bei Vzor ein: Manuell - Manuel! Der Traum! Natürlich! Diesen Namen hatte der Bub im Schlaf gerufen. Doch hatte es für Vzor so geklungen, als hätte er einen Freund verteidigen wollen. ′Manuel ist doch lieb!′ Ja, das war der Satz gewesen. ′Mami, Mami, Manuel ist doch lieb!′. Damit hatte der Junge sich selbst gemeint. Wurde er vielleicht von seiner Mutter geschlagen? Oder verlangte sie nur von ihm, mit jemandem mitzugehen? Doch was heißt in einem solchen Falle *nur* ? Für das Kind musste eine Welt eingestürzt sein, wenn das so gewesen sein sollte. Weg von der Mutter. Für ein Kind nicht zu begreifen. Das musste der Bub als radikalen Liebesentzug empfunden haben. Schlimmer als Prügel. Manuel! Der Brief des Unbekannten bestätigte, wenn auch verschlüsselt, dass der Bub in Wirklichkeit Manuel hieß. Manuel Oderberg! Manuel, abgeleitet von Immanuel. Das sagte dem bibelfesten Vzor etwas. Immanuel, das hebräische ′Gott mit uns′. Mit diesem Satz ging er schlafen, mit diesem Satz stand er auf. Da war ihm wieder einmal, als sei das Kind vom Himmel geschickt. Zum Trost, oder nur als eine Art Prüfung? Möge Gott weiterhin mit uns sein, bat er stumm und gelangte zur Emmanuel-Weissagung, dem Blick aus der bedrängten Gegenwart in die heilvolle Zukunft.

Tief befriedigt und ein wenig stolz auf das Ergebnis, das ihm zwar immer noch nicht sagte, wer der Absender des geheimnisvollen Schreibens war, warf er den Zettel ins Kaminfeuer und sah zu, wie sich das Papier zusammenrollte, schwarz wurde und zu Asche zerfiel.

12

Die Tage gingen dahin, es wurde Frühling. Bis zum 14. März 1942 war die Schneedecke liegengeblieben. Im April stürmte und graupelte es. Am 22. April fegte ein Gewittersturm übers Libuschatal und tobte auch noch über der Stadt. Haselnussgroße Graupelstücke prasselten vom Himmel, beschädigten Schirme und zerschlugen Knospen an den Bäumen. Vzor hatte in seinem Wetterbuch sogar die Zeit festgehalten: *14 Uhr 05*. Und hinzugefügt hatte er noch: *Mit welcher Größe hört Graupel auf und fängt Hagel an?*

Vzor vermisste die gewohnten Kontakte, sah mit jedem Blick in den Spiegel, dass seit langem schon die Haare hätten geschnitten werden müssen, fragte sich, wohin Sobotka jetzt auf ein Bier gehen mochte nach der Arbeit, vermisste die Abwechslung, die er sich sonst in einem der Kinos geholt hatte, und fühlte immer stärker das Verlangen, endlich wieder mit Spitzer und mit Frau Stefanie sprechen zu können.

Dass Spitzer sich nicht mehr meldete, indem er überraschend erschien, war Vzor einerseits schon recht, andererseits eine Verunsicherung, wie Unklarheit sie hinterlässt. Und so wachte er jeden Morgen mit dem Entschluss auf, Kontakt mit Spitzer aufzunehmen. Die Angst um den Jungen wuchs mit jedem Tag. Ihn allein im Haus zu wissen, bereitete ihm Kopfschmerz. Auch wenn es nur lächerliche anderthalb Stunden waren, die er bis nach Jundorf zum Milchgeschäft und zurück benötigte. Um Spitzer im Depot zu besuchen, hätte er einen ganzen Vormittag gebraucht, wenn nicht gar länger. Also entschloss er sich zu einem Anruf, was er eigentlich schon längst hätte machen können, weil er jedesmal auf dem Weg zum Milchladen an einer Telefonzelle vorbei kam, er aber Telefongespräche hasste, seitdem er erfahren hatte, dass die Gestapo alle Gespräche abhörte.

„Na, du alter Schlawiner, du ungetreue Seele", war Spitzers erste Reaktion. „Mich kannst du nicht verschaukeln, also gestehe!"

Vzor wurde plötzlich heiß, als schiene bereits eine Julisonne auf das Dach der Telefonzelle. „Was meinst du?", stotterte er und verfluchte seinen Entschluss, angerufen zu haben.

„Was soll ich wohl meinen?", fragte Spitzer zurück und lachte. „Die Person, die bei dir im Schlafzimmer schläft!"

Da begann in Vzors Kopf ein Karussell zu rotieren, ein Karussell, besetzt mit unausgesprochenen Fragen, und er hörte Spitzers Stimme: „Bist du noch dran?" – „Ja", hauchte Vzor. – „Bist du erkältet? Du klingst so heiser. Du musst dich besser zudecken. Also, was ist?"

„Was soll sein?" Vzor erkannte seine eigene Stimme nicht und hörte Spitzer kichern: „Du bist eine ehrliche Haut, kannst dich nicht verstellen; also gestehe!"

Vzor kam sich vor wie ein Nichtschwimmer im Haifischbecken.

„Ist ja nicht schlimm", tröstete Spitzer, „du bist im besten Mannesalter. Also was soll sein?"

Jetzt verstand Vzor überhaupt nichts mehr, hörte wieder Spitzer kichern und sagen: „Pack aus: Wer ist die Hübsche?"

Vzor atmete auf, überlegte blitzschnell, was er darauf sagen könnte, sagen sollte; da hörte er schon wieder Spitzer: „Hab ich dich nicht taktvoll in Ruhe gelassen? Lobe mich! Ich weiß doch, was sich gehört: Liebesnester sollte man weiträumig umfahren. Und sollte man doch eines Tages vorfahren müssen, sollte man keinesfalls hupen. Da hatten wir mal einen Feuerwehreinsatz an einem unpassenden Ort zu einem Zeitpunkt, der für ein Liebespaar noch unpassender war. Obwohl es in deren Bett gar nicht brannte, hatte sich die Frau derart erschrocken, dass eine Trennung der beiden erst im Krankenhaus möglich war." Spitzer schüttete sich aus vor Lachen, und Vzor hatte Zeit, sich zu beruhigen und zu begreifen.

„Kannst du mir wenigstens den Namen deiner Flamme verraten?", hörte er Spitzer am anderen Ende der Leitung fragen.

Wären Gedankengänge akustisch erlebbar, hätte man es bei Vzor rumpeln hören können wie in einer Kartoffelsortiermaschine. Um Zeit zu gewinnen, schützte Vzor eine Verbindungsstörung vor, ließ Spitzer die Frage wiederholen und hatte das seltene Erlebnis einer totalen Schwarzblende hinsichtlich weiblicher Vornamen; denn die Namen Anna und

Steffi – es waren die einzigen, die ihm einfielen - konnte er ja schwerlich nennen. Klar war ihm längst, dass die von Spitzer vermutete Freundin zuzugeben kein schlechter Ausweg wäre, um das Haus am Weingarten störungsfrei zu halten. Nur welchen Namen sollte er angeben? Und während er noch nachzudenken glaubte, hörte er sich schon den Namen sagen, staunte ungläubig erschrocken, aber es war so, sonst hätte ja Spitzer den Namen nicht wiederholen können.

„Manuela", hörte er Spitzer sagen. „Klingt süß, jugendlich und südlich. Spanierin? Du bist mir vielleicht ein Hallodri! Da bewahrheitet sich wieder der Satz: Stille Wasser sind tief!"

„Erzähl′ keine Blödheiten, Schorsch! Ich wollte nur hören, wie es dir geht. Auch bei Stefanie alles in Ordnung?"

„Keine Probleme, Pepi! Dann weiterhin viel Vergnügen!"

„Hallo, Schorsch, bevor du auflegst: Bitte kein Wort zu meiner Schwägerin! Ihr seid doch noch zusammen, oder?"

„Ich werde schweigen wie ein Entlastungszeuge."

„Hör auf zu blödeln!"

„Geht schon in Ordnung, Pepi! Kannst dich auf mich verlassen! Entschuldige, es klingelt auf der anderen Leitung, ich muss Schluss machen! Alsdann, Servus, und übernimm dich nicht!"

Ich werde mir Mühe geben, wollte Vzor noch sagen; da hatte Spitzer schon aufgelegt.
Vzor stand noch eine Weile wie betäubt in der Zelle, immer noch den Hörer in der Hand.

„Wollen Sie noch – oder haben Sie schon?" Eine Frau fragte das, die bereits zweimal gegen die Scheibe geklopft hatte und jetzt die Tür öffnete.

„Entschuldigung", sagte Vzor, hängte den Hörer ein und verließ das Telefonhäuschen.

„Sie haben Ihre Milchkanne vergessen", sagte die Frau.

„Ach ja, danke!", sagte Vzor, hob die Kanne auf, während die Frau schon wählte, und eilte Richtung Heimat, wie man damals zu sagen pflegte.

Vzor schloss die Gartentür auf, hatte gerade erst den Fuß auf die unterste Stufe gesetzt, als sich die Haustür wie automatisch öffnete.

„Du darfst mir die Tür erst aufmachen, wenn ich ganz oben bin. Am liebsten, du lässt es ganz: Ich hab ja Schlüssel."

„Ich hab dich von der Dachluke aus schon sehen können. Du kamst allein. Außer dir keiner auf der Straße. Also konnte ich mein Zauberkunststück vorführen: Türen, die sich wie von Zauberhand öffnen! Dieser Trick ist meine Spezialität!"

Ja, das hab ich inzwischen mitbekommen, dachte Vzor, sagte aber nur: „Es hätte jemand vom Wald her vorbeigehen können. So eine Tür, die sich von selbst öffnet, macht neugierig, und Neugier an unserem Beobachtungsposten ist das Letzte, was wir brauchen."

„Schade", sagte der Bub und nahm Vzor die Milchkanne ab. „Ich verblüffe gern. Vielleicht werde ich später einmal Zauberer, wie der berühmte – ich komme nicht auf den Namen. Er soll bei jeder Vorstellung sogar einen ausgewachsenen Elefanten weggezaubert haben. Der Elefant war verschwunden

– und - hokuspokus-simsalabim – war er nachher wieder da! Meine Mama hat mir davon erzählt."

„Wenn ein Elefant dabei war, kann es nur Houdini gewesen sein", sagte Vzor. „Harry Houdini."

„Nein, das war nicht der Name, den meine Mama nannte", sagte Horst-Manuel und begann plötzlich bitterlich zu weinen. Die Milchkanne, die er in der Hand hielt, schlug mit jedem Schluchzer gegen die Korridorwand, Vzor, bestürzt, hilflos gegen diesen Gefühlsausbruch, versuchte die Milch zu retten, aber der Bub hielt die Kanne fest, als hinge sein junges Leben an diesem Henkel, den er umkrampfte, und so hockte Vzor sich hin, so schwer ihm das auch fiel, umfasste den Kopf des kleinen Manuel, strich ihm über die Haare und drückte den schmalen, von Zuckungskrämpfen geschüttelten Körper behutsam an sich. Noch zweimal hob sich der Brustkorb des Buben, ruckartig einatmend in mehrfachen Stakkatostößen, die Augen nur noch rotgeweint, aber bereits tränenlos; dann war der Weinkrampf vorbei.

Ächzend erhob sich Vzor. Die Kniegelenke stimmten ein in das Alterskonzert eines Mannes, der Zeit seines Lebens schwer gearbeitet hat. Der Bub schaute besorgt ängstlich. Wer weiß, wen er außer Vater und Mutter noch alles verloren hatte. Jetzt fürchtet er vielleicht um den letzten Vertrauten, der sich seiner annahm. Um ein Haar, und Vzor hätte gesagt: Keine Bange, mich hast du noch ein Weilchen! Stattdessen sagte er: „Wenn es nicht Houdini war, dann kann es nur Zaubermeister Kassner gewesen sein."

„Ja", rief der Bub, „von dem hat Mama erzählt." Und wieder füllten sich die Augen des Jungen mit Tränen.

Ich kann *auch* zaubern", sagte Vzor, legte seinen Arm um Horst-Manuel und ging mit ihm in die Küche. „Möchtest du ein Glas Milch?"

Der Junge nickte.

„Dann nehmen Sie Platz, Herr Major!"

„Ich bin doch inzwischen Oberst", korrigierte der Bub und schüttelte den Kopf. „Schon vergessen?"

„Entschuldigung, Herr Oberst! Darf ich mit der Vorstellung beginnen?"

„Ich bitte darum", sagte der Junge, wischte sich die Tränen von den Wangen, setzte sich auf einen der Küchenstühle und legte ein Bein übers andere.

„Ich kann dir zum Beispiel den Elefanten-Trick erklären. Harry Houdini war der erste Magier, der ihn zeigte. Der zweite Zaubermeister, der mit diesem Trick vor dem Krieg durch Deutschland reiste und mit seinem Riesenprogramm auch in Prag und in Brünn war, hieß Alois Kassner."

Vzor vermied, noch einmal die Mutter zu erwähnen, begann sofort mit einem Trick, der bereits Franz und Ferdinand verblüfft hatte, als sie noch klein waren: Das Hervorzaubern einer Kronenmünze aus dem linken Ohr, nachdem diese vorher ins rechte Ohr gesteckt worden war.

Horst-Manuel staunte und applaudierte, und Vzor sang auf die Melodie eines alten Kinderliedes: „Ich bin der große Zauberer ′Simsalabimbam-basala-dusaladim′! Ich bin der Magier ′Simsalabim′!" Dann holte Vzor ein Geschirrtuch, überdeckte den hochgestreckten Zeigefinger der linken Hand, sprach „Adakadabra-Simsalabim!", blies dreimal scharf gegen das Tuch, entfernte es, und siehe da: Aus dem einen Finger waren fünf geworden!

Dieses Pseudokunststück gefiel Horst-Manuel, ein Lächeln glitt über sein Gesicht, also schickte Vzor noch zwei, drei Späße hinterher, steckte ein Hustenbonbon in den Mund und zauberte zwei verpackte Bonbons wieder aus dem Mund hervor und ein drittes Bonbon aus Horst-Manuels Nase.

„Und wie funktioniert der Trick mit dem Elefanten?"

„Ganz einfach", sagte Vzor. „Die Bühne muss schwarz ausgeschlagen sein, der Zauberer muss eine helle Kleidung tragen. Möglichst einen weißen Frack. Und die wegzuzaubernden Gegenstände dürfen nicht zu dunkel sein. Das Grau eines Elefanten geht gerade noch. Vielleicht werden die Zauberer bei ihren Elefanten mit aufhellendem Puder etwas nachgeholfen haben. Und wenn die Bühnentechnik auf ein bestimmtes Stichwort des Zauberers aus dem Schnürboden ein ausreichend großes schwarzes Tuch über den Elefanten ausbreitend absenkt, ist nur noch der Zauberer in seinem weißen Frack zu sehen, während das Schwarz des Tuchs, unter dem der Elefant steckt, mit dem Schwarz der Bühne eine Einheit bildet und den Zuschauern eine leere Bühne vorgaukelt.

„Toll!", rief Horst-Manuel und klatschte Beifall.

An diesem Abend aßen beide Gulasch, den Vzor schon gestern zubereitet hatte, allerdings nicht im Waschkessel, wie schon einmal von Horst-Manuel empfohlen, sondern in dem großen schweren Topf aus Gusseisen. „Hm" und „Ah", sagte der Bub nach jedem Löffel, und Vzor war glücklich, dass ihm das Essen gelungen war.

Im Rundfunk gab es die Auswahl zwischen Tanzmusik aus Berlin, Blasmusik vom Sender Brünn und

Ouvertüren von Mozartopern, ausgestrahlt von Radio Prag.

„Was möchtest du hören?", fragte Vzor. „Musik aus dem ′Zigeunerbaron′, was zum Gulyas passen würde, ist leider nicht im Programm."

„Mozart", sagte Horst-Manuel. „Aber nur, wenn es dir nichts ausmacht."

„Mozart ist in Ordnung", sagte Vzor. „Nur gegen Wagner hätte ich was."

13

Jetzt hatte auch das Tal der Libuscha einen deutschen Namen erhalten: *Johannistal* sei fortan nur noch zu sagen und zu schreiben.

An die seit Anfang April 1942 geltenden Lebensmitteleinschränkungen hatte Vzor sich gewöhnt. An den neuen Namen ′Johannistal′ werde er sich nicht gewöhnen können. Die Zuteilungen von Fleisch und Fett, die im Vorjahr 400 Gramm Fleisch pro Woche und Person betrugen, waren auf nur 300 Gramm je Person und Woche herabgesetzt worden. Statt 150 Gramm Butter in der Woche, gab es nur noch 125 Gramm. Die Kürzung der schon im Vorjahr niedrig gewesenen Zuteilung von nur 97 Gramm Margarine auf das lächerlich geringe Maß von 66 Gramm, veranlasste Vzor zu der Bemerkung, dass die Kürzung begreiflich sei, weil für Margarine wie auch für Schmiermittel der Panzer- und Flugzeugmotore das selbe Ausgangsprodukt verwendet werde.

Vzor saß mit seinem unerlaubt zugelaufenen und damit ungenehmigten Zusatzsohn Horst-Manuel am Küchentisch, und beide betrachteten die von häufigem Gebrauch unansehnlich gewordene Fleischkarte. ′Kundenschein′ stand links oben, wo ein jeder Inhaber unterschreiben musste, und auf dem mittleren Teil stand ′Fleischkarte′, darunter in tschechischer Sprache ′Lístek na maso′, links darunter, etwas kleiner gedruckt: Böhmen und Mähren. Und schließlich waren Zeilen für den Vor- und Nachnamen, für den Wohnort und für die Straße vorgesehen. Alle Angaben zweisprachig, so auch die Anmerkung, dass bei Übersiedlung oder Wegzug die Karte abzugeben sei.

„Die Karte sieht wie angeknabbert aus", bemerkte Horst-Manuel. „Welche Abschnitte fehlen am meisten?"

„Rechne das aus. Links waren die 100-Gramm-Abschnitte, rechts die 50- und die 25-Gramm-Abschnitte. An den restlichen Coupons kannst du noch die Anordnung sehen."

„Auf *dieser* Karte kann ich gar nichts mehr sehen."

„Dann vergleiche mit der neuen Karte. Aber Vorsicht, mit der müssen wir den ganzen Monat Mai auskommen."

„Schlimm, dass ich nicht *auch* eine Karte habe."

„Du bist so etwas wie ein blinder Passagier, hast aber Glück, weil der Smutje dein Freund ist, dir zu essen gibt, dich versteckt und so vor dem bösen Käpt′n schützt."

Vzor erwartete Protest und den Hinweis, dass Horst Mölders Oberst sei und kein Blinder Passagier. Doch Vzors Bemerkung blieb ohne Einspruch. Da erinnerte er sich an die eigene Kindheit und daran, an einem einzigen Tag gleich mehrere Rollen gespielt zu haben: Kutscher, Polizist, Feuerwehrmann.

Vzor packte die Kartoffelkarte mit Abschnitten auf Brot in die Schublade der Küchenkredenz und seufzte; denn auch die Brotzuteilung war reduziert worden: von zweieinhalb auf zwei Kilogramm in der Woche. Es sah nicht gut aus, und Vzor wartete Woche um Woche auf die Frage, wofür ein alleinstehender alter Mann Milch brauche. Es werde schwer werden, einen im Wachstum begriffenen Buben mit nur einer Lebensmittelkarte für zwei Personen satt zu bekommen. Dabei schränkte Vzor sich bereits stark ein, tat aber auch alles, um den Haushalt störungsfrei zu halten, hatte ein eigenes Kartoffelbeet, hatte Kohlrabi gepflanzt, Zuckerschoten, Tomaten; doch galt es die Zeit bis zur Ernte zu überbrücken. Also schleppte er Wasser, Wasser, Wasser.

Hitlers Imperium hatte inzwischen die größte Ausdehnung erreicht: vom Nordkap über den Kaukasus bis Nordafrika. Und der erst achtunddreißigjährige Reichsprotektor von Böhmen und Mähren Reinhard Heydrich herrschte in Prag wie Caligula.

Im Libuschatal hatte es schon schönere Maitage gegeben. Dennoch rief der Kuckuck, und er rief angeblich Tag um Tag zeitiger. Das meinte jedenfalls Horst-Manuel. Erst würde der Kuckuck rufen, der würde den Hahn wecken und der Hahn erst dann den Hund und der Hund schließlich sein Herrchen. Ob das so in Ordnung sei? Vzor übelegte und sagte, dass inzwischen eine Menge durcheinander gebracht wurde, weshalb man dem Hahn nicht verübelt sollte, ein fauler Hund zu sein und dem Kuckuck verzeihen, dass er die Rolle des Hahns übernommen habe und man froh sein müsse, wenn die Natur überhaupt noch funktioniere und der Hund so vernünftig sei, seinen Herren nur zu wecken und nicht zu beißen.

So gab es trotz der finsteren Zeiten immer was zu lachen im Hause Vzor.

Inzwischen war es Mitte Mai, und Vzor wartete auf das Eintreffen der Nachtigall, die Jahr um Jahr im Spalier des Wilden Weins am Haus ihr Nachtlied sang. Bis Ende Juni tat sie das immer. In verlässlicher Regelmäßigkeit. Horst-Manuel den kleinen mit fuchsroten Flecken betupften, bräunlich-rostfarbengrauen Vogel zu zeigen, würde schwer fallen. Aber die Primadonna der Frühlingsnächte singen hören, das sollte er, wenn er schon die gescheiten großen dunklen Augen, das bescheiden schlichte Federkleid und die langen dünnen Beine wahrscheinlich nicht zu sehen bekommen werde.

Und als es dann soweit war und Vzor die kunstvollen Koloraturen und Triller hörte, die immer phantasievoller wurden – schier unerschöpflich in ihrer Vielfalt - und damit auf ein Fortbestehen des schönen Wetters hinwiesen, stieg er die Treppe zum Schlafzimmer hinauf, verwünschte das Knarren der Holzstufen und zum tausendsten Mal das Knacken und Knirschen in den Knien, ging auf Zehenspitzen zum Fenster, öffnete es leise, setzte sich aufs Bett und weckte den Buben mit ruhigen Worten, indem er ihn sanft an der Schulter berührte:

„Die Nachtigall ist da! Hörst du? Ich musste dir versprechen, dich unbedingt zu wecken, sobald sie aus dem Winterquartier zurück ist. Und nun ist sie da. Hörst du sie? Wach auf!"

Vielleicht war Vzor der letzte Satz zu einem Kommando missglückt, möglich, dass er den Jungen dann doch zu stark gerüttelt hatte. Schlafende sollte man nicht stören. Wie auch immer, dachte Vzor später, es war ein Fehler gewesen, den Knaben aus dem Schlaf zu holen.

Der Bub schreckte hoch, zitterte am ganzen Körper, warf sich gegen die hölzerne Rückenlehne des Bettes, dass es nur so krachte, schlug um sich, traf Vzors Nase und rief weinend: „Ich will nicht weg, ich will nicht weg, ich will nicht weg!"

Mit Sternen vor Augen, die nicht zum Nachthimmel gehörten, sprang Vzor auf, schloss das Fenster, taumelte gleich wieder zum Bett zurück und rief: „Keine Angst, keine Angst! *Ich* bin´s doch nur, Horst! Du musst nicht weg! Die Nachtigall ist nur da und singt! Ich musste dir doch versprechen, dich unbedingt zu wecken, sobald sie angekommen ist. Jetzt ist sie da und singt. Und ich glaube, sie singt nur für dich. Willst du sie hören?"

„Kann ich erst einen Schluck Wasser bekommen?"
Der Sternenhimmel warf ein milchigblaues Helldunkel in den Raum. Vielleicht war es auch der Widerschein des untergehenden Mondes, der vom Fenster aus nicht zu sehen war. Vzor tastete sich zum Waschtisch, goss aus der Karaffe Wasser ins Trinkglas und brachte es Horst-Manuel.

„Danke", sagte Horst und trank in einem Zug das Glas leer.

Vzor stellte das leere Glas auf den Nachttisch, öffnete wieder das Fenster und lauschte.

„Ich kann nichts hören", sagte Horst.

„Sie wird sich erschrocken haben wie du."

Ein sanfter Wind kam auf und brachte den betäubend süßen Duft der Akaziensträucher entlang des Waldsaums herüber; doch zu hören waren nur die jungen Blätter der Birke vorm Haus, die sich mit jeder Bewegung der schlanken Zweige aneinander rieben.

„Lässt du das Fenster auf und bleibst bei mir hier oben?", fragte der Junge.

„Mach ich", sagte Vzor und legte sich vorsichtig hin. Dennoch knarrte der Matratzenrahmen, und das Fußbrett ächzte. Für Vzor vertraute Geräusche.

„Ob die Nachtigall noch einmal singen wird?", fragte Horst-Manuel.

„Bestimmt", sagte Vzor. „Wir müssen nur still sein."

„Warum ist es vorm Fenster auf einmal so dunkel?"

„Der Mond ist schlafen gegangen."

„So früh? Ich denke, der Mond muss die Nacht über scheinen."

„Das tut er auch. Aber nur im sogenannten dritten Quartal, wenn er rund ist.
Da geht er auf, wenn die Sonne schlafen geht, und geht unter, wenn die Sonne erwacht. Im zweiten Quartal, wenn der Mond im zunehmenden Viertel ist, wie jetzt, geht er schon um die Mittagszeit auf und ist auch am hellen Tageshimmel als zunehmender Halbmond zu sehen, wenn man genau hinschaut. Und weil ihn das frühe Aufstehen und das Zunehmen so angestrengt hat, wird er halt auch früher müde und geht schon gegen Mitternacht wieder ins Bett."

„Das mit dem Bett sagt man aber nur so, wenn man die Sache kleinen Kindern erklärt."

„Das kann ich nicht abstreiten", sagte Vzor.

Kurz darauf begann die Nachtigall wieder zu singen - einfallsreich, mit immerzu neuen virtuosen Kadenzen, so dass selbst der Wind verstummte, um zu lauschen.

„Schön", sagte Vzor.

„Wunderschön", sagte Horst-Manuel und kuschelte sich in die Kissen.

Vzor hörte noch der Nachtigall zu, als der Junge längst schon wieder schlief.

Am darauffolgenden Tag fragte Horst-Manuel, ob er auch etwas ins Wetterbuch schreiben dürfe. „Ja freilich", sagte Vzor, und Horst-Manuel schrieb: *Zwanzigster Mai 1942. Seit gestern Sonnenschein und warm. Das Thermometer zeigt 23°. In der Nacht sang die Nachtigall.*

14

Der Zorn des Gerechten hätte ihn ohnehin getroffen, dachte Vzor, als er vom Attentat auf Reinhard Heydrich erfuhr. Aber wer weiß das schon mit Gewissheit? Die Auftraggeber in London mussten ähnlich gedacht haben, nur nicht bis zur letzten Konsequenz, wollten nicht den langsam mahlenden Mühlen des Herrn vertrauen und hatten deshalb die Rächer umgehend losgeschickt, die zwar auch vom Himmel kamen, aber nicht mit Engelsflügeln.

Was die deutsche Abwehr wahrscheinlich wusste und das Reichssicherheitshauptamt sich an fünf Fingern abzählen konnte, dass die tschechische Exilregierung unter Edvard Beneš in London um ihr Ansehen bei den Alliierten bemüht sein werde und demnach versucht, mit Sabotageaktionen zu beweisen, durchaus in der Lage zu sein, von England aus den Widerstand gegen die deutsche Besatzungsmacht zu organisieren, veranlasste Heydrich im Auftrag des Führers vorbeugend durchzugreifen. Die Gestapo hatte, wie in Frankreich auch, unter den Einwohnern immer wieder welche gefunden, die sich bereitfanden, aus welchen Beweggründen auch immer, die Widerstandsgruppen zu unterwandern, weshalb es gar nicht erst zu nennenswerten Operationen kam, dafür allein schon für den Nachweis eines Versuchs oder einer nicht zur Anzeige gebrachten Kenntnis darüber zu Verhaftungen durch die Gestapo, die im Zuge des ausgerufenen zivilen Standrechts nicht viel Federlesens machte und die Straffälligen kurzum vom Leben zum Tode beförderte.

Da an den eigentlich verantwortlichen Oberhalunken, der in der deutschen Bevölkerung immer noch hohes Ansehen genoss, nicht heranzukommen war, geriet jener Mann ins Visier, der als stellvertretender Reichsprotektor in Böhmen und Mähren die hundertfachen Todesurteile ausführen ließ: SS-Obergruppenführer und General der Polizei Reinhard Heydrich.

Das Attentat glückte, hatte aber böse Folgen. Am 9. Juni war Reinhard Heydrich in Berlin beerdigt worden. Sechs Rappen zogen die Lafette mit Heydrichs Sarg zum Invalidenfriedhof. In Lidice starben einen Tag darauf im Hof der Familie Horák 172 unschuldige Männer, erschossen von Schutzpolizisten aus Kladno, die auch den Abtransport der 195 Frauen ins Konzentrationslager Ravensbrück durchführen mussten und die Verteilung der Kinder zu veranlassen hatten. Dreißig junge Juden aus dem nahe gelegenen Ghetto Theresienstadt waren nach Liditz gebracht worden, um ein vier Meter tiefes Massengrab zu schaufeln: zwölf Meter lang, neun Meter breit. Darüber stand natürlich nichts in den Zeitungen. Kein Wort darüber, dass die dreißig jungen Männer ohne Verpflegung sechsunddreißig lange Stunden ohne Pause arbeiten mussten, angetrieben durch Knüppel- und Peitschenhiebe.

Vierzehn Bauernhöfe, eine Mühle, drei Lebensmittelläden, drei Wirtshäuser, zwei Metzgereien und die Dorfkirche lagen zwei Tage später in Schutt und Asche, aber die Gestapo war immer noch ohne nennenswerte Spur, abgesehen von dem vagen Verdacht, dass einer der Attentäter Kontakt zum Dorf Lidice gehabt haben könnte, was sich später als falsch herausstellte.

Als ausreichenden Grund, das tschechische Dorf Lidice als Vergeltungsobjekt zu bestimmen, soll ein abgefangener Brief gegolten haben, aus dem hervorgegangen war, dass der Sohn einer Liditzer Familie bei der tschechoslovakischen Auslandsarmee in England diente.

Karl Hermann Frank drohte mit weiteren Erschießungen, wenn nicht bis zum 18. Juni die Mörder Heydrichs gefasst seien. Hitler drohte Hácha mit der Aussiedlung der gesamten tschechischen Bevölkerung, womit erstmalig offen ausgesprochen wurde, was Hitler ohnehin nach dem Endsieg durchzuführen gedachte. Hácha und Moravec, einschließlich der gesamten Marionettenregierung und der deutsch gelenkten tschechischen Presse, beschworen die Mitwisser, ein weiteres Schreckensszenario zu vermeiden. Umsonst. Keiner der Beteiligten und Eingeweihten verriet etwas.

Vzor hörte die Nachrichtensendungen nur nachts. Auch die deutschen Meldungen. Tagsüber spielte er dem Buben die heile Welt vor und schützte ihn vor verbalen Situationsbildern aus dem Radio, die anständigen Menschen das Blut in den Adern gefrieren ließen. Er dachte an Václav Tonda, den braven

Gastwirt, auch Stefanie Wimmers umstrittene Empfehlung an die Tschechen kam ihm in den Sinn, lieber die nicht gerade ehrenhafte, aber dafür lebenserhaltende Anpassung zu wählen, weil Widerstand dem tschechischen Volk nur Schaden zufügen würde. Auch der lehrhafte Satz von der Kette fiel ihm ein, deren Stärke nichts tauge, wenn nur ein einziges Glied schwach sei.

Vzor schlief schlecht in jenen Tagen. Die Meldung, was mit den Einwohnern des Dorfes Liditz geschehen war, ließ ihn nicht los. Einmal träumte ihm von Panzern und Bulldozern, die den Berg heraufkamen und Haus um Haus niederwalzten, kommandiert von seinem Sohn Ferdinand, der mit gezückter Pistole in der Küche stand und die Herausgabe des Judenkindes forderte. Dies sei ein Befehl. Bei Nichtbefolgung werde ansonsten auch das letzte Haus dem Erdboden gleichgemacht. Ein andermal träumte ihm, dass das Ortsschild *Libuschatal - Údolí Libuše -* brannte und stattdessen SS-Leute eine neue Tafel mit der Bezeichnung *Ferdinand-Muster-Tal* aufstellten.

Am 18. Juni glich die Ressel-Straße in der Prager Neustadt einem Heerlager von Ordnungspolizei und SS. Es war ein Donnerstag. Die SS-Einheiten hatten wenig Lust auf ein gestörtes Wochenende. Auch die Herren der Gestapo hofften auf eine schnelle Erledigung der misslichen Angelegenheit, die ihnen bereits viel zu lange dauerte. Endlich wussten sie, wo die Attentäter steckten. Ein gewisser Karel Čurda hatte die stockenden Ermittlungen ins Rollen gebracht. Er war nach Gabčík und Kubiš als letzter Fallschirmspringer abgesetzt worden. Ihn hätte sich die Exilregierung in London besser schenken sollen. Wenn auch mit weniger Informationen ausgestattet, dafür aber mit umso mehr Angst um seine Familie belastet, war er das reinste Futter für die Gestapo gewesen. Das Wissen, wie die Häscher seiner habhaft wurden oder ob er sich selber stellte, angelockt von den zehn Millionen Kronen beziehungsweise der einen Million Reichsmark, würde nichts mehr am Verlauf des dramatischen Schlussbildes ändern können. Čurda hatte zwar über den Verbleib von Gabčík, Kubiš und Valčík nichts sagen können, kannte aber zwei Helfer der beiden, die er der Gestapo nannte. Alles Weitere war dann für die Folterknechte nur noch Routine.

Die tschechischen Exilsoldaten saßen in der unwirtlichen Kühle des Grabgewölbes unter dem Chor des Gotteshauses Sankt Cyrill und Method, mit wahrscheinlich wenig Hoffnung auf Schutz durch die beiden heilig gesprochenen Slawenapostel. Die hallende Geschäftigkeit aus dem Kirchenschiff über ihnen ließ keinen Zweifel mehr zu, dass ihr Unterschlupf verraten worden war. Entdeckt und eingekreist, aber bereit zu kämpfen bis zuletzt, hielten sie sich die SS-Schergen und Polizisten in einem stundenlang währenden Feuergefecht vom Leibe. Im Morgengrauen des nächsten Tages, mit lediglich sieben Patronen an Munition, verblieb den bedrängten Fallschirmjägern nur noch ein Ausweg: der Weg in die absolute Freiheit.

Die letzte schäbige Handlung der um den Triumph einer Verhaftung gebrachten SS- und Polizeimannschaft: die Leichen der Fallschirmkämpfer zum Fotografieren auf dem Gehsteig auszulegen wie die Trophäen einer Jagdgesellschaft.

Im Wald über dem Weinberg – weit weg vom grausigen Geschehen – rief der Kuckuck in die Stille des Tages, während Vzor, auf der Leiter stehend, die reifen Frühkirschen von den Zweigen holte.

Zwei Tage vor Vzors dreiundsechzigstem Geburtstag kam Post von Sobotka. Es war ein großes Kuvert, doppelt frankiert, im Umschlag lag eine Broschüre in tschechischer Sprache mit der Überschrift: VAŘÍME Z PŘÍDELU. Auf dem Titelblatt ein gezeichneter Kochherd, wie ihn Vzor in der Küche hatte, mit mehreren Töpfen darauf. Im Kuvert noch ein Brief, von Sobotka mit der Hand geschrieben: *Sehr geehrter Herr Einsiedler, lieber Pepík! Kann es sein, dass man Dir die Rolle des 'Rübezahl' angeboten hat und Du Dich zuwachsen lassen musst, oder hast Du inzwischen eine Freundin, die Frisörin ist? Wie auch immer, lass Dich wieder einmal sehen. Dir alles Gute zum Geburtstag wünschend, grüßt Sobotka, Dein 'holič' der alten Schule. PS: Anbei die hilfreiche Anleitung, wie man aus Wenig Viel macht. Trotzdem guten Appetit!*

„Eine schlechte Mitteilung?", fragte Horst-Manuel.

„Wie kommst du *darauf?*"

„Weil dein Gesicht beim Lesen rot geworden ist."

„Ich hab innerlich lachen müssen", schwindelte Vzor.

„Sah aber nicht so aus."

„Hier", sagte Vzor und reichte dem Buben die Kochanleitung. „*Darüber* musste ich schmunzeln."

Der Junge besah das Bild und übersetzte fließend: „Wir kochen aus dem Zugeteilten."

„Bravo!", sagte Vzor.

„Und was soll daran komisch sein?"

Jetzt musste Vzor wirklich schmunzeln und sagte: „Mein Frisör hat mir geschrieben und fragt mich, wer mir jetzt die Haare schneidet oder ob ich mich zuwachsen lassen will, um als Rübezahl durch die Lande zu laufen."

„Als Knecht Ruprecht wäre auch ganz lustig", lachte Horst-Manuel.

„Oder so", sagte Vzor und ging wieder hinauf in den Weinberg, sich den Kirschen zu widmen.

Wind kam auf und fuhr seufzend in die Zweige. Sobotkas Anspielung auf eine Frisörin als Freundin ging Vzor durch den Kopf. Vzor dachte an Spitzer, der dumm dahergeredet haben könnte. Die Existenz einer geheimgehaltenen Freundin zu verraten, war unter Männern ein Kavaliersdelikt, das der potenzgeadelt Betroffene stolz tolerieren sollte. Also tolerierte Vzor. Hauptsache, das Kind blieb unentdeckt. Dass an diesem Tag auch noch weitere Geburtstagspost gekommen war, aus der hervorging, dass Vzor vor Überraschungsbesuchen verschont bleiben werde, ließ ihn das Wochenende angstfrei genießen. Spitzer wünschte alles Gute, mit herzlichen Grüßen auch von Stefanie. Dann ein Brief von Schwägerin Dorothea: Glückwünsche zum Geburtstag, mit herzlichen Grüßen auch von Georg. Spitzer war allgegenwärtig.

Horst-Manuel durfte die Briefe lesen. Den Feldpostbrief von Franz hatte Vzor schon am Briefkasten in der Hosentasche verschwinden lassen. Von Ferdinand war keine Zeile gekommen. Auch gut, dachte Vzor.

Am 22. Juni standen rote Rosen in der Küchenvase. Horst-Manuel musste sie am gestrigen Tag heimlich geschnitten und in der Kühle des Kellers aufbewahrt haben. Auch eine Schale mit frisch geernteten Erdbeeren stand auf dem Tisch und – gegen die Vase gelehnt – ein Bild, das Horst mit Hilfe der Wasserfarben aus einem alten Tuschkasten *für den besten Papa der Welt zum Geburtstag* gemalt hatte: eine Messerschmitt 109, die den Namen Horst Mölders trug, mit gebrochenen Flügeln, einem abgeknickten Fahrwerk und einem verbogenen Propeller inmitten einer mit rotem Mohn übersäten Wiese. Links im Bild: Ein Mann und ein Kind mit Rucksack auf dem einzigen Weg, der von der Wiese aufwärts in die grünen Hügel führt, einer strahlenden Sonne entgegen.

In der Nacht muss der Junge auf leisen Sohlen herabgeschlichen sein und in der Küche den Geburtstagstisch so hergerichtet haben.
GLÜCKWUNSCH ZUM 63sten WIEGENFEST stand außerdem noch in bunt ausgemalten großen Blockbuchstaben auf einem alten Zeichenkarton.

Vzor war gerührt und froh, dass der Bub noch schlief. Horst-Manuel soll ein strahlend fröhliches Geburtstagsgesicht sehen und keine Tränen, auch wenn es Tränen der Freude waren.

Große Umarmung, nachdem Horst-Manuel, gewaschen, gekämmt und nach Zahnpaste duftend, die knarrende Holztreppe heruntergehüpft kam.

„Wo darf ich die wunderschönen Aufmerksamkeiten hinstellen?", fragte Vzor und betrachtete noch einmal strahlend den dekorierten Tisch.

„Auf die Kaminumrandung im Wohnzimmer natürlich", sagte der Junge und half mit, den Küchentisch frei zu machen.

Zur Feier des Tages gab es zum Frühstück Kakao und für jeden eine Portion Rührei mit Schinken, dazu Musik aus der ′Goebbels-Schnauze′, die Vzor in Gegenwart des Jungen so nicht nannte. Am Vormittag spielten beide ′Schiffe versenken′. Kein Spiel nach

Vzors Geschmack. Aber jemand musste es Horst-Manuel beigebracht haben; also spielte Vzor und verlor.

Dann kümmerte er sich um das Mittagessen und berücksichtige Horst-Manuels Lieblingsspeise: Kartoffelbrei mit gebratenem Leberkäse, den der Junge neuerdings der Brühwurst vorzog. Nach dem Mittagessen brachte Vzor dem Buben die Spiele ′Mühle′ und ′Dame′ bei. Bereits nach dem zweiten Spiel gab es für Vzor keine Chance mehr zu gewinnen. Die einzige Gelegenheit, als Sieger zu glänzen, boten Spiele, die vom Würfelglück abhingen. Doch selbst da schien es Vzor, als habe der Junge begriffen, wie ein Würfel gehalten und geworfen werden muss, um eine Sechs zu erreichen oder welche Punktzahl auch immer, um mit ihr ins Ziel zu gelangen.

Sonst pflegte Vzor sich an einem Montag nicht tagsüber hinzulegen. Heute tat er es und blinzelte von seinem Sofaplatz hinüber zum Kaminsims, wo die Rosen standen und das Aquarell, das er einzurahmen gedachte.

Kurz vor vier berührte Horst-Manuel sanft Vzors Schulter und meldete, dass vor etwa einer halben Stunde ein klapperdürrer Mann die Straße heraufgekommen war. Krumm sei er gegangen, als hätte er einen Kartoffelsack auf dem Rücken, und umhergespäht habe er wie ein kurzsichtiger Hühnerhabicht.

„Berla", sagte Vzor und winkte ab.

„Wer ist Berla?"

„Einer, der seit ein paar Monaten hierher gezogen ist, in den Kneipen herumhockt und große Ohren macht."

„Ein Spion?"

Vzor zuckte mit den Schultern. „Vielleicht nur einer, der schlecht hört und deshalb so angestrengt schaut."

Zwei Tage darauf, am Mittwoch, dem 24. Juni, schärfte Vzor dem Buben ein, unter keinen Umständen, egal was geschehe, egal wer klopfe oder rufe, ans Fenster zu gehen oder gar die Tür zu öffnen; auch beim Ausspähen der Straße vom Dachlukenfenster aus, möge er bitte Vorsicht walten lassen, keinesfalls den Kopf hinausstrecken und auch kein Radio hören; denn heute werde der Stadtbesuch etwas länger dauern als sonst, weil der längst überfällige Friseurtermin auf dem Programm stehe, außerdem ein Friedhofsbesuch und ein größerer Lebensmitteleinkauf.

„Und was ist, wenn es brennt? Muss ich dann auch im Haus bleiben?"

„Natürlich nicht. Dann flüchtest du auf den Berg, versteckst dich im Wald und lässt es brennen. Aber keine Angst, es wird nicht brennen, außer du zündest die Gardinen an, um mir Rauchzeichen zu geben."

Horst-Manuel kicherte, sagte, dass auf ihn Verlass sei, bat aber dennoch um nicht zu späte Heimkehr.

Vzor schloss von außen die Haustür, drehte den Schlüssel zweimal im Schloss, sperrte die Tür zum Vorgarten auf und hinter sich wieder zu, kontrollierte mit einem schnellen Blick die Fenster und schaute sicherheitshalber noch einmal in den Rucksack: Die Milchkanne war drin, die Brieftasche ebenfalls. In der Brieftasche lagen die inzwischen auch schon wieder ausgefransten Lebensmittelkarten. Der Ausweis und die Geldscheine steckten daneben, und – ganz wichtig – der Fotoapparat, das zusammengeschobene Stativ und der Selbstauslöser, eingewickelt in ein fusselfreies Tuch, um ein Klappern gegen die Milchkanne zu verhindern, waren ebenfalls im Rucksack. Also alles dabei.

Es gab viel zu bedenken in dieser Zeit und noch viel mehr zu befürchten. Auf dem Weg, den Vzor von Geburtstag zu Geburtstag länger und beschwerlicher empfand, befiel ihn an diesem Mittwoch mit jedem Schritt hinunter zur Endstation eine zusätzliche Last. Es war das Gewissen. Noch nie drückte es ihn so schwer wie an diesem Tag. Zum ersten Mal nach Lidice würde er einem Tschechen in die Augen sehen müssen, einem Freund aus alten Tagen.

Eine knappe Stunde später saß er auf Sobotkas Rasierstuhl. Und alles war unbeschwerter als er dachte. Sobotka war sogar zu einem Scherz aufgelegt, als er erleichtert bemerkte, dass offensichtlich doch keine Frisörin in Vzors Leben getreten war, sonst wäre er ja wohl jetzt nicht da. Wieso Sobotka überhaupt auf diese Idee mit einer Freundin gekommen war, wollte Vzor wissen und dachte dabei an Spitzer. Wie man halt gelegentlich auf so was komme, entgegnete Sobotka, wenn sich plötzlich etwas im jahrelang eingeschliffenen Gewohnheitsablauf eines Menschen ändere. Das leuchtete Vzor ein. Über Lidice wurde nicht gesprochen, und es sah auch nicht so aus, als läge bei Sobotka ein Bedürfnis vor, dies zu tun. Vzor war der Schuldbeladene. Seine Muttersprache war deutsch, und Deutsch war die Sprache der Mörder. Er empfand das so und hätte sich gewundert, wenn Sobotka nicht auch so denken würde. Eine Verabredung zum Tarockspiel, wie früher gelegentlich üblich, wurde nicht getroffen. Auch Václav Tonda wurde nicht erwähnt. Vzor sagte, dass er heute noch zum Friedhof müsse, weil er seiner Verwandtschaft versprochen habe, ein Foto von Annas Grab zu machen, sobald das Wetter danach sei. Und so dauerte Vzors Aufenthalt in Sobotkas Frisörladen keine halbe Stunde. Sobotkas Bestellsystem schien immer noch zu funktionieren: Nach jedem Kunden eine halbe Stunde Pause zur eigenen Erholung. Vzor hatte wieder mal das Glück, so eine Pause erwischt zu haben. Erst nachdem er aufgestanden war und zahlte, kam der nächste Kunde. „Läuft doch", sagte Vzor auf Tschechisch.

„Kann nicht klagen", sagte Sobotka. „Und wie kocht es sich nach den Empfehlungen?"

„Hervorragend!", schwindelte Vzor. „Und nochmals Dank für die Glückwünsche!"

„Kam von Herzen", sagte Sobotka und schob die Kasse zu.

Vzor nahm den Rucksack vom Kleiderhaken, während Soboka schon wieder zum Frisierumhang griff, den Klappsitz wendete und den Kunden Platz zu nehmen bat.

„Also dann", rief Vzor, „ahoj, bis zum nächsten Mal!"

„Würde mich freuen!", antwortete Sobotka, schüttelte den Umhang, hielt ihn seitlich der Hüfte wie ein Stierkämpfer seine Capa, rief „Toro!" und scheuchte Vzor lachend aus dem Laden.

Der tschechische Kunde sah in den Spiegel, seufzte und sagte leise: „Wenn es doch so einfach wäre, alle Deutschen auf diese Art hinauszujagen."

Der Bepflanzungsauftrag für Annas Grab, den Vzor bei der Friedhofsverwaltung aufgegeben und im Voraus bezahlt hatte, galt noch bis Jahresende. Im Herbst würde eine Verlängerung erforderlich sein, falls eine Fortführung des Auftrags erwünscht wäre. Und so war dies, abgesehen von Vzors schlechtem Gewissen, Annas Grab so lang nicht aufgesucht zu haben, mit ein Grund, zur Wiener Straße hinauszufahren. War die Arbeit der Friedhofsgärtnerei zufriedenstellend, würde Vzor den Auftrag für zwei weitere Jahre verlängern.

Soweit er sich erinnern konnte, war für die Monate Juni bis August der dankbare Rote Mauerpfeffer vereinbart gewesen. Anna hatte diese bodendeckende Pflanze, die sich schnell zu einem breiten purpurroten Blütenteppich ausbreitet, immer gern gemocht und sie Jahr um Jahr im unteren Teil des Weingartens zur farblichen Belebung unter den Begrenzungssträuchern angepflanzt. „Pflegeleicht wie ich", hatte Anna oft bemerkt, „verträgt Sonne, verträgt Halbschatten, aber auch sonnenlose Standorte." Darauf hatte Vzor stets eine gleichbleibende Antwort gehabt: „Deshalb hab ich dich ja auch geheiratet, mein Mauerpfeffermäuschen! Ein Mauerblümchen hätt´ ich nicht genommen!"

Als er sich dem Grab näherte, sah er schon von weitem das Purpurrot des Mauerpfeffers leuchten. Aber er sah auch eine Veränderung am Grab. Etwas war anders. Es war nicht der Grabstein. Der stand wie immer vor dem Strauch des benachbarten Grabes. Doch wirkte die Grabstelle höher als sonst. Und dann blitzte auch noch etwas Weißes aus dem Blütenrot hervor.

Vzor beschleunigte seinen Schritt, sah die Marmorumrandung, passend zum Gedenkstein, sah aber auch das weiße Blütenmuster zwischen dem Rot, trat näher und erstarrte: Die weißen Begonienblüten zwischen dem feuerwehrroten Mauerpfeffer zeigten das doppelte Runenzeichen der SS.

Wenn Vzor ein Sandsack getroffen hätte, wäre die Wirkung nicht schlimmer gewesen. Taumelnd sah er sich um, hätte einen Halt gebraucht, einen Baum, einen Ast, eine Bank, schwankte den besandeten Weg zurück bis zur Wasserentnahme an der holzumschalten Abfalleinfriedung für verwelkte Blumen, drehte dort den Hahn auf, hielt die Handgelenke unter den Wasserstrahl, benetzte sein Gesicht und nahm den Rucksack ab. Erst jetzt lehnte er sich gegen die Umrandung, atmete tief durch und zwang sich zur Ruhe. Nicht gleich losrennen und die Friedhofsverwaltung zur Rede stellen. Auch nicht, was er vorhatte, durch die Gräberreihen zu laufen, nach einem der Friedhofsgärtner zu rufen oder irgendeinen Friedhofsarbeiter zu beschimpfen. Da musste ein Auftrag vorgelegen haben; denn wer sollte sich trauen, ohne Erlaubnis so etwas zu tun?

Dann die zum Gedenkstein passende Grabumrandung. Auch die hatte er nicht geordert. Also musste diese Veränderung mit der Umgestaltung der Grabbepflanzung neu in Auftrag gegeben worden sein. Und da kam nur Ferdinand in Frage.

Gefasst ging Vzor zum Grab zurück. Die Hoffnung, dass sich die Schande auf den zweiten Blick vielleicht weniger krass zeigen würde, erfüllte sich nicht. Im Gegenteil: Die Peinlichkeit offenbarte sich jetzt noch deutlicher, weil soeben die hohe Sonne zwischen zwei Wolken stechend steil das Blumenarrangement in feurige Röte und die Begonien in verlogen weiße Unschuld tauchte. Das war keine Jugendtorheit mehr, wie seinerzeit die unter den Dielenbrettern versteckten Hakenkreuzwimpel,

Fahrtenmesser und Totschläger. Das war eine bewusst inszenierte und in die Öffentlichkeit getragene Belei-digung des Vaters. Das durfte und konnte er nicht dulden. In neu entfachter Wut tat er die wenigen Schritte, fasste hinter den Grabstein, wo der Rechen und die Harke unter den Zweigen des Zierstrauchs lagen, ergriff die Harke, holte aus, als eine Stimme zu ihm sprach: Willst du deine Anna noch einmal umbringen?

Da erschrak Vzor, die Harke entglitt seinen Händen, er drehte sich um, schaute, lauschte -, aber es war still und keiner da, der diesen Satz hätte sagen können. Nur eine Lerche jubelte irgendwo hoch oben. Vzor blinzelte in den Himmel, war irritiert, weil er Lerchen nur über wogenden Kornfeldern kannte, meist am Morgen, die Sonne begrüßend. Er hielt den Atem an und horchte: Es war zweifelsfrei eine Lerche, die hier tirilierte, als wäre es ihr göttlicher Auftrag, den restlichen Wolken das Zeichen zu geben, sich schleunigst zu verflüchtigen, was im Handumdrehen auch geschah.

Vernunft legte sich besänftigend auf Vzors Erregung. Er hob die Harke auf und überdachte die Folgen, wenn er die weißen Begonien heraushacken würde. Die Spuren der Runen würden dennoch verbleiben, wenn auch nur als hässliche Erdfurchen. Da müsste er die Mauerpfefferstauden geschickt versetzen und verteilen, wofür er mehr als eine Stunde brauchen würde und es dennoch Ärger gäbe. Der Gärtner würde die Friedhofsverwaltung verständigen, die Verwaltung sich beim Auftraggeber melden, und der wüsste sofort, dass nur einer der Begonienschänder sein konnte. Gewalt zeugt Gewalt. Ferdinands böse Fantasie wäre angestachelt.

Vzor dachte an den Buben, der sich beschützt und von Tag zu Tag wohler fühlte. Es gab halt viel zu bedenken in dieser Zeit und noch viel mehr zu befürchten. Und so schob er die Harke wieder hinter den Grabstein zum Rechen unter die Zweige, holte die Kamera aus dem Rucksack und machte mehrere Aufnahmen. Eine Aufnahme des Grabsteins aus der Hocke, so dass die neue Marmorumrandung und die roten und weißen Blütenköpfe im Anschnitt noch zu sehen waren, aber nicht das SS-Zeichen. Dann eine Aufnahme nur vom Grabstein, ohne die Bepflanzung, eine Aufnahme aus größerer Entfernung mit dem Weg und dem ansehnlichen Grab im Sonnenlicht, aber auch wieder so, dass die Begonienrunen nicht zu erkennen waren. Die letzte Aufnahme allerdings machte er, indem er die Kamera mit ausgestreckten Armen über den Kopf hielt, um so das Runenmuster deutlich auf den Film zu bekommen. Bedauerlich, dass es noch keine Farbfilme gab. So hoffte er auf die Kontraste von Hell und Dunkel.

Während er die Kamera wieder in das fusselfreie Tuch hüllte und neben die Milchkanne in den Rucksack steckte, sagte er: „Tut mir leid, Anna, dass ich mit der Harke auf dich draufschlagen wollte. Du wirst wissen, warum. Und du wirst auch wissen, wo der Fallott das Geld her hat, um eine Marmorumrandung zu bezahlen. Oder weißt du etwa schon, dass er die Kosten auf *meine* Rechnung hat draufschreiben lassen?"

Vzor schlüpfte wieder in die Trageriemen seines Rucksacks, schlug mit der rechten Hand ein Kreuz über Annas Grab und ging zügig in Richtung Hauptausgang. Er wollte den Steinmetz noch vor der Mittagspause erreichen und hatte Glück.

„Ihr Sohn kam in SS-Uniform", sagte der Steinmetz, „und er zahlte bar im Voraus. Hat das nicht seine Richtigkeit?"

„Doch, doch", beeilte sich Vzor zu sagen. „Eine schöne Umrandung. Gefällt mir. Die nächste Rate für den Grabstein werde ich im August überweisen."

„Da gibt es nichts mehr zu überweisen", sagte der Steinmetz.

„Wieso?"

„Hat Ihnen Ihr Sohn nichts gesagt? Er hat doch auch die noch offene Summe für den Grabstein beglichen."

„Hat er das?"

„Ich hätte Ihnen das längst mitgeteilt, dachte, dass das vielleicht eine Überraschung werden soll und wollte vorzeitig nichts verraten."

„Ist schon richtig so", sagte Vzor, bedankte sich, gab dem Steinmetz die Hand und ging.

Eine halbe Stunde später stand Vzor vor dem Feuerwehrdepot und wartete auf Spitzer. Fukatsch, der unabkömmlich gestellte Doppelberufler kam gerade von einer Stückprobe in seiner Eigenschaft als Inspizient am Stadttheater und ging unverzüglich über zur Funktion Nummer zwei als Depotchef der Freiwilligen Feuerwehr. Solche Doppeltätigkeiten gab es jetzt viele. Der Führer brauchte inzwischen schon die mittleren Jahrgänge und die etwas darüber. Da mussten die bereits in Pension befindlichen Herren noch einmal ins berufliche Leben zurück. Da kam es gelegentlich zu zwei Tätigkeiten. Der Direktor einer Bank zum Beispiel musste zusätzlich noch als Professor für Physik in der Realschule unterrichten, erzählte Fukatsch. „Und Sie werden sehen", sagte Fukatsch, „dass es nicht lang dauern wird, dass auch Sie mit Ihren Erfahrungen als Werkmeister noch einmal ins Berufsleben zurückgeholt werden."

„Malen Sie nicht den Teufel an die Wand", sagte Vzor.

„Hängt der nicht schon überall in allen Amtsstuben und Klassenzimmern?"

„Sie sind leichtsinnig, Herr Fukatsch."

„Finden Sie? Aussage gegen Aussage. Einen Zeugen gibt 's nicht."

„Zeugen sind käuflich", sagte Vzor.

„Sie können einem richtig den Tag versauen!"

Vzor winkte Fukatsch lachend zu und schaute ihm nach, wie er ins Telefonzimmer ging. Vzor holte seine Taschenuhr aus der Weste: Die Zeiger standen auf zehn nach eins.

Kurz darauf erschien Spitzer. Er kam aus der Neutorgasse, war gut gelaunt, fragte nach dem Befinden von Manuela und wann endlich er in den Genuss kommen werde, sie kennen zu lernen.

„Ich hab gegenwärtig andere Sorgen", entgegnete Vzor und erzählte vom Blütenmuster auf Annas Grab, schilderte, was der Steinmetzmeister berichtet hatte, dass alles von Ferdinand bezahlt worden sei: nicht nur die Grabeinfassung, die gar nicht zu Vzors Auftrag gehörte, sondern auch der Grabstein, der bis zum Jahr 1944 abzuzahlen gewesen wäre.

„Freu dich doch!", meinte Spitzer. „Eine Sorge weniger!"

„Hast du keine Ehre im Leib?", brauste Vzor auf. „Wie kannst du so was sagen?"

„Und wie kommst du auf die Idee, dass Begriffe wie innere Werte, Achtbarkeit, Sitte und Anstand in diesen Zeiten noch gelten? Die SS-Runen auf Annas Grab sollten dich mehr aufregen."

„Was soll ich machen?"

„Nichts", sagte Spitzer und schaute auf seine Armbanduhr. „Du machst einfach nichts. Oder hast du in deiner Wut schon die Blütenrunen rausgehackt?"

„Hab ich nicht", sagte Vzor. „Da konnte ich mich noch rechtzeitig bremsen."

„Gute Entscheidung! Denn auf so eine Reaktion wartet dein Sohn nur. Er weiß offensichtlich genau, womit er dich treffen kann: dir Anna noch als Tote zu entreißen." Spitzer schaute schon wieder auf die Uhr.

Auch Vzor wurde unruhig, dachte an den Buben, den er noch nie so lang im Haus allein lassen musste. „Du musst zum Dienst, oder?"

„Ja, leider. Ich hätte eigentlich schon um eins anfangen sollen."

„Was meinst du, wo Ferdinand das viele Geld herhaben wird?"

„Keine Ahnung. Vielleicht geliehen. Er hat doch reiche Freunderln in der Stadt. Um dem verhassten Vater Widerstand entgegenzusetzen, stürzt man sich als Sohn gern in Schulden."

„Ich denke an Schlimmeres."

„Du meinst, er hat einen reichen Juden umgebracht? Keine Bange. Die noch hier sind, sind ärmer als arm. Was sollte er denen noch abnehmen?"

Spitzer konnte Vzor keine Hilfe sein. Unruhig schauten beide jetzt auf die Uhr.

„Manuela wird schon mit dem Mittagessen auf dich warten. Das macht dich nervös, gib´s zu!"

Vzor lächelte dünn.

„Konzentriere dich auf den Augenblick. Carpe diem, sagten die alten Lateiner. Nütze den Tag! Oder waren´s die Griechen?"

Du hast leicht reden, dachte Vzor. Du, mit deinen zwei Frauen: der studierten Jugendliebe Stefanie und meiner Schwägerin Dorothea.

Es war genau 14 Uhr, als Vzor die notwendigsten Einkäufe erledigt hatte und mit dem Rucksack auf dem Rücken und der diesmal leer gebliebenen Milchkanne in der Hand in die Straßenbahn stieg.

Um 15 Uhr 30 schloss Vzor die Gartentür auf und wieder zu, tat das gleiche mit der Haustür, rief leise fragend: „Horst?" - Und weil keine Antwort kam, fragte er lauter: „Oberst Mölders?"

Die Stille im Haus war schlimmer als das, was ihm heute widerfahren war. Er rannte in die Küche, stellte die Milchkanne ab, rannte ins Wohnzimmer, schrie „Horst! Horst!", stürmte die Holztreppe zum Schlafzimmer hinauf, riss die Schranktür auf: Kein Horst-Manuel im Schrank! Vzor lehnte sich gegen die Wand, bemerkte nicht einmal, dass er noch den Rucksack um hatte. In beiden Ohren hatte er das pumpend rhythmische Rauschen des Blutstroms.

Wo nur um alles in der Welt war der Bub? Was hat ihn fortgelockt, wenn er nicht mehr im Haus war? Oder war er noch im Haus, war vielleicht ohnmächtig geworden und lag irgendwo?

Vzor bückte sich, fiel auf die Knie, schaute unters Ehebett, dabei rutschte ihm der Rucksack schwer in den Nacken. Schimpfend befreite er sich von der Last, legte den Rucksack aufs Bett, erhob sich ächzend, schrie noch einmal, „Horst, wo bist du?" und keuchte die Hühnerleiter zum Dachboden hinauf. Was er zu sehen erhoffte, traf nicht zu: Kein Stromkabel auf den Stufen; dennoch dachte er: Lieber Gott, lass den Buben an der Dachluke stehen, die Kopfhörer auf und sonst was tun, meinetwegen Funker spielen oder Radio hören ohne Strom! Aber auch hier kein Horst-Manuel, nur brütend warme Luft, die nach getrockneten Blüten vom Vorjahr roch. Also die schmale Treppe wieder runter und die knarrende Treppe polternd hinab ins Erdgeschoss und die Toilette kontrolliert. Blick in die Speisekammer, Blick in den Hof. War die Tür zum Hof abgesperrt oder offen? Vzor konnte sich nicht erinnern, ob er den Schlüssel umgedreht hatte oder nicht, stieg die Steintreppe hinunter in den Hof, schaute in den Schuppen. Am liebsten hätte er den richtigen Namen des Jungen hinausgebrüllt, den Weingarten hinauf und auf das Echo gewartet.

Jetzt blieb nur noch der Keller. Die Hoftür zu den Kellerräumen war seit Horst-Manuels Mundraub von innen immer noch mit einem Balken zwischen Tür und Wand verkeilt. So stieg Vzor die ausgetretene Hoftreppe zurück ins Haus und von drin die Kellerstufen hinunter, hastete zwischen den Regalen bis hin zum Verschlag, wo das Kaminholz und die Briketts lagerten; doch auch hier von Horst keine Spur. Vzors Panik ging in Hilflosigkeit über, die wiederum neue Befürchtungen schürte. Eine davon gipfelte in der Frage: Ist das noch Blut in meinen Adern oder schon Zement? - Wer hätte ihm darauf antworten sollen?

Vzor taumelte gegen ein Regal, ein leeres Einmachglas fiel und zersplitterte auf dem Estrich. Vzor rang nach Luft, hörte sich heiser „Horst, Horst, wo bist du?" rufen, als sich vor seinen Augen der Deckel des großen Gurkenfasses bewegte, worin Anna früher die Gurken nach Znaimer Art in einer würzigen Flüssigkeit aus Salz und Dillkraut aufbewahrt hatte. Der Holzdeckel tanzte, Vzor starrte, als wären Houdini und Kassner gleichzeitig im Keller, dann tauchte Horst-Manuels Kopf auf. „Überraschung!", rief der Junge, strahlte, stand aufrecht im Gurkenfass, den Deckel wie eine Trophäe in der Hand und fragte: „Na, wie hab ich mich getarnt? Ich bin gut, oder?"

Vzor, mit den Nerven am Ende, wusste nicht, ob er schimpfen, weinen oder lachen sollte; also schimpfte, weinte und lachte er gleichzeitig, was schon sehr komisch aussah.

„Das Eingekaufte und der Fotoapparat sind noch im Rucksack oben im Schlafzimmer auf deinem Bett. Holst du mir bitte den Rucksack herunter in die Küche, damit ich die Wurst und die Butter in den Eiskasten legen kann? Milch hat es heute keine mehr gegeben."

„Na klar, mach ich!", rief der Junge fröhlich und hüpfte wie ein Sprungball die Stufen hinauf.

Am Abend hörten beide Musik. Als die Nachrichten kamen, schaltete Vzor das Radio aus und nach den Nachrichten, deren Länge er kannte, schaltete er den Kasten wieder an.

„Du weißt, dass wir auf der Hut sein müssen?", fragte er den Jungen eindringlich.

„Na klar", sagte Horst, „Feind hört mit!"

„Nicht nur das", sagte Vzor. „Wir müssen jede Feindberührung vermeiden."

„Weiß ich doch! Sobald sich etwas an der Haustür bewegt, gehe ich auf Tauchstation!"

„Aber niemals wieder, wenn *ich* nach Hause komme, hörst du? Dein Tauchmanöver hat mich zehn Jahre meines Lebens gekostet!"

„Dann bist du jetzt schon dreiundsiebzig?"

„So fühle ich mich nach dem Schreck."

Und offensichtlich durch die Alterszahl daraufgekommen, fragte der Bub, ob Papa Vzor wisse, wo eigentlich das Paradies sei.

„Welches Paradies meinst du? Das himmlische oder das Paradies auf Erden?"

„Das Paradies auf Erden, natürlich! Das himmlische Paradies kenne ich!"

„Du kennst das himmlische Paradies?"

„Na klar! Der Herr Kaplan hat mir davon erzählt."

„Welcher Kaplan?"

„Ach nichts, schon gut", wiegelte Horst ab.

„Also das mit dem Paradies auf Erden war vom Entwurf her gut geplant gewesen, hat aber leider seit Adam und Eva keine Heimstatt mehr."

„Seit der Obstgeschichte?"

„Hat das der Herr Kaplan so bezeichnet?"

„Nicht ganz. Er sprach von einem Apfel und vom Teufel, der in Gestalt einer Schlange Eva überredete, von diesem Baum zu essen."

„Das war der Baum der Erkenntnis", sagte Vzor, „und hört sich schon besser an."

„Also gibt es auf der ganzen Welt kein Paradies mehr?"

„Vielleicht auf einer Südseeinsel, an der weder Japaner noch Amerikaner interessiert sind", sagte Vzor."

„Und wo war das Paradies von Adam und Eva?"

„Hat dir das der Herr Kaplan nicht gesagt? Zwischen den beiden Strömen Tigris und Euphrat. Diese Landschaft südlich von Bagdad, die einst mit prächtigen Bäumen und üppigen Pflanzen gesegnet war, schenkte Gott Adam und gab ihm noch eine Frau dazu. Wie heißt der Herr Kaplan?"

Es war ein hinterhältiger Trick, mit dem Vzor den Buben überlisten wollte. Der Kniff misslang. Horst-Manuel schaute treuherzig und sagte: „Für mich ist hier das Paradies."

„Ja, mein Junge", sagte Vzor. „Möge es so bleiben."

„Ob du mir die Milchstraße zeigen kannst?"

Die Gedankensprünge machten Vzor zu schaffen.

„Hast du sie noch nie gesehen?"

„Ich weiß nicht. Ist dort vielleicht das himmlische Paradies, wo Milch und Honig fließen, und heißt sie deshalb so?"

„Hundert Milliarden Sterne, die aussehen, wie vom Mondlicht beschienene Milch, die auf schwarzen Samt ausgegossen wurde, könnten ein Abglanz dessen sein, was wir das Himmelreich nennen. Mit bloßem Auge könnten wir wahrscheinlich nur dreitausendfünfhundert Sterne zählen. Ich kam auf eintausend, dann hatte ich Kopfschmerzen und gab das Zählen auf."

„Wollen wir in den Garten gehen und schauen?"

„Es ist Vollmondzeit. Da ist die Nacht so hell, dass nur wenige Sterne zu sehen sind. Komm, ich zeige es dir vom Fenster aus."

Vzor stieg mit dem Jungen die Treppe zum Schlafzimmer hinauf, trat ans Fenster und sagte: „Du bleibst am Lichtschalter und machst das Licht aus. Dann lasse ich die Rollos nach oben schnippen und öffne das Fenster. Dann musst du leise sein."

Zehn Minuten lang standen Vzor und der Junge am offenen Fenster und schauten in die mondhelle Nacht. Der Mond hatte nicht die hohe Position wie die Sonne sie am späten Vormittag hatte. Die Milchstraße war tatsächlich nicht zu erkennen, aber das milchige Mondlicht ließ die Wiese erglänzen, als hätte der Himmel eigens für Horst-Manuel Milchstraßensternenstaub über die Gräser gestreut.

Doch das Mondlicht, das auch den Steinbruch Hluboka verzaubern wollte, hatte in jener Nacht keine Chance: Qualmwolken zogen vom nahe gelegenen Dorf Ležáky über den Tagebau, verdunkelten die Felsblöcke und das gelöste Gestein, und Brandgeruch lastete über der Gegend.

Um 14 Uhr, als Vzor gerade mit seinen Einkäufen in die Straßenbahn gestiegen war, hatten Einheiten von SS und Sicherheitspolizei die kleine ostböhmische Ortschaft umstellt und kurz darauf sämtliche Dorfbewohner in den Steinbruch getrieben. Sechzehn Männer, siebzehn Frauen und vierzehn Kinder sahen noch ihre Häuser lichterloh brennen, bevor sie nach Pardubice ins Gestapo-Quartier gebracht wurden. Als Residenz hatten sich die feinsinnig abartigen Vollstrecker der vollziehenden Gewalt ein Schlösschen ausgesucht – das sogenannte ´Zámeček´ -, wo noch am selben Tag, ohne Gerichtsverhandlung und Urteil, alle Männer und Frauen erschossen wurden. Die vierzehn Kinder wurden nach Prag gebracht, zwei kleine Mädchen wurden einer deutschen Familie zur Germanisierung übergeben, die verbliebenen zwölf Kinder einem Deportationstransport.

Am Freitag, es war der 26. Juni 1942, holte Vzor frisches Brunnenwasser und sah, dass etwas im Briefkasten steckte. Also schleppte er erst die beiden vollen Eimer ins Haus, holte den Briefkastenschlüssel und stieg noch einmal die Treppen hinunter. Irgendwer hatte ihm eine deutsche und eine tschechischsprachige Zeitung in den Briefkasten gesteckt. Als er die Zeitungen auseinanderfaltete, fiel ein Zettel in den Kies vorm Gartentor. Vzor hob ihn auf und las die in tschechischer Sprache mit roter Tinte in Blockbuchstaben geschriebene Zeile: AUCH AN DEINEN HÄNDEN KLEBT DAS BLUT DER OPFER!

Aus dem offenen Küchenfenster schmetterte Marschmusik, und ein Soldatenchor sang: „Auf der Heide blüht ein kleines Blümelein – zwei, drei, vier - und das heißt – zwei, drei, vier: Erika!"

Schnell knüllte Vzor den Zettel zusammen, stopfte ihn in die Hosentasche, klemmte die Zeitungen unter den Arm, stieg zügig die Stufen hinauf zur Haustür, schlug sie hinter sich zu, eilte in die Küche, drehte das Radio leiser, schloss das Fenster und setzte seine Brille auf.

Horst-Manuel war nicht in der Küche. Er kam gerade die Treppe herunter und fragte, ob er im Schuppen Holz hacken dürfe. Ja, sagte Vzor, aber nur die kleinen Stücke, die sich leicht zerteilen lassen.

„Mach ich, und ich nehme auch die Finger weg, bevor ich zuschlage."

„Das will ich hoffen!"

Vzor wartete, bis der Bub im Hof war, setzte sich trotzdem mit den Zeitungen nicht in die Küche, sondern sicherheitshalber aufs Klo und verschloss die Tür. Er brauchte nicht lang zu blättern, entdeckte schnell die ebenfalls mit roter Tinte markierte kurze Meldung, die in beiden Zeitungen denselben Wortlaut hatte: „Am 24. Juni wurde die Ortschaft Ležáky, bei Louka, Kreis Chrudím, dem

Erdboden gleichgemacht. Die erwachsenen Bewohner wurden entsprechend des Standrechts erschossen. Die Einwohner haben die tschechischen Fallschirmspringer, die großen Anteil bei der Vorbereitung des Attentats auf den SS-Obergruppenführer Reinhard Heydrich hatten, beherbergt und versucht, sie vor polizeilichem Eingreifen zu retten."

Vzor saß auf dem heruntergeklappten Toilettensitz, schaute auf die beiden Zeitungen und begann, sie in aller Ruhe, Seite um Seite, in winzige Stücke zu zerreißen. Zuletzt zerriss er den Zettel mit den Großbuchstaben, für die er keine Sehhilfe gebraucht hatte, stand auf, hob den Deckel, warf geduldig alle Papierteile in die Toilettenschüssel, kippte zwischendurch immer Wasser hinterher, bis keines mehr im Kübel war und ging anschließend hinaus zum Buben in den Schuppen.

„Ich hab heute morgen wieder den Mann gesehen", sagte Horst-Manuel.

„Welchen Mann?", fragte Vzor, obwohl er schon wusste, dass es nur dieser Berla sein konnte.

„Na der Krumme, der schon einmal hier herumschlich."

„Hat er dich gesehen?"

„Mich doch nicht!"

„Hatte der Mann etwas in der Hand?"

„Einen Spazierstock."

„Sonst nichts?"

„Jedenfalls nichts, so lange ich ihn aus dem Dachfenster im Visier hatte."

Kriegsdeutsch! Vzor empfand es schon erleichternd, dass der Junge nur ′Visier′ und nicht ′Schussfeld′ sagte und fragte sich, in wessen Visier *er* sich befand. Ausgerechnet er, Josef Vzor, der seit Jahren tschechische Freunde hatte und deshalb das denkbar verkehrteste Zielobjekt war. ʹZielobjektʹ! Jetzt war er selbst ins Kriegsvokabular getappt.

Am Abend darauf – es war Samstag, der 27. Juni – schrieb Vzor in sein Wetterbuch: *Mit dem 22. Juni (Montag) hat eine Schönwetterwoche begonnen. Angenehm warme Tage mit Temperaturen zwischen 19,8° und 25,2 °. Auch heute am Samstag war es den ganzen Tag über sonnig, die Luft ist abends klar, und der Mond wird noch einmal scheinen; doch meinen Naturbeobachtungen nach, wird sich von morgen Nachmittag an das Wetter ändern.*

„Und wann werden wir uns die Milchstraße anschauen?", fragte Horst-Manuel.

„Sobald Neumond ist. Dann ist der Mond zwar immer noch da, aber wir sehen ihn nicht."

„Und warum sehen wir ihn nicht?"

„Weil Sonne und Mond zeitgleich am Himmel stehen. Die Sonne bestrahlt die Rückseite des Mondes, der Mond steht im Glanz der unsere Augen blendenden Sonnenstrahlen, und so können wir ihn nicht sehen. Er hat denselben Lauf wie die Sonne, geht also mit der Sonne auf und mit der Sonne unter, ist also nachts nicht da. Diese Nächte sind darum besonders dunkel. Der Himmel ist pechrabenschwarz, und die Sterne sind deshalb sehr gut zu erkennen."

Vzor war stolz auf seine Erklärungen, doch nebenher lief in seinem Kopf ein anderer Film: Er dachte an den kleinen Ort östlich von Prag, den es nicht mehr gab. Auch dort waren Kinder, die vielleicht mit ähnlichen Fragen auf den Vollmond gewartet hatten. Und so wird, wenn Petrus keine Trauerwolken schickt, auch dort der Mond am

Himmel stehen, aber kein Kind mehr am Fenster, weil es in Ležáky keine Fenster mehr gibt; keine Fenster, keine Wände, keine Dächer, und die Kinder, irgendwo elternlos in der Fremde.

Vzor legte den Arm um Manuels Schulter, hielt den Jungen fest an sich gedrückt, als stünde bereits jemand mit dem Auftrag im Zimmer, den Knaben Oderberg abzuholen und ihn, den Tschechenfreund Josef Vzor, mit der Begründung zu verhaften, ein Judenkind der Deportation entzogen, versteckt und außerdem mit einer gleichgesinnten tschechischen Gastwirtsfamilie in Verbindung gestanden zu haben.

Horst-Manuel wollte den Nachthimmel sehen. Also hielt er sich wach. Vzor spielte mit ihm ′Mensch, ärgere dich nicht′. Als es ausreichend dunkel war und der Mond am seidig schimmernden Himmel stand, stieg Vzor mit dem Buben ins Schlafzimmer hinauf, löschte das Licht und öffnete das Fenster. Die Nacht war still. Kein Katzenkonzert, wie sonst in Vollmondnächten üblich. Nicht einmal ein Käuzchen rief.

„Es ist spät", sagte Vzor leise und erhielt keine Antwort. Nur der Druck des Buben gegen Vzors linke Seite wurde stärker. Da merkte Vzor, dass Horst-Manuel im Stehen eingeschlafen war.

Behutsam hob er den Buben hoch, legte ihn aufs Bett, zog ihm nur die Sandalen von den Füßen und dachte: Möge ihm im Leben nichts Schlimmeres widerfahren, als mit Hemd und kurzer Hose zu schlafen.

Und so ließ er das Fenster offen, deckte den Jungen nur leicht zu und legte sich, ebenfalls noch angezogen, auf die andere Bettseite. „Aus Solidarität", sagte er leise, überdachte die vielen offenen Fragen – auch wieder ohne Erfolg – und schlief darüber endlich ein, als bereits der Morgen graute.

15

Es war die Stille, die Vzor weckte, und es war bereits heller Tag. Kein übermütig fröhliches Tschilpen wie sonst in der vergangenen Woche. Auch kein rauflustiges Morgenspektakel im Weinspalier: für Vzor das sichere Zeichen, dass es Regen geben wird.

Vorsichtig erhob sich Vzor, um den schlafenden Buben nicht zu stören, schloss das Fenster, sah die Spatzen mit aufgeplustertem Gefieder teilnahmslos auf dem Gartenzaun sitzen, zog nur ein Rollo leise herunter und stieg die knarrende Treppe hinab, überrascht von einer Frische und Klarheit im Kopf, als hätte das Gehirnkastel über Nacht eine Sonderschicht gefahren und aufgeräumt und sortiert, was zuvor in einer heillosen Wirtschaft versackt war.

Was Vzor über den Buben wusste, war dürftig. Name: Horst Mölders, geboren in Prag am 24. Dezember 1932, Vater angeblich gefallen, Mutter verschollen. Und Dank eines anonymen Briefes mit einer in Zahlen verschlüsselten Identitätsaufklärung war anzunehmen, dass der Bub Manuel Oderberg hieß.

Während Vzor sich ein Brot mit Margarine und Powidl schmierte, ging die gedankliche Aufräumaktion weiter: Der Junge weiß, wie eine katholische Kirche von innen aussieht. Da hätte ich schon nachhaken müssen. Vorsichtig natürlich. Dann hatte der Junge schon zweimal einen Kaplan erwähnt. Auch das deutet auf eine christliche Erziehung. Nichts Ungewöhnliches. Viele Juden waren zum christlichen Glauben übergetreten. Aus Angleichungsgründen, lange vor Hitler. Die Nürnberger Rassengesetze nahmen darauf keine Rücksicht. Doch warum blockte der Bub ab, als ich Näheres über den Kaplan wissen wollte?

Und weil Vzor immer noch nicht wusste, welcher Kuckuck ihm das Kind ins Nest gesetzt hatte, dachte er zum ersten Mal, wenn auch zweifelnd, in Richtung Kirche. Und da rieselten allmählich Erinnerungsbrösel in die richtige Abteilung, brachten aber noch kein Ergebnis.

Auch wenn es ein Kaplan war, der Annas Begräbnisablauf zelebriert hatte, dürfte dieser wohl kaum übersehen haben, dass einer der Söhne der Verstorbenen in SS-Uniform erschienen war, sich betont auffällig in den Vordergrund gedrängt und zusätzlich am offenen Grab mit erhobenem Arm seine Gesinnung demonstriert hatte. Einem auf solche Weise gezeichneten Vater noch ein jüdisches Kind zuzuführen: ein absurder Gedanke!

Vzor aß sein Brot, trank vom Kaffee, stand auf, ging hinaus in den Flur bis an die Treppe, sah hinauf: Die Schlafzimmertür stand immer noch auf, wie er sie offengelassen hatte. Es war still oben. Die Nacht war für den Buben lang gewesen. Vzor ging auf Zehenspitzen zurück in die Küche, setzte sich wieder an den Tisch, trank seinen Kaffee, so lange er noch heiß war, und grübelte weiter; denn ein inneres Gefühl sagte ihm, dass er sich auf dem richtigen Weg befand, auch wenn er die Strecke schon mehrmals ergebnislos durchdacht hatte.

So nahm er erneut Anlauf, ließ all jene Personen, die schon irgendwann einmal im Weingarten waren, vor seinem geistigen Auge entlangspazieren. Es waren immer dieselben - die Zahl ließ sich an den Fingern beider Hände benennen -, doch heute waren es zwei Personen mehr. Da hätte er noch den großen Zeh des linken und den großen Zeh des rechten Fußes gebraucht. Und so fragte er sich jetzt, wie ihm diese beiden Besucher entgangen sein konnten?

Vzor hatte eine Erklärung: Alle anderen waren mehrmals im Weingarten gewesen – diese beiden Herren nur einmal, und zwar anlässlich einer zweiten Besprechung zum Ablauf der Silbernen Hochzeit vor drei Jahren. Die erste Absprache war in der Pfarrei erfolgt. Die zweite Zusammenkunft hatte im Libuschatal stattgefunden, und da war noch ein junger Mann dabei gewesen.

Vzor konzentrierte sich so sehr, dass ihm der Kopf zu schmerzen begann; aber er schmerzte mit Erfolg: Die Erinnerung fing an zu tröpfeln, tröpfelte wie eine Infusion:

Es war ein warmer Tag, und die Herren waren unangemeldet gekommen. „Sie haben mir doch auch *diese* Adresse gegeben", hatte der Herr Pfarrer gesagt und entschuldigend erklärt, hier herausgekommen zu sein, da in der Stadtwohnung keiner gewesen sei und er gedacht habe, die noch offenen Fragen auch hier draußen besprechen zu können.

Anna, die gerade vom Brunnen kam, hatte hinter dem Rücken der Männer Zeichen gegeben, die zwar verwirrender als Hieroglyphen waren, für Vzor aber die eindeutige Botschaft enthielten: Geh mit den beiden wohin auch immer, aber bitte nicht ins Haus! Es war Großreinemachtag. Und so hatte Vzor die

Herren gebeten, mit in den Weingarten hinaufzukommen, weil das Wetter doch so schön sei. Und da hatte er den Schlüssel zur Weinberghütte der Aussparung zwischen Blockhauswand und Türrahmen entnommen, aufgeschlossen und aus der gut aufgeräumten sauberen Hütte drei Stühle und einen runden Tisch auf die überdachte Veranda gestellt. Dort hatten sie gesessen und den Ausblick über den Garten, die Scheune und das Haus bis auf die weite Wiesenfläche zwischen den Waldstücken genossen. Anna hatte eine kellerkühle Flasche Rotwein, frisches Brunnenwasser und Gläser heraufgebracht, später noch Schinkenbrote. Doch unter welchem Namen der Herr Pfarrer den jungen Mann vorgestellt hatte, wusste Vzor nicht mehr. Auch nicht, ob eine der Bezeichnungen gefallen war, die römisch-katholische Kleriker in den ersten Jahren nach ihrer Priesterweihe tragen: Adjunkt, Vikar oder Kaplan. Eine dem Pfarrer unterstellte Funktion dürfte er aber schon innegehabt haben, erinnerte sich Vzor. Doch wie an diesen Mann herankommen? Dazu müsste er sich mehrere Male in die Jakobskirche begeben, die Frühmessen und die Abendmessen besuchen. Ob er den jungen Mann wiedererkennen würde, bezweifelte Vzor. Der einfachste Weg wäre, den Herrn Pfarrer zu fragen. Doch mit welcher Begründung?

Vzor war mit diesem Ergebnis dennoch zufrieden. Immerhin wusste er endlich, wer noch Kenntnis vom Schlüsselversteck hatte. Da inzwischen klar war, dass unter den zehn Personen keine einzige in Frage kam, die den Jungen in die Weinberghütte geschmuggelt haben könnte, blieb, gestützt auf die vagen Bemerkungen des Buben, der Verdacht an den beiden Kirchenleuten haften.

Eigentlich naheliegend, schlussfolgerte Vzor, dass sich der Herrgott in erster Linie seiner Truppe bediente.

16

Die Sperlinge hatten rechtbehalten: Erst war der Sonntag strichweise bewölkt gewesen, nach 17 Uhr hatte schwacher Regen eingesetzt, und die Temperatur hatte sich über Nacht auf 16,6 Grad abgekühlt. Doch schon zwei Tage später tschilpten die Spatzen wieder, und tatsächlich, am Mittwoch, dem 1. Juli 1942, war es wieder sonnig und warm. Leider störte am frühen Vormittag die Türklingel, die durch den Flur schepperte, laut und anhaltend, was Vzor sofort an jene Nacht im Feuerwehrdepot erinnerte.

Horst-Manuel war schneller auf dem Weg zum leeren Gurkenfass im Keller als Vzor am Küchenfenster. Es war der Telegrammbote.

Noch am Gartentor riss Vzor die Nachricht auf, hatte keine Brille dabei, hielt das Papier mit den aufgeklebten Streifen mit ausgestreckten Armen von sich. Vor Jahren hätte das noch geholfen. Inzwischen waren die Arme zu kurz. Aufgeregt stieg er die Stufen vom Gartentor zurück hinauf zur Haustür. Überraschungssituationen wie diese waren nichts mehr für ihn. Im Haus rief er laut: „Es war nur der Telegrammbote!" Die Lesebrille lag auf dem Küchentisch. Er setzte sie auf und las: „Tante Maria verstorben - stop – Beerdigung Montag 6.

Juli 42 – stop – Tante Magdalena und ich erwarten Dein Kommen - stop – Gruß Dorothea."

„Wer ist Tante Maria?" Horst-Manuel stand neben ihm. Erst da wurde Vzor bewusst, dass er laut gelesen hatte und bremste noch rechtzeitig seine Antwort ab; denn beinahe hätte er gesagt, die Schwester deiner Großmutter, erklärte aber schließlich etwas umständlich, dass Tante Maria die Schwester von Annas Mutter sei, Anna seine verstorbene Frau, Tante Maria demnach die Schwester seiner Schwiegermutter.

Der Bub nickte, als hätte es keine klarere Auskunft geben können, und fragte, wie lange er dann die Stellung hier allein werde halten müssen.

„Überhaupt nicht", sagte Vzor, „ich lass dich doch nicht allein!"

An diesem Tag musste Horst-Manuel noch einmal in den Keller, stand nicht nur im Gurkenfass-U-Boot-Turm wie vorhin, sondern schloss die ′Luke′ und ging auf ′Tauchstation′, als er hörte, dass jemand im Haus war.

Es war Freund Spitzer. Auch er hatte ein Telegramm erhalten und war gekommen, um zu fragen, wann Vzor zu fahren gedenke. Falls nicht schon morgen oder übermorgen, würde er gern mitkommen wollen. Der Samstag würde sich als Reisetag anbieten. Spitzer war in Eile, drängte auf schnelle Entscheidung. Vzor sah den Feuerwehrwagen vorm Haus und sagte: „Gar nicht."

„Gar nicht, was?", fragte Spitzer.

„Gar nicht fahren", sagte Vzor. „Ich kann das Haus und vor allem den Garten in dieser Jahreszeit nicht allein lassen."

Spitzer blickte auf den Herd, schaute zur Küchenkredenz, drehte sich um zur Tür, als wäre aus irgendeiner dieser Ecken des Raumes eine verständlichere Erklärung zu erwarten und sagte schließlich: „Könnte nicht Manuela, deine Freundin, diese drei, vier Tage …"

„Kann sie nicht!", sagte Vzor scharf und schnell, als hätte Spitzer verlangt, die rassige Spanierin ein flottes Wochenende lang für sich haben zu wollen.

„Entschuldige", sagte Spitzer, „du hast mich ja nicht aufgeklärt. Darf ich raten? Manuela ist hübsch – und jung."

„Jung und hübsch", wiederholte Vzor und fragte sich fünf Minuten später, ob tatsächlich er es war, der das gesagt hatte. Da saß Spitzer schon wieder im Wagen und startete den Motor. Vzor winkte, sah dem Feuerwehrauto hinterher, wartete sogar noch bis sich die Staubwolke auch dort verteilte, wo der rote Kasten auf Rädern in der Senke verschwunden war, schloss das Fenster, ging an die Kellertür, öffnete sie behutsam und rief hinunter: „Periskop einfahren und auftauchen!"

„Ich war auf Seerohrtiefe!", meldete Horst-Manuel aufgeregt und kam mit roten Wangen die Treppe heraufgestürmt.

„Gut gemacht!", sagte Vzor, und der Junge strahlte.

Vzor mühte sich um einen Kondolenztext, der für ein Telegramm knapp und dennoch mitfühlend sein sollte, und Horst-Manuel saß mit am Küchentisch und malte mit Wasserfarben ein U-Boot in einer kabbeligen See mit viel Blau und Grün und weißen Schaumkronen.

Vzor war froh, wenigstens geklärt zu haben, dass Spitzer einen kleinen Kranz mit Schleife und Aufdruck zur Beerdigung in die Steiermark mitnehmen wird. Da das Telegramm noch an diesem Tag weggehen sollte, beeilte sich Vzor und schrieb: *Kommen unmöglich, Spitzer bringt Kranz, Beileid, Josef.*

Horst Manuel las den Text, hatte Schwierigkeiten mit Vzors Handschrift und meinte schließlich: „Ist das nicht ein bisschen kurz?"

„Telegramme *müssen* kurz sein."

Horst-Manuel überlegte und sagte: „Sollte man nicht bei einer Tante eine Ausnahme machen?"

„Sollte man", brummte Vzor und schrieb den Telegrammtext neu: *Kann leider nicht kommen, tut mir leid, Spitzer wird Kranz bringen, werde in Gedanken bei Euch sein, herzliches Beileid, Euer Josef.*

Die Neufassung fand Horst-Manuels Zustimmung. Auch dass Vzor hinunter zur Post nach Jundorf musste, sah der Junge ein und versicherte, alle Vorsichtsmaßnahmen, wie besprochen, streng einzuhalten.

Vzor hatte Freude an der Wortgewandtheit des Knaben, bedankte sich, schnallte seinen Rucksack um und marschierte los. Sicherheitshalber hatte er seinen Regenschirm dabei. Auch so ein Requisit, das nicht mehr in die deutsche Landschaft passte. Vzor erinnerte sich an den Spott, den die deutsche Presse auf ihren Witzseiten über Chamberlain und dessen Regenschirm ausgekippt hatte und konnte über diese aufgesetzte Kernigkeit nur müde lächeln. Sein Schirm war ein altes stabiles Bauernexemplar, und die Knie genossen diese willkommene Stütze beim Gehen.

Die Frau hinterm Postschalter fragte, ob es dem Herrn recht sei, den Text telegrammgerecht einzukürzen. Nein, sagte Vzor, es sei ihm nicht recht. Der Text solle genau so bleiben, wie geschrieben. Und während die Frau pikiert die Worte zählte, las Vzor den Spruch an der Wand, ′Räder müssen rollen für den Sieg′, und dachte: Ticken jetzt auch schon die Telegraphen für den Sieg?

Vzor zahlte, ging, suchte noch einen Fotoladen auf, holte die Kamera aus dem Rucksack, legte sie auf den Tisch, sagte, dass der Film noch nicht ganz belichtet sei, er aber gern den Film entwickelt haben wolle, ob es möglich sei, ihn sicherheitshalber in der Dunkelkammer zurückzuspulen und zu entnehmen.

Der Fotomeister lächelte, ließ sich Namen und Wohnadresse sagen, schrieb alles auf eine Papiertüte, gab Vzor einen Abschnitt mit dem Datum der Fertigstellung, nahm die Kamera, bat um Geduld und verschwand hinter einem Vorhang. Nach wenigen Minuten kam er wieder, sagte, dass alles erledigt sei, der Film ohnehin nur noch drei unbelichtete Bilder gehabt habe, und ob der Herr gleich einen neuen Film eingespannt haben wolle. Ja, sagte Vzor, das wäre nicht verkehrt, zahlte, sah beim Einlegen des neuen Filmes zu, schaute auf das Abholdatum und meinte, dass er möglicherweise einen Tag oder zwei Tage später kommen werde. Kein Thema, sagte der Fotomeister, außer Sie kämen sonntags.

Erst als Vzor am Gartenzaun vorm Postkasten stand und einen Brief herausfischte, begann es sanft zu regnen. „Danke, Petrus!", sagte Vzor und schloss das Gartentor auf.

„Hast du mich gesehen?", fragte Horst-Manuel.

„Nein", sagte Vzor, „du mich?"

„Na klar! In der rechten Hand den Stockschirm, in der linken Hand die Milchkanne ..."

„ ... und den Rucksack auf dem Rücken", ergänzte Vzor.

„Wo sonst!", sagte Horst-Manuel und lachte.

Am Abend begann es zu gewittern, Blitze erhellten einen tiefgrauen Himmel, Donner rollte, zum Glück nur aus der Ferne, aber es regnete ausgiebig.

„Das wird dem Garten gut tun", sagten Vzor und der Junge wie aus einem Mund, und wieder mussten beide lachen.

In der Nacht las Vzor den Feldpostbrief und erfuhr, dass Franz aus gesundheitlichen Gründen in die Heimat versetzt worden sei, er also demnächst nach Hause kommen werde.

Und damit waren die Ängste wieder da und die fehlenden Antworten bezüglich des Buben. Vzor stellte sich vor, dass Franz ausgerechnet dann käme, wenn der Bub allein im Haus wäre. Franz hatte Zweitschlüssel. Es waren Annas Schlüssel, die Vzor nach dem Todesfall seinem Ältesten überlassen hatte. Für alle Fälle, doch natürlich nicht für diesen Fall. An Ferdinand, den Spitzbuben, mochte er gar nicht erst denken und machte sich Vorwürfe, nicht unmittelbar nach Manuels Einzug ins Haus, neue Schlösser eingebaut zu haben. Ferdinand hatte vielleicht schon vor Jahren die Schlüsselbärte in ein Stück Seife gedrückt und von diesen Abdrücken Nachschlüssel anfertigen lassen. Da fiel Vzor gleich wieder der stabile Sperrhaken ein, den er in der

Weinberghütte gefunden hatte, mit dessen Hilfe Horst-Manuel in die beiden Keller gelangt war. Der Dietrich hatte im Griff den Buchstaben ´F´ eingeritzt, was auf Ferdinand, aber auch auf Franz hindeuten konnte; doch die beiden unterhalb des Buchstabens deutlich sichtbaren Längsstriche wiesen auf den Zweitgeborenen hin. Außerdem passte ein Requisit wie dieses besser zu einem, der unter Dielenbrettern Totschläger, Schlagringe und Hakenkreuzwimpel aufbewahrt hatte.

Am Sonntag, dem 12. Juli, rief Vzor: „Auf Tauchstation!" Er hatte gerade das Dachbodenfenster öffnen wollen, weil es heiter und sonnig war, als er Spitzer und Schwägerin Dorothea erblickte. Sie kamen mit Fahrrädern aus der Talsenke, schoben die Räder, stiegen auf und fuhren die restliche Strecke.

Horst-Manuel war inzwischen schon im Keller, hockte vorerst zwischen den Regalen, doch schon in Sprungnähe zum Gurkenfass, hörte die beruhigende Stimme Vzors, der herunterrief, dass es sich lediglich um Schwägerin Dorothea und Freund Spitzer handele, dass jedoch die Alarmstufe zur Tauchbereitschaft aufrechterhalten bleibe. Vzor schloss die Kellertür, da klingelte es schon.

„Hallo, Schwager Josef!", rief Thea, als Vzor die Haustür öffnete

„Hallo, Schwägerin! Grüß dich, Schorsch! Geheimhaltungsstufe aufgehoben? Kommt rein!"

„Es ist abgeschlossen!"

„Es ist auf! Die Gartentür klemmt nur!"

Spitzer lehnte sich mit der Schulter gegen das Eisengitter, und die Tür sprang auf.

„Wohin mit den Fahrrädern?"

„Lehnt sie von innen gegen den Zaun", empfahl Vzor.

„Die Räder sind geliehen", sagte Thea.

„Hier draußen wird nicht geklaut", sagte Vzor, „aber wenn es euch beruhigt, bringt die Drahtesel rauf und stellt sie in den Hof."

„Was darf ich euch anbieten?", fragte Vzor, als sich Thea und Spitzer im Wohnzimmer niederließen und die angenehme Kühle priesen.

„Das ist noch alte Bausubstanz mit dicken Mauern", sagte Vzor und fragte noch einmal, was er servieren dürfe.

„Wir kommen aus Wien und sind verwöhnt", sagte Spitzer.

„Kaviar gibt es diesmal keinen", sagte Vzor.

„Du hast hier schon einmal Kaviar gegessen?", staunte Thea.

„Echt russischen aus Paris. Und Schampanskoje gab es zusätzlich."

„Wann war denn das? Vorm Krieg?"

„Vor sieben Monaten", sagte Vzor.

Theas Augenaufschlag signalisierte Hellhörigkeit, und Theas Frage bestätigte Vzors Erwartung: „Kaviar und Champagner - und keine Frau dabei?"

Spitzer für den Bruchteil einer Sekunde in Panik, aber sofort wieder frech wie ein Rechtsverdreher: „Frau Stefanie war noch dabei."

„Wer ist Frau Stefanie?" Thea, schaute erst auf Spitzer und dann auf Vzor.

Spitzer, mit einer gekonnt lässigen Geste auf Vzor zeigend: „Eine alte Freundin von Pepi."

„Ach was! Alte Jugendliebe, oder?"

Vzor hätte Spitzer würgen mögen, hatte sich aber im Griff und beließ es bei einem Lächeln.

„Wusste Anna davon?"

„An Enthüllungen sind Frauen immer interessiert", warf Spitzer ein. „Damit musst du leben, Pepi!"

„Anna hat nie etwas erwähnt", wunderte sich Thea.

Vzors Lächeln rutschte in ein dümmliches Grinsen ab. Er merkte das und hätte sich jetzt am liebsten selbst würgen wollen.

Spitzer musste weg von diesem Thema, warf einen entschuldigenden Blick auf Vzor und sagte: „An warmen Tagen ein warmes Getränk ..."

„ ... und an kalten Tagen etwas Kaltes", ergänzte Dorothea. „Diese Regel hat sich inzwischen von den Söhnen der Wüste bis hierher zu uns herumgesprochen."

„Da wird es Entscheidungsschwierigkeiten geben", sagte Spitzer. „Draußen in der Sonne ist es heiß, hier drinnen ist es kühl. Wonach richtet sich da der Gesundheitsapostel und wofür entscheidet er sich?"

„Für abgestandenes Wasser aus dem Waschkrug!", sagte Vzor.

Dorothea und Spitzer schüttelten sich, als hätten sie es bereits trinken müssen.

„Was bekommst du für den Kranz?", fragte Vzor.

„Vergiss es!", sagte Spitzer und winkte ab.

„Dann lade ich euch ein zu einem Gabelfrühstück nebenan in die ′Libussa-Schenke′", sagte Vzor.

„Seit wann hat der Ausschank einen Namen?, fragte Spitzer.

„Seit die Obrigkeit dem Libuschatal einen neuen Namen verordnet hat."

„Ach ja, richtig", sagte Spitzer, „stand ja im Amtsblatt. *Johannistal* musst du jetzt schreiben, falls du deinem Schwippschwager schreiben willst."

Vzor schloss die Haustür und die Gartenpforte mit dem schäbigen Gefühl, an das er sich nicht gewöhnen konnte, wenn er den Buben im Haus zurücklassen musste, ging mit seinen Gästen aber nur die wenigen Schritte zum Wirtshaus nebenan.

„Má poklona", sagte Roháč und wartete, für welchen Tisch sich die Herrschaften entscheiden werden. Als er sah, dass die Dame auf den Fenstertisch zusteuerte, schlug er mit einem Serviertuch je einmal kreuz und quer über die Tischplatte und die Sitzflächen der Stühle, ging, um die Speise- und Getränkekarten zu holen, und Dorothea fragte, was der Wirt gesagt hatte.

„'Meine Verbeugung!', hat er gesagt. 'Má poklona'. So was wie euer wienerisches 'Gehorsamster Diener'!"

„Gschamsterdiener, bitte schön", korrigierte Thea. „Wenn schon, dann richtig! Und niemals zur Begrüßung! Gschamsterdiener ist der subalterne Abschiedsgruß von Trinkgeld empfangenden Kellnern, Toilettenfrauen und Wagenwäschern."

„Hervorragend formuliert!", rief Spitzer stolz. „Da merkt man, wo Thea arbeitet."

„Könnten wir vielleicht endlich über Tante Maria reden?", sagte Vzor. „Woran starb sie und wann? Und wie war das Begräbnis?"

„Der Himmel weinte", sagte Dorothea. „Es war wie im Film."

„Nur ohne Feuerwehr", ergänzte Spitzer, „also kein künstlicher Regen aus drei C-Rohren. Es regnete wirklich."

„Schnürlregen", fügte Thea hinzu, „die Kieswege voller Pfützen, eine Wasserlache neben der anderen."

„Kurz vor der Grabstelle", erzählte Spitzer weiter, „rutschte einer der Sargträger auf lehmigem Untergrund aus. War lustig."

„Auch den anderen Sargträgern drohte der Sarg zu entgleiten", sagte jetzt wieder Thea und schaute dabei rügend auf Spitzer. „Und es war nicht schön, ansehen zu müssen, wie Tante Maria in die Grube hinabgelassen wurde, in der das Regenwasser bereits zwanzig Zentimeter hoch stand."

Spitzer, mit einem misslungen versteckten Schmunzeln: „An der Stelle dachte ich: Da hätten die Hinterrucklers gleich eine Seebestattung ordern können. Wäre wirtschaftlicher gewesen. Keine Friedhofspacht, keine Grabpflege."

„Du bist pietätlos, Georg!", sagte Thea und schüttelte den Kopf.

Roháč kam mit den Speisekarten. Jeder bekam eine.

„Wie im Grandhotel", spottete Spitzer, „aber nur zwei Gerichte."

„Es sind drei", korrigierte Thea.

Vzor staunte, sagte: „Bravo! Als ich zuletzt hier war, hatte es nur *ein* Gericht gegeben."

„Da war auch Winter", bemerkte Roháč auf Deutsch, und tschechisch weiterredend sagte er: „Es ist immer noch Ferienzeit. Da kommen schon öfter Gäste herauf: Verwandte und Bekannte der Leute, die hier wohnen und die nicht selber kochen wollen. Da lohnt es sich schon, mehr Auswahl zu haben."

Thea entschied sich für ein Schnitzel mit neuen Kartoffeln und Gurkensalat.

Vzor schloss sich dieser Bestellung an. Und Spitzer wollte die glacierte Stelze.

„Und zu trinken?", fragte der Wirt.

„Bier", sagte Thea.

„Bier", sagte Spitzer.

„Dito", sagte Vzor.

Der Wirt sammelte die Speisekarten ein und ging in die Küche.

„Wo hast du denn ′Stelzn′ gelesen?", fragte Thea.

„Da wo ′Eisbein′ stand", sagte Spitzer. „Seit dem Einmarsch muss doch auch in tschechischen Wirtshäusern alles erst in Deutsch stehen. Und ′Eisbein′ ist nun einmal das deutsche Wort für den Unterschenkel vom Schwein.

„Wie *macht* der das?", fragte Thea.

„Wie macht *wer* was?", fragte Vzor zurück.

„Der Wirt", antwortete Thea. „In Wien kennt man Stelzn gegenwärtig nur noch vom Hörensagen."

„Sagtet ihr nicht vorhin erst, ihr kommt aus Wien und seid verwöhnt?", frotzelte Vzor.

„Wir sprechen vom Wien, als man noch mit dem Fiaker zum Heurigen fuhr."

„Schwägerin, das muss in deinem früheren Leben gewesen sein!"

„Danke für das Kompliment!"

„Auch *wir* müssen unsere Fleischmarken opfern, wenn wir so was essen wollen", betonte Vzor, „aber wir haben solche Schmankerln noch, wie du siehst. Das Protektorat ist immer noch die Speisekammer des Großdeutschen Reichs."

„*Eine* der Speisekammern", korrigierte Spitzer.

„In Holland, Dänemark, Norwegen lässt es sich

auch noch gut leben. Und in Frankreich wahrscheinlich auch. Daran durfte ich ja dank deiner Großzügigkeit sogar teilhaben."

Ist ja gut, dachte Vzor. Als Dankeschön hast du mir jetzt deine Jugendliebe angedichtet. Sehr großzügig!

Der Wirt brachte die Biere.

Spitzer wollte auch mit seinen Tschechischkenntnissen glänzen und übersetzte Eisbein wörtlich, indem er den Wirt fragte, wie viel ´erfrorene Beine´ er noch auf Lager habe.

Der Wirt wusste, was gemeint war, lachte, sagte, dass er jetzt nur noch drei habe und fügte, bereits im Weggehen, auf Tschechisch hinzu: „Das heißt, mit dem Schwein, das noch lebt, wären es fünf!"

Dorothea, die kein Tschechisch verstand, begriff nicht, warum Spitzer und Vzor sich ansahen, als hätten sie sich verhört und wie aus einem Mund fragten: „Hat er fünf gesagt?"

Vzor ergriff das beschlagene Henkelglas, Spitzer das seine, und beide prosteten Dorothea zu.

„Magdalena war übrigens sehr enttäuscht, dass du nicht mitgekommen warst", sagte Thea. „Sie hat das nicht verstanden. Ich allerdings auch nicht."

„Wer versteht heute überhaupt noch was", sagte Vzor, unschlüssig, was er sonst hätte antworten sollen und dachte, dass Spitzer immer noch glauben wird, dass eine Manuela der Grund für die Absage gewesen ist. Vzor hätte auch was drum gegeben zu wissen, ob Spitzer Thea gegenüber Stillschweigen bewahrt hatte. Verliebte werden gern geschwätzig. Falls er geredet haben sollte, überlegte Vzor, wird Thea mich von Stund an für einen Lustmolch halten. Noch keine zwei Jahre getrauert und schon zwei Weibsbilder am Hals! „Woran ist Tante Maria gestorben?", hörte er sich fragen. „Und wann? Und wie wird das ihre Schwester verkraften, die jetzt niemanden mehr zum Streiten hat?"

„Ach, Schwagerherz", sagte Thea, „Tante Magdalena hat ja noch mich."

„Und wer hat die Zahlen für das Schweizer Nummernkonto?"

„Ach, das weißt du auch noch?"

„Darum ging der Streit schließlich laut genug vor drei Jahren", verteidigte sich Vzor.

„Willkommen im Club der Erbschleicher!", scherzte Spitzer. „Gibt es überhaupt ein Testament?"

„Nicht dass ich wüsste", sagte Thea. „Darum ging es ja immer. Maria warf mir vor, im Dienst von Rechtsverdrehern zu stehen, von Winkeladvokaten und Notaren, die nichts anderes im Sinn hätten, als sie noch zu Lebzeiten um ihr Vermögen zu bringen."

„Und da hast du gar nichts in der Hand?", fragte Vzor. „Hast nichts im Nachlass gefunden?"

„Wenn es etwas gäbe: Tante Magdalena hätte es gefunden. An ihr ist ein Polizeihund verloren gegangen."

„Also gar nichts entdeckt! Tut mir leid, Schwägerin!"

„So sehr bedauern brauchst du sie auch wieder nicht", sagte Spitzer. „Thea hat ja noch mich und die Auswahl unter vierundzwanzig Ziffern."

„Waren die irgendwo notiert?"

„Unter Tante Marias Papieren fanden wir in einem Kalender aus dem Jahr 1933 im Adressenverzeichnis unter den Haus- und Telefonnummern

Zahlen, die aus dem Schriftbild herausfielen", erzählte Thea. „Nahezu unmerklich schräger gestellt als die aufrecht stehenden anderen Zahlen zwar, aber doch erkennbar, wenn man genauer hinsah. Wie allerdings zusammengefügt diese Ziffern die richtige Nummernkontenzahl ergeben sollen, steht noch in den Sternen."

„Apropos Sterne", sagte Spitzer. „Vergiss nicht das Wichtigste!"

„Wieso? Ist wieder einer explodiert?", fragte Vzor und spielte damit auf Marias Nachterlebnis vor 34 Jahren an, das ihr den Spitznamen 'Tunguska-Tant' eingebracht hatte.

„Genau eine Woche vor Tante Marias Tod rief mich Tante Magdalena an, ob ich nicht ein paar Tage Urlaub nehmen könne, Maria ginge es nicht gut. Ich sagte, dass ich mich beim Chef erkundigen wolle. Am Tag darauf rief ich zurück und sagte, dass mich die Kanzlei für höchstens drei Tage entbehren könne, da aber morgen schon Samstag sei, ich bereits Freitag den Abendzug nehmen würde. Das war der 26. Juni, vier Tage vor Tante Marias achtundachtzigstem Geburtstag. Als ich nachts ankam, schlief sie bereits, also begrüßte ich sie am Samstagvormittag. Sie lag im Bett, sah abgemagert und blass aus, nannte mich Anna, freute sich, mich zu sehen und beschimpfte ihre Schwester Magdalena, die ihr eingeredet hatte, dass ich tot sei. Magdalena schimpfte zurück, also das übliche Procedere. Am Sonntag, dem 28. Juni, wollte sie unbedingt zur Sonntagsmesse und fragte mich, wann Josef und ich 'Goldene Hochzeit' feiern würden. Die Silberne sei bereits so schön gewesen."

„Und? Warst du mit ihr in die Kirche gegangen?", wollte Vzor wissen.

„Ach was", sagte Thea, „sie konnte ja nicht mehr aufstehen. Am Montag, das war der 29. Juni, ging es Maria besonders schlecht. Sie wollte auch wieder weder essen noch trinken, starrte gegen die Zimmerdecke, als hätte sie schon das himmlische Tor vor Augen und würde nur noch darauf warten, dass es geöffnet werde. Magdalena und ich wechselten uns mit der Bettwache ab. Wir hatten uns bequeme Polstersessel in Marias Zimmer geschoben, hatten einen kleinen runden Tisch in Marias Blickachse gerückt, darauf eine Vase mit frisch geschnittenen Rosen gestellt. Es waren ihre Lieblingsrosen aus dem Garten: diese gelben Rosen mit der zartroten Maserung. Einen Sektkübel mit einer Schampusflasche als Staffage hatten wir daneben angeordnet sowie eine Schale mit den ersten Erdbeeren, die es in dieser Bergregion stets erst um diese Zeit gibt, dafür aber reichlich, was Maria Jahr um Jahr als persönliches Gottesgeschenk empfand."

„Du berichtest zu langsam", beanstandete Spitzer Theas Erzählrhythmus. „Pepi platzt vor Spannung und Neugier."

Dorothea zeigte sich unbeeindruckt und redete bedächtig weiter: „Wir rechneten damit, dass Maria, schwach wie sie war, durchschlafen würde und wir ihr am Morgen ihres Geburtstages gratulieren könnten. Wann Magdalena eingenickt war, weiß ich nicht. Wahrscheinlich schlief sie später ein als ich; denn ich hörte noch, wie sie die Übergardinen zuzog. Kurz darauf muss ich in dem weichen Lehnsessel eingenickt sein. Keine Ahnung, wie lang ich geschlafen hatte, als ich durch ein hohles

Geräusch jäh aus dem Schlaf gerissen wurde. Ein Geräusch, das ich auch heute nur schwer zu beschreiben weiß. Wenn ich wüsste, wie es klingt, wenn ein Bär einen Eisenbahntunnel für seine Höhle hält und dem Orientexpress begegnet, würde ich sagen: Ja, das war´s!"

„Ist ja furchtbar!", sagte Vzor.

„Kommt noch schlimmer!", sagte Spitzer und nahm einen kräftigen Schluck.

Auch Thea griff nach dem Glas, nippte aber nur und erzählte weiter: „Gleich darauf hörte ich Tante Magdalena nach mir und nach Licht schreien. Ich suchte den Schalter der Stehlampe und rief zurück: Ich kann nichts sehen! Warum hast du aber auch die dicken Vorhänge zugezogen! - ´Weil Krieg ist!´, schallte es zurück. Aber das war nicht Magdalenas Stimme. Das war Tante Maria, die so röhrte. Endlich hatte ich den Schalter, machte Licht und sah Bemerkenswertes: Tante Maria saß aufrecht im Bett, die Blässe in ihrem Gesicht war einer hektischen Röte gewichen, ihre Augen funkelten und sie fragte mit ihrer heiseren, aber jetzt erstaunlich festen Stimme: ´Wir haben doch noch Krieg?´ Ich war wie gelähmt, fand dennoch die Kraft, ´Ja´ zu sagen. ´Ja, Tante Maria, wir haben noch Krieg´, wiederholte ich. ´Hitler ist auf der Höhe seiner Macht. Ihm gehört inzwischen ganz Europa.´ – Da wischte Tante Maria mit fahrigen Armbewegungen von rechts nach links und von links nach rechts über die Bettdecke, als störten sie Zinnsoldaten, die nur sie sah, und sagte laut und fest ..."

An dieser Stelle ihres Berichtes angelangt, senkte Dorothea ihre Stimme, sah sich um, überzeugte sich, dass außer Spitzer und ihrem Schwager keiner im Lokal war, beugte sich vor und flüsterte: „Da sagte die alte Dame, die im Dunkeln gerade eben noch Töne von sich gegeben hatte wie ein Hirsch in der Paarungszeit: 'Nicht mehr lang!'"

Vzor schaute, als sei er im Begriff zu fragen: Was, nicht mehr lang? Worauf Schwägerin Dorothea sagte: „Hast den Faden verloren, oder?" Und noch leiser wiederholte sie: „Ich sagte zu Tante Maria: 'Ja, wir haben noch Krieg, Hitler ist auf der Höhe seiner Macht, ihm gehört inzwischen ganz Europa', worauf Tante Maria antwortete: 'Nicht mehr lang!'"

Jetzt blickte sich auch Vzor misstrauisch um. Der Wirt war in der Küche. Er hörte ihn mit seiner Frau reden.

„Ihr solltet eure Köpfe nicht so zusammenstecken", sagte Spitzer. „Sieht nach Verschwörung aus."

Der Wirt kam mit den dampfenden Speisen. Da saßen Dorothea und Vzor schon wieder aufrecht und zurückgelehnt.

Erst nach dem Essen konnte Dorothea ihren Bericht fortsetzen, aber nicht mehr im Wirtshaus, weil inzwischen Gäste gekommen waren. Auch Spitzers Angebot, von seiner Fleischkarte einen Abschnitt an Vzor abgeben zu wollen, was Vzor ablehnte - eingeladen sei eingeladen -, vermochte nicht die Spannung zu mindern, als Dorothea weitererzählte:

„Magdalena saß steif und blass in ihrem Lehnstuhl, als sei *sie* die Todkranke. Marias Gesicht hingegen glänzte wie ein blank polierter Weihnachtsapfel. Es war unheimlich und kurz nach Mitternacht."

„Also schon der dreißigste, wenn ich richtig gerechnet hab", sagte Vzor, der wie auf Kohlen saß, doch mehr des Buben wegen, der im Keller hockte und Tauchfahrt spielte.

„Es war schon der dreißigste, du sagst es", bestätigte Dorothea den Einwurf ihres Schwagers, „der dreißigste Juni, seit fünfzehn Minuten genau. Und du erinnerst dich noch an die Zeit vor vierunddreißig Jahren?"

„So weit zurückzudenken brauche ich nicht", sagte Vzor. „Zweieinhalb Jahre Rückerinnerung genügen mir. Da saßen wir aus traurigem Anlass beim *Marischler* und sprachen über Tante Marias Weitsichtigkeit seit ihrem vierundfünfzigsten Geburtstag."

„Klarsichtigkeit, Josef! Klarsichtigkeit! Weitsichtig war sie schon immer!"

„Und wie ging die Nacht weiter? Habt ihr Maria gratulieren können? Oder hat sie den Tisch mit den Rosen, dem Sekt und den Erdbeeren umgeschmissen? Da war doch dieser Lärm, sagtest du."

„Der Geburtstagstisch stand weit genug vom Bett, aber den Nachttisch hatte sie im Dunkeln abgeräumt. Sämtliche Pillengläser hinuntergefegt, die Wasserkaraffe, das Trinkglas, die Nachttischlampe zersplittert."

„Und Maria immer noch wohlauf?"

„Erschreckend munter. Ich erlebte den Vorgang zum ersten Mal. Auch du hast ja, wie ich, immer nur gehört davon. Aber ich war mitten im Geschehen. Ist es kalt hier drin?"

„Hat das Maria gefragt?"

„Nein, Josef! Ob es hier in der Küche kalt ist."

„Angenehm temperiert, würde ich meinen."

„Dann schau meine Arme an", sagte Thea. „Gänsehaut! Die hatte ich nicht einmal, als ich im Prater zum ersten Mal durch die *Geisterbahn* fuhr! Tante Maria war wie verwandelt. Sah aus wie eine Rekonvaleszentin kurz vor der Entlassung aus dem Kurheim. Regelrecht erholt saß sie im Bett, als hätte ich die Stunden zuvor geträumt oder eine andere siech in den Polstern gesehen. Für mich war das wie der Augenblicksbeweis, dass *ich* die Kranke bin. Krank im Kopf, verwirrt, meschugge, plemplem, reif für die Klapsmühle. Aber ich sah es doch vor mir, ich hörte es, und ich sehe und höre es jetzt immer noch. Maria malte in klaren Worten ein Untergangsszenario, wie es auf der Bühne des Burgtheaters nicht gewaltiger und gruseliger hätte klingen können. Ich weiß noch die Worte: 'Die Sonne wird schwarz sein und der Mond voller Blut, Sterne werden vom Himmel schweben und brennen wie Fackeln. Die Leichname werden liegen in den Gassen, aber auch auf den Wegen zwischen den verbrannten Feldern, doch der Hundskrüppel und seine Paladine wer'n no leben, klaftertief unter der Erden, wer'n weiter lügen und befehlen und morden und lügen und lügen und morden. Aber nimmer lang: In dreimal zwölf Monaten wird die Satansbrut tot sein, und die Lumpen, die dann no leb'n, wer'n sitzen auf den Stühlen in der Stadt, aus der das Unheil rauskrochen war und warten auf den Richterspruch, der sie, am Strick des Henkers aufg'hängt am Hals, hinabfahren lassen wird, gradewegs in die Höll'!' - Mehr sagte Maria nicht. Die Kraft zu diesem Vortrag, wie durch ein belebendes Mittel aus einer Kanüle in den Kreislauf der alten Tante verbracht, schien ebenso ungestüm wieder aus ihr herauszufließen. Ihr Gesicht verlor die Röte, die Frische, wurde blasser als zuvor, begann zu verschrumpeln. Der Atem wurde flach, ging in ein Röcheln über. Magdalena und ich standen wie vom Donner gerührt am Bett, sahen Marias letzten Atemzug, starrten auf den offen gebliebenen Mund und die verrutschte Zahnprothese. Die Zeiger der Uhr standen auf Null Uhr und zwanzig Minuten."

Es war still in Vzors Küche. Nur die Uhr tickte, und wie Spitzer es vorkam, tickte sie, seit Dorothea schwieg, besonders laut. Vzor schaute seiner Schwägerin in die blauen Bergseeaugen, teils ungläubig, teils staunend; Spitzer blickte stolz, weil Dorothea Tante Marias Redeschwall nicht nur im Kopf behalten, sondern auch noch vollendet dramatisch wiedergegeben hatte.

„Eine lebensgefährliche Botschaft." Vzor war es, der die Stille unterbrach.

„Ja", sagte Spitzer, „zum Glück nicht auf Schallplatte festgehalten."

„Und du bist dir sicher, dass Maria genau *diesen* Text gesprochen hat?" Vzors Frage war ein einziger Zweifel.

„Jetzt fehlt nur noch, dass du sagst, ich sei einer Halluzination aufgesessen, einer Trugwahrnehmung durch Übermüdung. Dann wäre Tante Margarete, synchron mit mir, derselben Sinnestäuschung erlegen? Das wäre ja noch verrückter als Tante Marias Phantasmagorien!"

„Phantas- was?", fragte Vzor.

„Wahngebilde", übersetzte Dorothea.

„Sieh es Thea nach. Sie arbeitet in einer Intelligenzkanzlei. Da hat sie´s mit den Fremdwörtern."

„Ich weiß, wo meine Schwägerin arbeitet."

„Um auf ein anderes Thema zu kommen", sagte Spitzer, „hast du noch was vom roten Nikolsburger im Haus?"

„Vzor stand auf, blickte sich in der Küche um, schaute in die Speisekammer, sah, dass auch dort keine Flasche mehr war, und sagte: „Ich hole eine aus dem Keller."

„Ich komme mit!", sagte Spitzer und stand auf.

Vzors Herz begann zu rasen. „Musst du nicht, ich kenn den Weg!"

„Aber *ich* nicht", sagte Spitzer. „Ich will endlich deine Geheimreserven sehen. Schließlich gehöre ich jetzt zur Familie."

„Schorsch!", rief Thea. „Mach dich nicht unbeliebt!"

Spitzer, starrköpfig, aber heiter: „Wieso denn? Wenn *er* zu mir in die Stadt kommt, zeige ich ihm auch *meine* Hamsterbestände."

Vzor wurde übel, Vzor wurde schwindlig, und Vzor dachte, dass dies passen und helfen könnte: umfallen, nichts mehr hören und nichts mehr sehen. Aber weil er immer noch stand, sein Körper ihm diesen Gefallen nicht tun wollte, tat er die wenigen Schritte, öffnete die Kellertür und sagte laut, der Wendigkeit des Buben vertrauend: „Na dann in Gottes Namen, Georg, komm mit runter, stoß dir nicht den Kopf und rutsch nicht aus!"

Vzor stieg als Erster die ausgetretenen Stufen hinunter, Spitzer folgte, rief: „Aua!" Vzor schimpfte: „Hab ich nicht gesagt, du sollst aufpassen!" Darauf Spitzer: „Reingelegt!" – Dorotheas Stimme von oben: „Kindsköpfe auf Wanderschaft!"

Vzor ging zügig auf das Weinregal zu, griff nach der erstbesten Rotweinflasche und sagte: „So, dann können wir wieder!"

Spitzer stand vor dem Gurkenfass, sagte: „*Du* kannst ja Schätze haben! Grüße aus Znaim?"

Vzor nickte, wartete immer noch vergeblich auf eine Ohnmacht, wollte gerade ′aber leer′ sagen, da klopfte Spitzer mit der Faust gegen den Deckel und rief: „Sauerkraut oder Gurken?"

„Dynamit!", sagte Vzor, erstaunt über den Einfall, erschreckt durch die Lautstärke der eigenen Stimme, erlöst von der Angst, als er sah, wie Spitzer die Hand blitzartig zurückzog, als hätte eine Viper zugestoßen.

„Mein Gott", sagte Spitzer, „sind deine Gurken aus Gold, dass ich sie mir nicht einmal anschauen darf?"

Vzor verspürte einen Schlag in der Brust. Es war das Herz, das seinen Rhythmus gewechselt haben musste und jetzt mit seinen Pumpschlägen fühlbar das Trommelfell in den Ohren bewegte. Unfähig, etwas zu sagen, zu tun, konnte Vzor nur zusehen, wie Spitzer den Deckel anhob und in das Fass hineinschaute.

Schaute Spitzer lang, schaute Spitzer kurz, war sein Blick erschrocken? Vzor hätte auch später auf diese Fragen keine Antwort gewusst. Spitzer setzte den Deckel wieder passgerecht in die Rundung zwischen Rand und Nut und sagte: „Beruhigend zu sehen, dass auch dir die Vorräte langsam ausgehen."

Das Taubheitsgefühl wich aus Vzors Gliedmaßen, Leben kehrte wieder ein in seinen Körper, doch eine neue Angst umkrallte sein Denken: Wo war der

Bub? Wie ferngelenkt auf unsichtbaren Schienen ging Vzor auf das Fass zu, hob den Deckel und sah hinein: Das Fass war leer!

„Vermisst du etwas?", fragte Spitzer. „Ich hab nichts herausgenommen, aber auch nichts hineingelegt."

Dorotheas Stimme war auch noch zu hören: „Was macht ihr so lang dort unten?" – „Wir sind schon unterwegs!", war Spitzers Antwort.

Vzor suchte krampfhaft nach einer Begründung für sein seltsames Verhalten, weil Spitzer schon diesen besorgten Blick hatte, mit dem Gesunde einen nahestehenden Kranken betrachten, als er sich auch schon sagen hörte, dass er einem Böttcher das Fass zeigen müsse und den Fachmann fragen, ob das Behältnis überhaupt noch verwendbar sei.

Vzor saß die folgende halbe Stunde wie auf Kohlen, hörte seine Schwägerin den Ablauf der Beerdigung schildern, dieweil seine Gedanken schon wieder weiter waren: auf der Suche nach allen möglichen Verstecken, in die sich Horst-Manuel zurückgezogen haben könnte. Auch über Marias letzte Erleuchtung dachte er nach, die ihn, den Bibelfesten, entfernt an die *Offenbarung des Johannes* erinnert hatte. War das Tunguska-Tant-Phänomen vielleicht auf Dorothea übergesprungen? Sich einen so langen Text merken zu können, zumal aus einer derart dramatischen Situation heraus, war ungewöhnlich. Was hätte *ich* mir gemerkt?, fragte sich Vzor. Dass Tante Maria in einer letzten Phase aufflammender Lebenskraft wirres Zeug geredet, dem deutschen Volk bittere Zeiten und Hitler die Fahrt zur Hölle prophezeit hat. Und laut sagte er: „Es gibt schon Wunderliches zwischen Himmel und Erde."

„Das wäre die Luft", sagte Spitzer. „Was erstaunt dich an ihr?"

„Mein Schwager meint: Es gibt mehr Ding´ *im* Himmel und *auf* Erden, als eure Schulweisheit sich träumt, Horatio."

„Shakespeare", sagte Spitzer. „Entschuldige, Pepi."

„Intelligenzkanzlei, ich weiß", sagte Vzor und tupfte sich den Schweiß von der Stirn.

„Jetzt heizt sich das Haus auch allmählich auf', sagte Spitzer.

„Ich hätte die Rollos herunterziehen sollen", sagte Vzor.

„Das Dämmerlicht hätte uns nur müde gemacht", sagte Thea.

Wenn sie doch schon wieder auf ihren Rädern säßen, dachte Vzor; aber Thea und Spitzer saßen wie angeklebt.

„Habt ihr Tante Magdalena eingeschärft, niemandem zu erzählen, was Maria kurz vor ihrem Tod gesagt hat?"

„Ich hab nichts zu ihr gesagt", beteuerte Spitzer. „Ich weiß von nichts, hab nichts erfahren, konnte also auch nichts sagen."

„*Ich* hab ihr ins Gewissen geredet", sagte Thea. „Wenn du noch eine Weile leben möchtest, hab ich zu ihr gesagt, dann halte bitte deinen Mund!"

Spitzer umarmte Thea, küsste sie auf die Wange und sagte lächelnd: „Was hältst du von einer Übernachtung oben im Blockhaus?"

Vzor stockte noch einmal das Blut. Er war unfähig, etwas zu sagen, hörte nur, wie Spitzer zu singen anfing: „Du und ich im Mondenschein auf einer kleinen Bank allein ...", worauf Thea notengerecht einfiel und weitersang: „Junge, Junge, das wär' herrlich, aber nicht ganz ungefährlich ..." Dann gackerten beide wie verliebte Pennäler und fragten sich gegenseitig ab: „Wer singt?", fragte Thea. – „Ilse Werner", antwortete Spitzer und hing unverzüglich die nächste Frage dran: „Von wem komponiert?" – „Werner Bochmann?" – „Richtig! Und von wem ist der Text?" – „Keine Ahnung!", sagte Thea. – „Von Bruno Balz!", sagte Spitzer, und dann applaudierten sich beide gegenseitig zu und waren sich einig, dass dieses Lied erst im vergangenen Jahr auf Schallplatte in den Handel gekommen war.

„Die Unterhaltungsindustrie funktioniert noch bestens", sagte Vzor.

„Das Fallbeil in Plötzensee leider auch", sagte Thea.

Mit Plötzensee wusste Vzor nichts anzufangen; also fragte er nur zögernd: „Anwaltskanzlei?"

Spitzer nickte.

Als Thea und Spitzer die Fahrräder vom Hof zurück durch den Flur und die Stufen hinunter aus dem Grundstück trugen, war es Vzor leichter ums Herz.

Thea sagte, dass sie heute noch den Abendzug nach Wien nehmen müsse, da sie morgen, Montag, wieder in der Kanzlei anzutreten habe. Je härter das Leben der Soldaten in Russland, desto militärisch straffer der zivile Alltag an der Heimatfront.

„Morgen ist der Dreizehnte", sagte Vzor.

„Und sonst?", fragte Spitzer.

„Was denkst du?", fragte Vzor zurück, und alle drei wussten, was gemeint war.

„Tee trinken und abwarten", sagte Thea, stieg aufs Rad und fuhr schon los.

„Wo hast du Manuela *heute* wieder versteckt?", flüsterte Spitzer grinsend, hob das Hinterrad etwas an und drehte die Pedale nach unten in die Aufstiegsposition für den linken Fuß.

Vzor schüttelte den Kopf und schwieg.

„Trotzdem liebe Grüße unbekannterweise!"

„Fall nicht hin!", rief Vzor, als er sah, wie kühn sich Spitzer auf das Stahlross schwang. „Du bist auch nicht mehr der Jüngste!"

Statt einer Antwort stieß Spitzer die geballte linke Faust mit dem nach oben gestreckten Mittelfinger in die Luft und jagte Thea hinterher.

Sollte das italienische Gebärdensprache gewesen sein, war das wahrscheinlich etwas Unanständiges, vermutete Vzor und sah zu, schnell zurück ins Haus zu kommen. Hastig verschloss er die Gartentür, stieg, so schnell er konnte, die Stufen zur offenen Haustür hinauf, schloss sie von innen, drehte auch hier den Schlüssel zweimal im Schloss und hörte hinter sich die vertraute Stimme des Buben, der leise lachend „Hier bin ich!" rief.

„Kind Gottes in der Hutschachtel", stöhnte Vzor, bekreuzigte sich, schloss den Buben in seine Arme, atmete tief ein und atmete lang anhaltend aus.

„War das ein Seufzer der Erleichterung?", fragte der Bub.

„Ja", sagte Vzor und musste lachen. „Wo warst du, um Himmels willen?"

„Nicht im U-Boot", sagte Horst-Manuel.

„Das hab ich gemerkt."

„Ich kann nämlich denken. Besuch am Sonntag heißt, dass etwas getrunken wird. Also Stellungswechsel. Doch auf keinen Fall in die Weinberghütte; denn weiß man, ob der Besuch vielleicht bleiben und in der Hütte übernachten will? Also eine Stelle auswählen, wo bestimmt kein Besuch hinklettern wird."

„Du warst auf dem Dachboden."

Horst-Manuel kicherte: „Viel zu gefährlich! Ich war im Schuppen! Im Schuppen auf dem *Heu*boden! Dort wo sich Katz und Kater Gute Nacht sagen."

„Du wirst Hunger haben."

„Wenn ich nein sagen würde, wäre das gelogen!"

Da musste Vzor den Buben noch einmal an sich drücken, strich ihm liebevoll über die Haare und sagte: „Wir gehen jetzt in den Keller und du suchst dir unter den Einmachgläsern aus, worauf du Appetit hast. Im Angebot haben wir Grobe Leberwurst und Rotwurst."

„Ich bin ein Mann fürs Grobe!", sagte der Bub, und Vzor dachte: Mein Gott, wo hat er *das* wieder her?

17

Von einem Sommer zum Niederknien konnte nicht die Rede sein. Es hatte rund um die Hauptstadt Mährens mehrfach Unwetter gegeben. Bäume waren entwurzelt und Ackerböden fortgeschwemmt worden. Sogar das Straßenpflaster hatte leiden müssen. Und die Obsternte wurde in Mitleidenschaft gezogen. Dennoch empfand Vzor jeden Tag dieser warmen Monate wie ein Geschenk auf diesem stillen Flecken Erde, eingebettet zwischen dichtem dunklem Wald auf der Anhöhe über dem Weingarten und seitlich des Anwesens. Dem Haus gegenüber die von leuchtendem Klatschmohn übersäte duftende Wiese jenseits des goldgelb schimmernden breiten Sandwegs, der vorm Wald ein Ende hatte und überging in baumüberschattete Pfade. Für Vzor war hier das Ende der Welt. Dieses überschaubare Stück Natur war für ihn Heimat. Hier war sein Zuhause. Nur genauer darüber nachdenken durfte er nicht. Es war eine Glasglockenheimat, ein Glasglockenfriede und ein zerbrechliches Gegenwartsglück, das er sich tagtäglich neu einrichten musste. Nicht immer gelang ihm dieses Verdrängungskunststück. Und besonders schwer tat er sich damit nach Dorotheas und Spitzers Kurzbesuch. Ein Riff war durch des Knaben Geschick glücklich umschifft worden. Doch die nächste Klippe lauerte schon, und Vzor war ohne eine Ahnung, wie zu steuern sei, um ins stille Wasser eines geruhsamen Überlebens zu gelangen.

„Wer kein Telefon hat, muss mit Überraschungen rechnen", hatte Spitzer irgendwann einmal zu Vzor gesagt. Darauf hatte Vzor geantwortet, dass ihm private Überraschungen dann immer noch lieber seien, als Überraschungen, die einem nach abgehörten Telefongesprächen die Gestapo bereiten könnte.

Und so war der nächste Besuch schon unterwegs.

Franz war nach drei anstrengenden Tag- und Nachtfahrten bereits gestern zeitig in der Früh mit einem Lazarettzug angekommen, hatte sich schnurstracks in seine Kumrowitzer Wohnung begeben, hatte ausgiebig geduscht und sich gleich wieder schlafen gelegt. Ins Libuschatal hinauszufahren, hatte er sich erst für den frühen Sonntagnachmittag vorgenommen, um nicht vorm verschlossenen Grundstück stehen zu müssen, wenn der Vater zur Sonntagsmesse war.

Vzor war gerade an den Brombeersträuchern, als er Franz oben auf dem Grundstücksende über den Wildzaun steigen sah. „Du zeigst den Einbrechern den Weg!", rief er und eilte schnaufend den Berg hinauf.

„Lass dir Zeit, Papa! Wir sehen uns jetzt bestimmt öfter!"

Damit war Vzor klar, dass es nur *den* Weg geben konnte, für den er sich schon entschieden hatte, kurz nachdem das Telegramm von Franz angekommen war. Ein Verstecken des Buben, ohne Franz einzuweihen, würde fortan nicht mehr möglich sein.

Horst-Manuel, der gerade im Gewächshaus war, hörte die Stimmen, wäre zu gern zum Schuppen hintergelaufen und auf den Heuboden geklettert, was aber nicht mehr ging. Er konnte bereits einige Worte verstehen, hörte eine jugendliche Stimme, die „Papa", sagte und: „Es gibt viel zu erzählen, nur leider nichts Gutes".

Horst-Manuel kroch zwischen die Tomaten- und Gurkenstauden, hockte sich in den Schutz der Blätter hinter eine besonders dicke Gurke, und sah einen gut aussehenden Mann in Zivilkleidung vorübergehen, dicht gefolgt von ′Papa′, den so anzureden gefälligst kein anderer das Recht hatte. Seit seinem Aufenthalt im ′Paradies′ war er zum ersten Mal ungehalten, weil enttäuscht, wie ′Papa′ es dulden konnte, sich von jemandem so anreden zu lassen, was nur ihm, Horst Mölders, zustand. Dass Papa Vzor hieß und er nicht, war für ihn ohne Belang.

Vzor wusste nicht, wo Horst-Manuel steckte, sprach deshalb laut, wie immer, wenn Besuch im Haus war, um anzuzeigen, wo er sich gerade befand und wohin zu gehen er beabsichtige.

„Und noch kein Ritterkreuz, Oberleutnant Muster?" Das war Papa, der das sagte, und Horst-Manuel dachte: Also Muster heißt der Bursche und traut sich, zu Josef Vzor Papa zu sagen! Unverschämt!

Vzor fragte, ob Franz ins Haus gehen wolle, worauf Franz meinte, dass ihm der Platz auf der Bank unter der Birke lieber wäre. Das Wetter sei so schön und die Luft hier oben so gut und die Natur so still; denn dort, wo er herkomme, singe kein Vogel mehr.

Im Gewächshaus standen die Belüftungsfenster offen. Der Sitzplatz unter der Birke war nur einige Meter entfernt, so dass Horst-Manuel dem Gespräch folgen konnte, auch wenn nicht mehr so laut gesprochen wurde wie zuvor. Der junge Mann erzählte von seinem Magen; auch von Nierensteinen war die Rede, von schmerzhaften Koliken. Der Ausdruck war ihm fremd, doch die vorangegangene Bezeichnung ´schmerzhaft´ genügte ihm zum Verständnis des Wortes ´Frontuntauglichkeit´, das mehrfach fiel. Franz hieß der junge Mann. So wurde er jedenfalls angeredet. Und noch ein Vorname wurde genannt: Ferdinand. „Ferdinand ist doch auch dein Sohn", sagte Franz. „Er ist dein Sohn wie ich auch!"

Dem Jungen wurde heiß zwischen den Stauden, was nicht an der Warmhaustemperatur lag. Die

Strohmatten über dem Glasdach waren ausgerollt, auch die Firstlüftung war geöffnet, und ein sanftes Lüftchen umfächelte den Buben, der dennoch schwitzte, weil da draußen die Konkurrenz saß. Da gibt sich nicht irgendwer als Sohn aus, dachte er, da *ist* ein Sohn, ein echter Sohn, der von seinem Papa, *meinem* Papa, mit „mein Sohn" angesprochen wird. Und dann – wie schrecklich – ist da *noch* ein Sohn! Was wird das für mich bedeuten?, fragte sich der Bub, der freilich wusste, dass der Mann, der sich so fürsorglich um ihn kümmerte, niemals sein Papa sein konnte, auch wenn er ihn hundertmal so nannte. An meinen richtigen Papa kann ich mich nicht mehr erinnern, überlegte der Bub. Der hat Mama verlassen, als ich noch klein war: drei Jahre etwa. Mama erzählte, dass Papa tot sei. Später sagte sie, gefallen im Krieg. Dann klärte mich der Herr Kaplan auf: „Nur für deine Mama ist er tot, weil er euch im Stich gelassen hat. In Wirklichkeit ist er nach Amerika ausgewandert, war allein gereist, weil das Geld nur für eine Passage reichte, wollte aber Frau und Kind sofort nachkommen lassen, sobald er die nötigen Dollars haben würde. Doch das Geld war niemals eingetroffen." Das alles hatte ihm der Herr Kaplan erst erzählt, nachdem die Mama nicht mehr da war, ihn weggegeben hatte, ohne zu fragen, einfach so. Zum Trost bekam ich eine Jungvolkuniform, damit ich endlich so aussehen durfte, wie die anderen Buben meines Alters, mit Fahrtenmesser am Gürtel, mit Koppelschloss, Schulterriemen und flotter Mütze. Und dann war der Kaplan mit mir bei Nacht und Nebel aufs Land hinausgefahren, auf ein einsam gelegenes Gehöft zwischen Lösch und Horákov, wo der Kaplan mit seiner Mutter lebte. Der

Vater des Kaplans war auch tot, aber der wirklich, die Mutter seit dieser Zeit krank und der Bauernhof unbewirtschaftet. „Wir leben in einer gefährlichen Zeit", hatte der Kaplan mir eingeschärft. „Wenn dich irgendwer nach deinem Namen fragen sollte, so darfst du deinen richtigen Namen keinem sagen. Der liebe Gott wird dir verzeihen, wenn du lügen wirst und sagen, dass du ausgebombt bist, dass deine Eltern tot sind und du auf dem Transport aus einer zerstörten Stadt auf einem Bahnhof vergessen wurdest." Und dann hat der Herr Kaplan gesagt, dass ich einen neuen Namen haben werde und ich mir einen aussuchen dürfe. Einen Namen, den ich aber gut im Kopf behalten müsse. Meier, Müller oder Schulze wären die besten Namen, weil häufig und deshalb unauffällig. Da hatte ich dem Kaplan geantwortet, dass ich bei einem dieser Namen erst recht befürchte, ihn zu vergessen oder zu verwechseln. Ob ich mich nicht Mölders nennen dürfe, nach dem berühmten Jagdflieger. Da hatte der Kaplan zugestimmt, aber einen kernig deutschen Vornamen zur Bedingung gemacht und gesagt, dass ihm Horst gefallen würde. Drei Monate lang hatte ich in einer Art Devotionalienkammer gelebt. Ein schwierig auszusprechendes Wort, das mir einzuprägen ich aber Zeit genug hatte. Zwischen diesen der Andacht dienenden Gegenständen durfte ich mich aufhalten, musste still sein, durfte aber lesen. Geschlafen hatte ich in einem Bett, das nach Stroh roch, der Raum insgesamt nach feuchtem Tuch, lackiertem Holz, Kerzenwachs und Weihrauch. Ein schmales Oberlichtfenster war die einzige Verbindung zur Außenwelt und ein Plumpsklo hinter einer schmalen Tür. Wenn ich den runden Holzdeckel anhob und beiseite legte, um mich auf das Loch setzen zu können, war schon hin und wieder passiert, dass zwei Meter unter mir, ein aufgescheuchtes Huhn gackernd davonrannte. Zum Trinken und Waschen hatte ich nur zwei Eimer Wasser am Tag. Um schnell aus dem Raum zu kommen, war kein normales Fenster da, nur eine Tür, die nach innen aufging, doch von außen mit einem Wandteppich verdeckt war. Wenn ich die Tür öffnete, hatte ich die Unterseite des Teppichs vor der Nase. Das hatte ich dem Kaplan gesagt. Da hatte er geantwortet: „Besser vor der Nase einen Teppich, der sich beiseiteschieben lässt, als eingemauert." Der Herr Kaplan hatte manchmal so verrückte Sprüche. Und eines Tages sagte er, dass der Hof unter den Hammer kommen werde, also versteigert, was bedeute, dass vorher Gutachter sämtliche Räume inspizieren werden, dass die Mutter bereits fort sei, jetzt in einem katholischen Pflegeheim lebe. Und dann war dieser Satz gefallen: „Dich kann ich leider nicht auch zu den Ursulinerinnen bringen, aber ich kenne einen braven, gottesfürchtigen Mann, der in seinem Weingarten eine Blockhütte hat, unmittelbar am Wald und dennoch nicht weit vom Stadtrand entfernt. Die Hütte ist heizbar. Du wirst es also dort wärmer haben als hier." Und so hatte mich der Herr Kaplan hierher gebracht - auch wieder bei Nacht und Nebel – und mir eingeschärft, kein Sterbenswort über Vorhergegangenes verlauten zu lassen.

Diese Erinnerungen hatten den Knaben Horst-Manuel schon lange nicht mehr belastet. Jetzt war das Vergangene erneut an der Oberfläche.

Die Stimmen waren leiser geworden. Horst-Manuel kroch näher unter das geöffnete Fenster, um besser hören zu können, achtete aber darauf, dass zwischen ihm und der Glaswand immer noch Blätter waren. Von Polen war die Rede, auch von Russland. Irgendetwas Schlimmes musste dort geschehen sein, etwas Außergewöhnliches, das über das Übliche hinausging, was sonst in einem Krieg so passiert. „Mein Gott!", hörte der Bub immer wieder Papa Vzor sagen. Dann standen beide auf und gingen hinunter zum Haus.

Horst-Manuel wusste nicht, wie er sich verhalten sollte. Vielleicht standen Vater und Sohn noch im Hof. Also blieb er, wo er war und weinte ein bisschen, was ihm gut tat.

Vzor und Franz waren tatsächlich noch nicht im Haus. Beide saßen zwischen Schuppen und Wohngebäude, jeder auf einem Hackklotz, und schauten sich an.

„Du bist schmal geworden", sagte Vzor.

„Nitschewo", sagte Franz. „Gegen Nierensteinschmerzen helfen Morphiumgaben, doch gegen die Filmschleife in meinem Kopf hilft nichts. Was ich mit ansehen musste, werde ich mit mir herumschleppen bis an mein Lebensende."

„Und du wirst nicht mehr zurück müssen?"

„Nein. Ich werde in der Stadt bleiben, zwar immer noch als Angehöriger der Nachrichtentruppe, werde aber mehr als Übersetzer für Russisch und Tschechisch arbeiten müssen, vielleicht auch als Ausbilder."

„Gut, mein Sohn." Und wieder schwiegen sich beide an. Vzor überlegte, ob dies heute schon der rechte Zeitpunkt sein könnte, seinen Ältesten einzuweihen. Franz nahm ihm die Entscheidung ab, sagte, dass er heute nur kurz vorbeigekommen sei, um sich zurückzumelden. Irgendwann in der Woche, wahrscheinlich erst am Samstag oder Sonntag, werde er mehr Zeit mitbringen.

„Gut, mein Sohn", sagte Vzor noch einmal und ärgerte sich, dass ihm nichts anderes einfiel als nur dieses ´Gut, mein Sohn´; denn nichts war gut, nicht einmal dieses Gefühl von Bestätigung, dass wenigstens einer seiner Söhne bekräftigen konnte, was er immer schon behauptet hatte. Doch um dieses verbrecherische Ausmaß vorauszusehen, hätte sein Gehirn krank sein müssen und seine Seele schwarz wie die des Teufels.

„Entschuldige, Papa, dass ich dich mit diesen Schreckensbildern belastet hab. Aber wem sollte ich mich mitteilen, wenn nicht dir? Ich musste diesen Druck loswerden."

„Schon gut", sagte Vzor und war froh, noch rechtzeitig gebremst und wenigstens ´mein Sohn´ weggelassen zu haben. „Hier ist inzwischen Ähnliches passiert. Mit Lidice und Ležáky."

„Ich weiß, hab davon gehört, darüber gelesen."

Vzor fragte sich, wo der Junge sein mochte. Sollte er wieder im Schuppen und oben im Heu sein, wäre das hier kein guter Gesprächsort, und so hatte er, während Franz erzählte, mehrmals den Finger an die Lippen geführt, was Franz zu der Frage veranlasste, ob denn hier wer mithören könne, worauf Vzor antwortete: „Was weiß der Mensch! Sicher sind hier nicht einmal mehr die Sicherungen."

Das wäre ein gutes Stichwort gewesen und hätte einen gelungenen Übergang ergeben, über Horst-Manuel zu sprechen. Doch auch dieser zweiten Möglichkeit wurde Vzor enthoben, weil Franz aufstand und sagte, dass Vater nicht böse sein solle, wenn er jetzt wieder fahren müsse.

„Womit fahren?", fragte Vzor.

„Mit dem Fahrrad", sagte Franz. „Hoffentlich steht es noch vorm Haus."

„Spitzer und meine Schwägerin waren nicht so vertrauensselig. Die schleppten ihre Räder durchs Haus hierher in den Hof."

„Dorothea und Spitzer sind ein Paar?"

„So kann man ´s nennen. Sie waren gemeinsam zu den Hinterrucklers gefahren."

„Und warum?"

„Zum Begräbnis von Tante Maria."

„Die ´Tunguska-Tant´ ist tot?"

„Du erinnerst dich?"

„Na klar! 30. Juni 1908!"

„Und vierunddreißig Jahre später verstarb sie. Präzise um jene Minuten nach zwölf." Und Vzor erzählte seinem Sohn vom wundersamen Verhalten der Tante kurz vor ihrem Ableben und verschwieg auch nicht die unheimliche Weissagung, wie Thea sie erlebte und brillant wiedergegeben hatte.

Da waren Vater und Sohn bereits im Flur zwischen Hof- und Eingangstür.

„Und du warst nicht zur Beerdigung?"

Das wäre die dritte Gelegenheit gewesen, Franz von Horst-Manuel zu erzählen, doch Franz stand auf dem Sprung, also sagte Vzor nur: „Ich konnte nicht, musste das Haus hüten und den Garten."

„Die leidige Wasserschlepperei", sagte Franz. „Soll ich dir ein paar Kübel reintragen?"

„Nein, danke!", wehrte Vzor ab. „Du hast es eilig und willst weg!"

„Am Wochenende hole ich alles nach", sagte Franz.

„Gemach, gemach", sagte Vzor, „die Wasserleitung kommt ja bald!"

„Nach dem Endsieg, ich weiß!", sagte Franz, öffnete die Haustür und stieg die Stufen zum Gartenzaun hinab.

Und du weißt auch noch, was deine Mama immer sagte, *wer* uns die Leitung schenken wird?"

„Keine Frage! Der Führer!"

„Na bitte", sagte Vzor, „und das Fahrrad ist auch noch da!"

„Und auch noch Luft auf beiden Reifen!"

„Was braucht ein Volksgenosse mehr! Fahr vorsichtig!"

„Wieso? Wird hier auch schon geschossen?"

Vater und Sohn lächelten, um nicht weinen zu müssen. Franz stieg auf sein Rad, und Vzor blieb nicht, wie sonst nach Verabschiedungen, winkend auf der Straße stehen, bis der Besuch nicht mehr zu sehen war, er beeilte sich, ins Haus zu kommen, um nach Horst-Manuel zu schauen.

Und wieder einmal musste er lange suchen, inspizierte sämtliche Verstecke, die er inzwischen kannte, kam erst zuletzt auf die Idee, auch im Weingarten nachzuschauen und fand den Buben endlich im Gewächshaus, schlafend unterm Pflanzentisch zwischen zwei leeren Setzkästen. Vzor ging in die Hocke, die Knie knackten fürchterlich. Der Bub wachte nicht auf. Vzor räusperte sich. Der Bub schlief, schlief wie tot, aber er atmete. Sanft berührte Vzor den Knaben an der Schulter, schüttelte ihn leicht und rief: „Es ist alles in Ordnung, wir sind wieder allein!"

Horst-Manuel schlug die Augen auf. Für Vzor schwer aufzunehmen, was der Blick des Buben alles ausdrückte. Zuneigung, Sehnsucht nach Geborgenheit, Fragen nach dem, was geschehen wird, und vordergründig vor allem Furcht, dass dieses provisorische Zuhause ein schnelles Ende finden könnte? Und da sagte er es auch schon: „Wirst du mich jetzt wegschicken?"

Vzor wurde warm ums Herz. „Warum sollte ich dich wegschicken?"

„Weil dein richtiger Sohn gekommen ist, und weil du noch einen zweiten Sohn hast."

„Du hast uns reden gehört?"

Der Bub nickte verlegen.

„Komm her", sagte Vzor und half dem Jungen, dessen Beine eingeschlafen waren, aufzustehen.

„Ich kann nicht", sagte der Bub und kicherte.

„Ich kann auch nicht", lachte Vzor, der immer noch hockte, sich nach hinten fallen ließ und jetzt ebenfalls auf der feuchten Erde saß.

„Was mach ich mit den Ameisen?", fragte Horst-Manuel.

„Mit welchen Ameisen?" Vzor schaute sich um, suchte seine Hose ab.

„Mit denen in meinen Beinen! Es kribbelt!"

Da wusste Vzor, was der Junge meinte. Die Erinnerung schoss ihn achtundfünfzig Jahre zurück in die Vergangenheit. Da war er fünf und sein Vater hatte ihn zu einem Hochamt in die überfüllte Minoritenkirche mitgenommen und auf die Brüstung einer Beichtstuhltür gesetzt, von wo aus er die Heilige Messe besser verfolgen konnte, wo er eine Stunde lang regungslos saß und anschließend diese tausend Ameisen in den Beinen hatte und nicht mehr gehen konnte und stehend dieses Gefühl über sich ergehen ließ, es hasste und gleichzeitig genoss. Und so fragte er Horst-Manuel: „Kribbelt es angenehm oder unangenehm?"

„Beides", sagte der Junge, streckte die Beine, und hörte der Erzählung zu, die über ein halbes Jahrhundert zurücklag.

Die Woche verging schnell. Vzor schleppte Wasser, Vzor wusch, kochte, las einen Aufsatz, den Horst-Manuel geschrieben hatte, entdeckte nur zwei Fehler, staunte wiedereinmal über eine Aquarellzeichnung des Buben, die den Weingarten aus der Perspektive zeigte, die der Junge aus dem einblickgeschützten Bereich hatte: den ansteigenden Berg mit der von violettblauen Clematisblüten umwucherten Hütte, davor der pflegeleichte Blumenteppich aus Mohnblüten, Fingerkraut, Salbei, Rosen, Margeriten, und dahinter, aus verzweigtem Blattwerk unmittelbar vor der Terrassenwand der Weinberghütte emporwachsend, die aufragenden lilafarbenen Rispen des Rittersporns.

Am Samstag, wie angekündigt, kam Franz. Er kam in Uniform, und er kam ohne Fahrrad. Horst-Manuel sah ihn vom Dachfenster aus und fand das so in Ordnung. Papa Vzor hatte ihm nämlich erzählt, dass Franz mit dem Rad dagewesen war. Doch in Uniform auf dem Fahrrad, und noch dazu im Rang eines Oberleutnants? Das wäre für Horst mehr als enttäuschend gewesen. Einfach unmöglich!

Horst-Manuel hatte von Vzor die Order erhalten, so lange auf dem Dachboden zu bleiben und zu warten, bis er gerufen würde. Doch daraus wurde nichts. Der Junge hörte die Klingel, hörte den Sohn ins Haus kommen, hörte, dass geredet wurde. Es war brütend heiß unter den Dachsparren und Balken, Horst-Manuel hatte gestern gebadet, Vzor hatte ihm die Haare gewaschen und nach Sobotkas Art auch noch geschnitten und gestaunt, wie gut ihm das geglückt war. Ein sauberes weißes Hemd hatte er dem Buben herausgelegt, die kurze Lederhose, Kniestrümpfe, passend zum Hemd, und geputzte Sandalen. Das alles hatte Horst-Manuel jetzt an, wartete, stöberte leise in den angestaubten Kisten mit den alten Büchern und Heften, begann zu schwitzen und sah nach einer Stunde nicht mehr so frisch aus. Er nahm die Leiter von dem einen Dachfenster, das zur Straße zeigte, und stellte sie unter die gegenüberliegende Dachluke, aus der man auf den Weinberg schauen konnte und sah, über das Dach des Schuppens hinweg, Vater und Sohn Franz zur Weinberghütte hinaufsteigen und hatte von diesem Moment die Gewissheit, dass Papa Vzor ihn vergessen hatte.

Aber Vzor hatte seinen ´dritten Sohn´ nicht vergessen: hatte nur umdisponiert. Franz hatte seinem Vater die Nachricht überbracht, dass sein Dienstplatz nun doch nicht in Brünn, sondern in Prag sein werde, weshalb er sich bereits am Montag dort einzufinden habe.
Galgenfrist verlängert, hatte Vzor gedacht und den Zustand belassen wie er war.
Vzor und Franz saßen jetzt auf der Terrasse, mit dem Blick zum Haus; also zog sich Horst-Manuel mit seiner Leiter vom Dachlukenfenster zurück und überlegte, ob er sich nicht lieber in den kühlen Keller zurückziehen sollte, verwarf aber diese

Absicht sofort wieder, weil die Möglichkeit bestand, dass aus Gefälligkeit der Sohn statt des Vaters in den Keller steigen könnte, um eine Flasche Wein zu holen. Außerdem wollte Horst-Manuel unbedingt eine erneute Suchaktion nach ihm vermeiden, blieb also auf dem ihm zugewiesenen Kommandoposten und schwitzte weiter. Als ihm nach einer gewissen Zeit, deren Dauer er nicht mehr bestimmen konnte, die Zunge am Gaumen festklebte, stieg er noch einmal auf die Leiter: Papa Vzor und Sohn saßen immer noch dort oben unter dem Terrassendach. Also entschloss er sich, schnell die zwei Treppen zur Küche hinunterzuhuschen. Ein Glas Wasser und eine Scheibe Brot würden ihm genügen, um die restliche Wartezeit zu überstehen. Obschon er wusste, dass keiner der beiden von der Weinberghütte so schnell herunter ins Haus kommen könnte, klopfte sein Herz wie rasend. Schnell säbelte er sich eine Scheibe vom restlichen Brotlaib herunter, schöpfte mit einer Tasse Brunnenwasser aus dem Eimer, trank mit gierigen Schlucken, schöpfte die Tasse ein zweites Mal voll, schnappte sich die Scheibe Brot, hastete die beiden Treppen wieder zurück in die trockene Hitze des Dachbodens. Die Mutter fiel ihm ein, die immer, wenn er nicht essen wollte oder am Essen herummäkelte, zu ihm gesagt hatte: „Eine Woche bei Wasser und Brot – und du würdest, was ich koche, zu schätzen wissen!" – Wie es ihr wohl gehen mochte? Und ob sie wenigstens Wasser und Brot hatte? Der Bissen Brot im Mund wurde immer größer, er sah seine Mama, an deren Seite er immer am besten einschlafen konnte, und musste weinen und weinen und weinen.

Franz verließ das Haus am späten Nachmittag, nachdem er mit mehreren Eimern die Zisternen im Weingarten aufgefüllt hatte, den Waschkessel im Keller gefüllt und auch für Trink- und Waschwasser im Haus gesorgt hatte. Ohne Uniformjacke hatte er die Arbeit erledigt gehabt, hatte aber, bevor er ging, seine Stiefel putzen müssen.

Bereits zum zweiten Mal innerhalb einer Woche musste Vzor sehen, dass der Bub geweint hatte. „Entschuldige", sagte Vzor. Der Junge sagte nichts, aber Vzor las die Frage aus den Augen des Knaben: Warum hast du mich nicht geholt? Wolltest du mich nicht deinem Sohn vorstellen? Und so antwortete Vzor, als wäre ihm die Frage so gestellt worden: „Franz sollte, wie ich dir schon erzählte, in Brünn stationiert sein. Da wäre er öfter hier gewesen, also hätte ich ihn einweihen müssen, dass es noch jemanden gibt, der hier wohnt."

„Ein ausgebombtes Kind", sagte der Junge, der immer noch, angelehnt an die unverputzte Ziegelwand, auf dem staubigen Bretterboden unterhalb der Dachluke saß.

Vzor stutzte. Ihn als ausgebombtes Kind zu erklären, hatte er zwar mehrfach gedacht, aber kein einziges Mal laut ausgesprochen. Woher hatte der Bub diese Rechtfertigung? Der ihn herbrachte wird ihm diese Begründung mitgegeben haben, wie man einem Schulkind zum Pausenbrot auch noch Ermahnungen mitgibt.

„Komm raus aus der Hitze. Hier ist es ja heißer als in einer Sauna."

„Was ist eine Sauna?" Horst-Manuel wollte gerade auf allen Vieren unter der Stehleiter durchkriechen.

„Nicht unter der Leiter durch!", rief Vzor. „Das bringt Unglück!"

Der Bub stoppte und kroch um die Leiter herum. „Hat Sauna was mit Schweinen zu tun?"

„Außer dass man in einer Sauna wie eine Sau schwitzt, wüsst' ich keine Parallele."

„Und was ist eine Sauna?" Der Junge stand jetzt, klopfte sich den Staub von der Lederhose und trat von einem Bein aufs andere.

„Musst du aufs Klo?"

Horst-Manuel nickte.

„Dann schnell runter!"

Mit schlechtem Gewissen stand Vzor im Flur, hörte das Plätschern aus der Toilette, das kein Ende nehmen wollte, und ging schließlich in die Küche.

Als der Junge auch in die Küche kam, stellte Vzor diese Frage, mit denen Eltern noch heute ihre Halbwüchsigen nerven: „Hast du dir die Hände gewaschen?"

„Hab ich", sagte Horst-Manuel und streckte die noch feuchten Hände vor.

„Du wirst Hunger haben. Ich mach dir schnell zwei Rühreier."

„Sollten wir uns nicht Hühner und einen Hahn zulegen? Dann brauchtest du die Eier nicht immer zu kaufen. Ich hab 's schon mal empfohlen."

„Ich weiß. Ich hole die Eier frisch bei Frau Kratochvil. Die Frau lebt davon."

„Na gut", sagte der Bub und wischte mit den feuchten Händen über sein Hemd.

„Als ob wir keine Handtücher hätten", sagte Vzor und zeigte auf den Karton, den Horst-Manuel schon gesehen hatte, als Franz mit der Schachtel unterm Arm die Straße heraufgekommen war.

„Handtücher?", fragte der Bub verschmitzt und tippte auf die Verpackung.

„Du könntest Handtuch heißen", sagte Vzor und zog eine Kochplatte aus dem stabilen Pappkarton. „Damit wir nicht bei der kleinsten Kleinigkeit immer den Herd anheizen müssen."

„So etwas hatten wir auch, nur größer", sagte der Bub.

Vzor wartete auf den Satz: Haben wir dem Führer geschenkt! Aber Horst-Manuel schwieg und sah nur zu, wie Vzor die Kochplatte aufbaute, den Sicherheitsanschluss ins Gerät einschob und den Stecker vom anderen Kabelende in die Wanddose steckte.

„Jetzt müsste das Ding nur noch funktionieren", sagte der Bub, der längst erkannt hatte, dass erst ein Schalter gedreht werden muss und sich daran ergötzte, wie Vzor die Handfläche vorsichtig über die Kochplatte hielt und sie schließlich sogar mutig auf die Platte legte.

„Kaputti?", fragte Horst-Manuel. „Ich kann´s reparieren!" Und noch ehe Vzor selbst erkennen konnte, was er übersehen hatte, war Horst-Manuel schon am Schalter und drehte ihn auf die dritte Schaltposition.

„Ach ja", seufzte Vzor, „Papa Josef wird alt!" Und während er die Pfanne mit etwas Sonnenblumenöl auf die Platte stellte, die für die ersten Minuten einen unangenehmen Geruch absonderte, erklärte er dem Buben, was eine Sauna ist, dass der Name aus dem Finnischen stamme, wo die Verrückten in Holzhütten erst schwitzen, sich mit Reisigbesen peitschen, zwischendurch im Schnee wälzen und wieder schwitzen. Horst-Manuel fand das komisch und fragte, ob man das im Winter auch hier machen könne. „Können ist *eine* Seite der Medaille, dürfen, eine andere."

„Darf ich die Rühreier gleich aus der Pfanne essen?"

„Wenn du das kannst und mir versprichst, dich nicht an der heißen Pfanne zu verbrennen, darfst du das." Und so stellte Vzor einen Keramikuntersatz vor Horst-Manuel auf den Tisch und die heiße Pfanne darauf, legte eine Gabel daneben und eine Scheibe Brot auf einen kleinen Teller, sah zu, wie der Bub mit Appetit und Heißhunger aß und erklärte ihm endlich, dass Franz nach Prag abkommandiert worden sei, er bereits am Montag dort seinen Dienst antreten müsse, also vorläufig hier nicht mehr auftauchen werde. „Es wurde umdisponiert."

„Ja", sagte der Bub, „den Ausdruck hab ich schon mal gehört."

18

Bereits am 28. Juni 1942 war im Südabschnitt der sowjetisch-deutschen Front eine Offensive mit 68 deutschen Divisionen angelaufen, unterstützt von ungarischen, rumänischen und italienischen Heeresgruppen in Stärke von 26 Satellitendivisionen. Mit dabei waren zwei Panzerarmeen. Zwei Tage darauf, am 30. Juni, hatte Tante Maria auf spektakuläre Weise, wie Dorothea berichtete, von Adolf Hitlers Ende und vom Untergang der Nazidiktatur phantasiert. Da waren Hitlers Truppen gerade dabei, den Russen im Raum Woronesh einzuheizen und den Durchbruch an den oberen Don vorzubereiten. Bald nach Tante Marias Beerdigung hatte der Vorstoß der 4. Panzerarmee nach Süden begonnen; die 1. Panzerarmee hatte sich bis zum unteren Donez und an den unteren Don vorangekämpft, und beide Armeen mit dem Wunsch, größere Verbände der Russen einzuschließen. Auch wenn diese Einkreisung nicht glückte, gelang es den deutschen Kräften, am 23. Juli Rostow am Don einzunehmen. Nach heftigen Kämpfen bei Kalatsch zwischen dem 7. und 11. August hatte die deutsche 6. Armee am 21. August den Don überschritten und am 23. August, nördlich von Stalingrad, die Wolga erreicht. Am 10. September war es der 4. Panzerarmee gelungen, südlich der Stadt, ebenfalls ans Ufer der Wolga zu gelangen.

Kurzum: Hatte es schon am 30. Juni nicht danach ausgesehen, dass sich Tante Marias Prophezeiung erfüllen könnte, stand im Herbst 1942 die Zuversicht der Deutschen auf einem neuen Höhepunkt. Hitler beherrschte immer noch Europa. Hitlers Truppen standen an der Wolga, und des Feldherrns Donnerstimme dröhnte: „Stalingrad muss und wird fallen! Nicht weil es den Namen Stalins trägt, sondern weil es an der Wolga liegt!"

Vzor erntete Äpfel, sogar die Rebstöcke trugen ansehnliche und wohlschmeckende Trauben, sehr zur Freude von Horst-Manuel, auch wenn er sie nicht selbst abnehmen durfte; denn der Wein reifte auf dem einsehbaren oberen Hangstück.

So vergingen die Tage. Der für die Jahreszeit unverkennbare Duft nach Pilzen und feuchtem Laub machte sich breit. Vzors Bemerkungen an den Führer waren seltener geworden. Nur manchmal, wenn der Junge gerade nicht in der Küche war, hatte Vzor schon noch einen Blick auf das Bild über dem Volksempfänger geworfen, aber dann nur gedacht, was er lieber laut hätte sagen wollen. Gelegentlich beschränkte er sich auf ein schlicht gedachtes: ′Na, du Haderlump! Immer noch kein Magenbluten?′

Im Spätherbst 1942 stießen die deutschen Truppen in den Straßen von Stalingrad auf Schwierigkeiten.

Als Vzor Weihnachten erwähnte, klagte Horst-Manuel: „Ich bin ein Weihnachtskind und um einen Geschenketag im Jahr betrogen!"

Und so bereitete sich Vzor auf diesen Tag besonders vor, besorgte die Geschenke heimlich am Tag und verpackte sie leise spät in der Nacht. In ein Päckchen tat er einen neuen Tuschkasten mit einem Satz neuer Pinsel in unterschiedlichen Stärken und Formen, von rund und spitz bis flach und breit, und schrieb auf dieses Päckchen: *Zum Weihnachtsfest.* Das Päckchen stellte er auf einen großen Zeichenblock, führte ein grünes Band in Kreuzform rund um den Block und den Karton und versteckte das Geschenk im Keller auf dem höchsten Regalbrett hinter einer Reihe leerer Blumenkästen. Ins zweite Päckchen – das war das Kostbarere – tat er das dunkelgrüne Lederfutteral mit Füllhalter und Druckbleistift der Firma *Pelikan,* beide Schreibutensilien in einer grünlichen Maserung, dazu ein Notizbuch, ein Radiergummi und ein Schraubglas mit grüner Füllhaltertinte. Auf dieses Päckchen schrieb Vzor: *Zum Geburtstag am 24. Dezember 1942.*

Auch dieses Päckchen kam hinter die Blumenkästen, und über beide Geschenke legte er zwei Geschirrtücher.

Die Herbsttage waren störungsfrei verlaufen. Lediglich Spitzer war einmal vorbeigekommen, hatte bei der Apfelernte mithelfen wollen; da waren aber alle Bäume bereits abgeerntet gewesen und die Äpfel fachgerecht gelagert. Zwei volle Stiegen standen noch im Hof unter dem Dachüberstand des Schuppens. Die durfte Spitzer mitnehmen.

Vzors Tage waren ausgefüllt gewesen mit den unterschiedlichsten Arbeiten. Die meiste Zeit hatte ihn auch in diesem Jahr wieder das Einkochen gekostet. Auch die Ernte hatte nicht hudriwudri erledigt werden dürfen. Das Wetter musste trocken sein, um Schimmelbildung auf den Früchten zu vermeiden. Also war Geduld angesagt. Und wenn es dann sonnig war, musste schnell gearbeitet werden. Da wäre eine Hilfe gut gewesen, aber Horst-Manuel hatte nur dort helfen können, wo er nicht gesehen wurde. Hilfreich war sein gutes Gehör. „Leute kommen!", hatte er dann jedesmal zu Vzor gesagt und war verschwunden, und Vzor durfte sich wundern, wie lang es dauerte, bis er die Spaziergänger auf dem Hügelpfad über dem Weingarten entdeckte.

Jetzt spazierte keiner mehr durch die Landschaft. Die Natur zeigte ihr traurigstes Gesicht, als nähme sie Anteil am Leid der Soldaten und an den Nöten der ausgebombten Menschen in den zerstörten Städten. Feuchtigkeit tropfte von den kahlen Ästen, Nebelschwaden legten sich in den Morgen- und Abendstunden über die Wiesen, und vom schönen Herbst waren nur die rötlichgrüngelb gefärbten Blätter der Ahornbäume verblieben, die Vzor für

Horst-Manuel gesammelt hatte und die getrocknet zwischen den Schulbuchblättern lagen und zwei von den schönsten auf dem Küchentisch, umkränzt von polierten Kastanien.

Auf dem Dachboden war es kalt geworden, auch der Schuppen fiel als Spielplatz aus. Unerwartete Besuche, von Spitzers Stippvisite abgesehen, gab es zum Glück keine. Wenn am Gartentor jemand klingelte, hielt sich bei Vzor der Schreck in Grenzen. Auch an Angst kann man sich gewöhnen, dachte er und zuckte dennoch jedesmal zusammen, wenn die Glocke rasselte. Post von Franz aus Prag war inzwischen zweimal gekommen. Von Ferdinand kein Lebenszeichen. Nachdem Vzor zu Allerheiligen mit einem unguten Gefühl zur Wiener Straße hinausgefahren war, hatte ihn auf Annas Grab keine neue Überraschung erwartet. Wohltuend zu sehen, dass die Friedhofsgärtnerei die jahreszeitbedingte Veränderung bereits vorgenommen hatte: ein schlichtes vorweihnachtliches Tannengebinde, ohne Schleife, ohne Aufdruck. Keine neue Provokation vom Sohn.

Nachdem der Stromableser bereits dagewesen war, der Kaminkehrer, wie üblich, erst kurz vor Silvester kommen wird, um den Jahreskalender abzugeben und ein glückliches Neues Jahr zu wünschen, würde vor Weihnachten nur noch der Mann mit dem Koks und der Braunkohle klingeln, falls es keinen Engpass in der Belieferung geben sollte. Die Bestellung war schon vor einem Monat aufgegeben worden, jetzt hoffte Vzor auf einen trockenen Tag, weil die Kohlefahrer ihre Koks- und Kohlensäcke auf offenen Lastwagen transportieren und er wenig Lust hatte, nasses Heizmaterial im ohnehin schon feuchten Schuppen zu lagern. So war er nicht gerade glücklich, als es klingelte.

Der Rundfunksprecher sagte gerade: „Heute ist Freitag, der 13. November 1942. Es hat die Nacht über teils geschneit, teils geregnet, im Tagesverlauf wird Nieselregen fallen, örtlich wird es gelegentlich stärker regnen. Wir wünschen Ihnen trotzdem einen angenehmen Tag."

Die Scheiben am Küchenfenster waren angelaufen, weil der dampfende Teekessel auf dem Herd stand. Vzor wischte mit dem Ärmel über das Fensterglas, sah, dass kein Lastwagen vorm Haus stand, entdeckte aber ein Fahrrad am Zaun und dann den Mann, der offenbar schon ungeduldig nach einer Möglichkeit gesucht hatte, sich von der Weinbergseite rufend bemerkbar zu machen und jetzt wieder an der Gartentür stand und erneut die Türglocke malträtierte.

Es war ein Mann mit Regenpellerine und SA-Mütze, von der es tropfte. Vzor öffnete einen Fensterflügel, rief: „Ich komme gleich!", schloss das Fenster und eilte im Laufschritt zur Hoftür, durch die gerade Horst-Manuel hereinkommen wollte, und sagte leise: „Volle Deckung im Schuppen, oben im Heu!"

Der Junge lief zurück, Vzor schloss die Hoftür, atmete tief durch und ging vor zur Haustür, die er umständlich aufschloss.

„Entschuldigung, dass es so lang gedauert hat, ich hatte keine Schuhe an!"

Mit diesem Satz stieg er die Treppen hinab, wollte noch ´Guten Tag!´ sagen, da kam ihm der Mann mit einem lautstarken „Heil Hitler!" zuvor.

„Heil", sagte Vzor und überlagerte den 'Hitler' mit einem Räuspern, so wie Hitler neuerdings die BBC-Nachrichten mit Schnarrgeräuschen überlagern ließ.

„Erkältet?", fragte der Mann. Vzor nickte sicherheitshalber.

„Dann sollten Sie nicht so lang im Regen stehen", sagte der SA-Mensch und deutete auf die offene Haustür. „Ich bin der verantwortliche Luftschutzwart für Jundorf und diesen Abschnitt hier und bin beauftragt, die Dachböden zu kontrollieren und Empfehlungen zum Brandschutz zu geben."

Vzor öffnete die Vorgartentür und dachte sofort an sein wattstarkes Radio unter den alten Pölstern und Decken.

„Ich nehme neuerdings diese Wybert-Pastillen", sagte der Mann und stieg schnell die Stufen zur Haustür hinauf. Unter der Türüberdachung blieb er stehen, sah zu, wie Vzor die Gartenpforte wieder ins Schloss drückte.

„Schmecken ein wenig nach Lakritze. Pendrek, sagt der Tscheche."

„Zur Lakritzenstange", präzisierte Vzor.

„Zum Gummiknüppel auch", ergänzte der Luftschutzwart, nahm seine SA-Mütze ab und schleuderte die Nässe treppabwärts.

Wie gut, dass ich schon oben bin, dachte Vzor. Ich hätte sonst die volle Ladung im Gesicht.

„Wissen Sie, wie ein Pendrek schmeckt?"

„Meinen Sie jetzt die Lakritzenstange oder den Gummiknüppel?"

„Den Knüppel, natürlich. Ich hab mal einen abgekriegt. Von einem tschechischen Polizisten. Mit Schwung vom Pferd herunter."

Wird sicher nicht ohne Grund gewesen sein, dachte Vzor.

„Jetzt stehen die Kanaken unter deutschem Kommando! Wo geht´s zum Dachboden?"

Vzor schaute auf die von der Pelerine herabperlnden Wassertropfen, die rund um die Stiefel schon kleine Lachen bildeten.

„Sollte ich wohl besser ausziehen", sagte der Mann und setzte seine Mütze wieder auf.

„Die Stiefel können Sie anlassen", sagte Vzor und sah zu, wie der Mann sich aus dem nassen Umhang schälte.

Vzor nahm das nasse Zelt und befestigte es an den beiden Kleiderhaken unmittelbar neben der Tür, wartete, ob ihm der Mann vielleicht auch noch seine SA-Mütze geben würde, was unterblieb, wofür Vzor Verständnis hatte. Ohne Mütze wäre dem Mann ein Großteil seiner Autorität abhanden gekommen.

„Ich geh´ voraus", sagte Vzor und blieb auf halber Bodentreppe stehen.

„Geht wohl nicht mehr", sagte der SA-Mann.

Gut so, dachte Vzor. Der Mann soll wissen, dass mir das Treppensteigen schwerfällt, und so sagte Vzor noch: „Bin halt nicht mehr der Jüngste."

„Geht´s wieder?"

Vzor genoss es, der SA seinen Hintern zu zeigen und bedauerte, keine Bohnen gegessen zu haben. Den Drang zum Lachen erstickte in dieser Situation die Furcht, dass der Mann kraft seines Luftschutzwartamtes verlangen könnte, die Pölster und Decken fortzuräumen. Vzor musste weitersteigen.

„Ah ja", sagte der Mann ohne Namen, nachdem er oben angelangt war und mit einem Rundumblick kundtat, wie fachlich beschlagen er sofort sämtliche Mängel erkennen konnte. „Da muss ich nicht jeden Fetzen in die Hand nehmen, kann mich kurz fassen: Alles Brennbare muss hier raus!"

„Geht in Ordnung!", antwortete Vzor beflissen, aber nicht überzeugt, sein Aufatmen ausreichend verborgen zu haben; deshalb fügte er hinzu: „Wird heute noch erledigt!"

„Gut", sagte der Luftschutzwart und trat nun doch einige Schritte weiter in den Raum. „Schade um die Polster und Decken dort hinten. Im Sommer mag ′s ja heiß und trocken sein hier oben, aber jetzt, wo ′s kalt ist." Dabei schüttelte er sich und fügte hinzu, dass auch dieser Winter wahrscheinlich wieder eisig werde, so man den Wetterfröschen glauben dürfe."

Mehr als Joseph Goebbels, dachte Vzor, sagte aber: „Die sich schon oft geirrt haben. Ich richte mich lieber nach den Botschaften, die mir die Tiere und die Pflanzen übermitteln."

„Und was übermitteln die so?"

„Dass dieser Winter wieder kalt wird."

Das fand der Luftschutzwart lustig. Trotzdem dachte Vzor: Schau, dass d′ weiterkommst, Aprikosenmanndl!

Der Mann tat ihm den Gefallen nicht: Er stand jetzt unmittelbar vor den Kisten, hinter denen das Radio unter den Polstern und Decken steckte, maß mit den Augen den Abstand zwischen den Schindeln, Dachsparren und den gestapelten Textilien, sah sich suchend um und sagte schließlich: „Haben Sie etwas Schweres hier oben?"

Mein Gott, ja, das Radio!, dachte Vzor und hatte dennoch Kraft genug im zugeschnürten Hals, um fragen zu können, wozu um Himmelswillen etwas Schweres?

„Sie sollten zum Halsdoktor", sagte der SA-Mann und machte ein besorgtes Gesicht. „So wie Ihre Stimme klingt, werden Wybert-Pastillen allein nicht mehr helfen. Gesund bleiben ist die Pflicht eines jeden Volksgenossen in diesem Land. Jeder deutsche Volksgenosse ist ein Eisenbetonquader im Schutzwall gegen die Slawenvölker. Und diesen Schutzwall vorzutragen in den Osten ist des Führers gegenwärtige Hauptaufgabe!"

Wenn er sich daran nicht verhebt, dachte Vzor.

„Es möcht' Ihre Vorstellungskraft unterstützen, wenn Sie etwas Schweres in der Hand halten täten. Da könnt' Ihnen schnell klar sein, wie dieses Gewicht an Geschwindigkeit und Durchschlagkraft gewinnen muss, wenn es aus einer Höhe von mehreren tausend Metern vom Himmel fällt."

Die Wichtigkeitsmiene des Mannes war nicht zu übersehen. Vielleicht war Vzor das erste Objekt seiner Bewährung, eingebimstes Wissen überzeugend an den Mann beziehungsweise an die Frau zu bringen. Da konnte man sich schon im Ton und der Wortwahl ein wenig vertun, was gerade geschah: „Die feigen Schweine fliegen hoch und zielen ungenau, weil sie Schiss vor unseren Fliegerabwehrkanonen haben. Da machen sich die Piloten in die Hosen, werden nervös und lassen ihre Brandstäbe und Bomben fallen, wo sie die noch gar nicht hätten fallen lassen dürfen. Da kann es passieren, dass es in die Brünner Waffenwerke nur gefrorene Scheißhaufen regnet, die Bomben dagegen am anderen Ende der Stadt landen. Hier zum Beispiel. Da tät schon ein Ziegelstein Ihrem Dach wehtun. Aber das Dach auch dem Stein. Und wenn der zerfällt und in dem Stein weißer Phosphor als weiche Masse stecken täte, was passierte dann?"

Werkmeister Vzor im Ruhestand kannte sich aus, hielt es aber für klüger, den Unwissenden zu spielen und beließ es bei dem Satz: „Sie werden es mir sicher sagen."

„Dann gerät Luft an den weißen Phosphor, und das mag der weiße Phosphor gar nicht und reagiert wie?"

Vzor blieb in seiner Rolle, setzte deshalb ein Fragezeichen ans Ende seines Satzes und sagte: „Indem er sich entzündet?"

Der Luftschutzwart sah glücklich aus, Vzor weniger, weil der Mann immer noch zu nahe am getarnten Radio stand. Und so klapperte Vzor mit den Zähnen und sagte: „Wollen wir nicht lieber zurück in die Wärme? Sie erkälten sich sonst."

„Ja, ja, gleich", sagte der Luftschutzmann, „ich will Ihnen das nur kurz zeigen. Nehmen wir an, dass genau hier so ein Brandstab durchs Dach prasselt."

Vzor sah mit Entsetzen, wie der Luftschutzschreck ausholte, mit der flachen Hand heftig auf den Polster- und Deckenhaufen schlug, „Rumms!" sagte, die Polster und Decken bedenklich zu schwanken begannen, der Mann hustete, weil es so staubte, aber dennoch weiterredete: „Durch den Aufprall auf das Dach ist der Phosphor freigesetzt, das Ding brennt also schon wie die Hölle und liegt jetzt hier drauf." Dabei stützte er sich mit der Schwere seines Oberkörpers auf die alten Federbetten und Steppdecken.

Vzor wurde übel, hätte am liebsten gerufen: Ich denk, wo Sie sich aufstützen, brennt ´s?, und dachte zitternd: Eine leichte Gewichtsverlagerung - und die Polster rutschen vom Radio!

Der Mann behielt die Hände tapfer aufgestützt in der angenommenen Glut und dozierte weiter: „Und brennender Phosphor ist nicht nur heiß."

Jetzt rutschte die oberste Decke. Der Mann ergriff sie, schob den schräg gewordenen Haufen wieder grad, legte die Decke obenauf und setzte seine Rede fort: „Heiß, heißer, am heißesten. Diese Steigerung reicht nicht, um klar zu machen, wie stark sie ist, diese Hitz´, die so ein Brennstab entwickelt. Dagegen wäre, bildlich gesprochen, der nackte Hintern auf der glühenden Herdplatte noch ein Genuss. Also weg mit dem Plunder!"

Schwer flog die oberste Decke quer durch den Dachboden, eine zweite folgte, der Polsterstapel kippte, aber ein alter dichter Gardinenstoff, den Vzor vorsorglich in seiner vollen Breite über das Radio gelegt hatte, verhüllte noch das Gerät.

„Also wegräumen das ganze Zeug hier! Die einzigen Gegenstände, die auf einem Dachboden sein dürfen, sind Sand, Schaufel, Feuerpatsche, Feuerlöscher!" Mit diesen Befehlssätzen bewegte sich der Mann endlich wieder auf Vzor zu.

„Merke ich mir alles", sagte Vzor, trat weg von der Tür und zeigte auf die Treppe. „Wollen Sie zuerst oder soll ich?"

„Gehen Sie zuerst. Wenn ich ausrutsche, falle ich wenigstens weich."

Sehr komisch, dachte Vzor, sagte nur: „Und wer hält mich?"

„Das Geländer, hoff' ich doch!", antwortete der Luftschutzwart.

Unten im Flur vor der offenen Küchentür bekam Vzor noch ein Blatt überreicht. „Das sind die Hinweise, wie zu verfahren ist, falls es dem Feind gelingen sollte, die Stadt Brünn zu überfliegen, Bomben zu werfen und Brände zu entfachen. Sand, Schaufel, Feuerpatsche, Feuerlöscher. Steht alles auf dem Zettel. In zehn Tagen komme ich das kontrollieren. Alles verstanden?"

„Selbstverständlich", sagte Vzor und sah, wie der Mann neugierig in die Küche glotzte. Auf dem Tisch standen noch die Frühstücksteller und die Tassen. Horst-Manuel hatte schon gefrühstückt, nur Vzor wollte sich noch einen Tee aufbrühen.

„Sie leben hier nicht allein? Mir hab'n die Leut' g'sagt, sie leben allein."

„Ich lebe allein. Und weil ich allein leb', schaut's hier auch so schlampig aus. Da lass ich 's G'schirr stehn und hol mir ein neues G'schirr aus 'm Schrank, und wenn S' übermorgen wiederkommen, wer'n S' denken, jetzt wohnen drei mit 'm Vzor im Haus. Dabei *ess* ich nur für drei."

„Das hab ich mir schon gedacht", sagte der Luftschutzmann.

„Und wieso? Sieht man mir das vielleicht an?"

Der SA-Mann schaute, mehr verschlagen als interessiert und sagte: „Eigentlich nicht. Ich dacht' nur, wer so ein kleines Führerbild im Haus hat, dem fehlt's an Geld, sich ein größeres zu kaufen."

„Lieber Herr ... 'tschuldigung, Sie haben mir Ihren Namen noch nicht genannt ..."

„Wutzler, Beauftragter für Luftschutzangelegenheiten."

Also, Herr Wutzler, in meiner abgebrannten Stadtwohnung, da hatte ich ein Führerbild in Öl, ein Meter mal fünfundvierzig Zentimeter. So eins hat nur noch der Bürgermeister Judex im Rathaus über 'm Schreibtisch."

„Ah so?" SA-Mann Wutzler rückte sein Koppel zurecht. Zum ersten Mal war Unsicherheit in seinen Bewegungen. „Sie kennen den Herrn Judex? Dann nix für ungut."

Zufrieden registrierte Vzor die Veränderung, doch währte die Erleichterung nur einen Atemzug. Mit einem weiteren Ruck an seinem Gürtel, holte sich der Blockwart seine Selbstsicherheit wieder, straffte seinen Oberkörper und sagte: „Trotzdem muss ich mir noch den Hof anschauen. Da steht ja ein Schuppen. Vom Hangweg oben konnt' ich das Dach sehen. Und aus den Bauplänen war 's auch ersichtlich. Die Hütte im Weinberg ist weniger interessant. Wenn die brennt, brennt sie halt. Aber wenn der Schuppen brennt, besteht Gefahr, dass das Feuer übergreift auf 's Haus, wenn der Wind vom Hang herunterweht."

Es war schon brenzlig, aber jetzt wird 's noch brenzliger, dachte Vzor, und ein bislang unbekanntes Gefühl stieg in ihm auf, das ihm Angst machte, weil dem Gefühl bedrohliche Bilder zugeordnet waren: unchristliche Bilder.

Blockwart Wutzler war schon vorausgegangen, stand jetzt im Korridor zwischen Haupteingang und Ausgang zum Hof, deutete zur Hoftür und sagte: „Hier geht 's sicher raus."

„Wenn Sie zur Straße wollen, hier, wo Ihre Pellerine hängt." Es war Vzors letzter Versuch, Wutzlers Leben zu retten.

„Ich will aber noch in den Hof, zum Schuppen", sagte der Luftschutzwart.

„Ach so, ja", stammelte Vzor und spielte den vergesslichen alten Herrn, „dann geht 's hier rechts raus."

Wutzler griff wieder mit beiden Händen nach Schultergurt und Koppel, als säße in den Lederriemen die Kraft zu gegenseitigem Nutzen von Pflichtgefühl, Eifer, Selbstbestätigung und Sicherheit.

Vzor hatte keine Zeit, solchen Überlegungen nachzuspüren. Er hatte Furcht, sich in Kürze in eine Situation gedrängt zu sehen, die sonst gutmütige Tiere nötigt, zuzubeißen oder zu stechen. Sein Vertrauen in die Aufgewecktheit des Knaben war nur noch gering. Der Bub saß in der Falle.

SA-Mann Wutzler öffnete die Tür, sah den Regen, der stärker geworden war, und rief: „Kruzitürken, jetzt gießt es richtig!"

Vzor schickte einen stummen Dankesgruß an Petrus und sagte schnell zu Wutzler: „Sie kommen eh in zehn Tagen wieder. Da können Sie sich den Schuppen immer noch anschauen."

Wutzler wusste nicht, dass er soeben eine weitere Überlebenschance erhalten hatte und im Begriff war, sie nicht zu ergreifen, indem er sagte: „Was du heute kannst besorgen, das verschiebe nicht auf morgen." Dann sprang er die Stufen hinunter und lief durch den Schnürlregen hinüber zum Schuppen. Vzor folgte ihm und betete stumm: Herr, schau auf mich, der in der uns Menschen aufgezwungenen Zeit verletzter Gottesordnung gleich selbst ein Verbrechen begehen wird, weil ich nicht zulassen kann, wie ein Diener des Bösen ein unschuldiges Kind bedroht!

„Da kann ja der Winter kommen!", rief Wutzler und betrachtete anerkennend den reichhaltigen Holzvorrat.

„Ja", sagte Vzor und sah in diesem Augenblick, dass die Leiter fort war. Der Junge musste sie, nachdem er zum Heuboden hinaufgeklettert war, zu sich heraufgezogen haben. Aber wie? Sprosse um Sprosse wahrscheinlich und dann die Hebelkraft nutzend. Es ist zwar eine leichte Leiter, sagte sich Vzor, und der Junge wird in Kürze immerhin schon zehn, aber dennoch: eine enorme Kraftleistung.

„Und was ist dort oben?", fragte der Block- und Luftschutzwart Wutzler, ging mehrere Schritte zurück, erhob sich auf die Fußspitzen, um tief genug in den Heubodenraum hineinschauen zu können und fragte auch gleich nach einer Leiter.

Wenn Vzor keine zweite Leiter gehabt hätte, wäre er jetzt schon in Erklärungsnot gewesen. Aber so konnte er auf die schwere alte Leiter zeigen, die an zwei rostigen Haken an der rechten Tennenwand hing.

„Ah, ja!", sagte Wutzler und ging auf die Leiter zu.

Vzor blieb stehen, wo er stand und dachte: Ich helf' dir nicht, das schwere Sprossenholz von den Haken zu nehmen; doch wenn du 's allein von der Wand runterkriegst und du raufsteigst auf den Boden, rate ich dir, nicht im Heu herumzuwühlen; denn falls du wühlen solltest und den Jungen finden, wird es dir keinen Nutzen bringen; außer du begnügst dich mit dem Vorteil, nicht mehr durch den Regen zurück zu müssen!

Vzor erschrak, obwohl er nicht erst jetzt diesen letzten Ausweg vor Augen hatte. Das Vorhaben war nur näher gerückt, die Notwendigkeit stand unmittelbar bevor, keine Zeit mehr, die Folgen zu bedenken und wie zu verfahren sein wird, das Opfer verschwinden zu lassen und den Nachforschungen unbeschadet zu entgehen, den Buben für die Zeit der Suche nach Wutzler irgendwo anders unterzubringen - bei Frau Stefanie vielleicht.

Luftschutzwart Wutzler stand jetzt mit hochgestreckten Armen an der gemauerten Scheunenwand, hatte die Hände am Holz des einen Leiterholms, drückte kraftvoll, die Leiter bewegte sich nach oben, aber nicht ausreichend genug, um über die Hakenwinkel zu kommen.

„Können Sie mir hicht helfen?", rief Wutzler und stöhnte bei einem zweiten Versuch.

„Nein", sagte Vzor, „tut mir leid, ich hab einen kaputten Rücken."

Wutzler ließ ab von seinem Bemühen, fragte mit unüberhörbarem Unmut in der Stimme, wie denn Vzor auf den Heuboden komme, worauf Vzor antwortete, dass er kein Verlangen habe, nach oben zu steigen, wo es nichts gebe, außer Spinnen, Mäusen und Resten von Heu, die er nicht mehr brauche, weil er weder Kaninchen noch sonst irgendwelche Heu fressenden Tiere habe.

Staunend sah Vzor, wie halsstarrig dieser SA-Mensch der Katastrophe entgegenstrebte, sich nach einer Kiste umsah, auf die er steigen konnte und sich letztlich mit zwei Hackklotzstücken begnügte.

Was oder wer treibt diesen Idioten ins Verderben und mich mit? Nutzlose Fragen. Der Spaten lehnte in Griffnähe. Nicht mehr viel Zeit zu einer Anrufung Gottes, geschweige zu einem Gebet zum Heiligen Josef, dem Patron der Sterbenden. Würde ihm überhaupt etwas einfallen, wenn es so weit sein sollte? Ein einziger Satz zumindest, der Reue, Bitte um Verständnis und Vergebung beinhalten müsste, kurz genug, um ihn noch ins abgrundtiefe Schwarz der Todsünde sprechen zu können?

Wutzler stand jetzt hoch genug; doch statt die Sprossen der quer angebrachten Leiter zu umfassen, hatte er die Hände nur um den unteren Holm gelegt, drückte, schob die Leiter erfolgreich nach oben – spätestens jetzt hätte Wutzler die Sprossen ergreifen müssen, wollte es vielleicht noch tun –, da war der obere Holm schon aus den Hakenwinkeln heraus, der Zeitpunkt verpasst, nach den Sprossen zu fassen, die Leiter folgte ihrem Schwerpunkt, der Schwerpunkt dem Gesetz der Schwerkraft, der obere Holm kippte Wutzler entgegen, Sprossen und Holm knallten auf Wutzlers Kopf, Wutzler verlor das Gleichgewicht, fiel mit dem Rücken auf den gestampften Lehmboden, nur der Kopf knallte gegen einen Holzkloben und ein Leiterholm landete schwer auf Wutzlers linker Gesichtshälfte.

Ewiger Vater der Barmherzigkeit, betete Vzor, Gott des Trostes und der Gnade, vergib mir den Vorsatz zur schlimmsten Sünde aller Sünden und nimm meinen Dank, dass du diese Last von meiner Seele genommen hast! Amen!

Wutzler bewegte sich nicht. Nur die SA-Mütze rollte, rollte wegen des Mützenschilds unrund eiernd und hüpfend zur Schuppentür hinaus und blieb, mit der Mützenöffnung nach oben, im Regen liegen.

„Herr Wutzler!", rief Vzor und hob die unhandliche Uraltleiter von Wutzlers Gesicht. „Können Sie mich hören?"

Wutzlers Augen drückten Erstaunen aus, Wutzlers Mund stand offen, ein dünner Blutfaden hing am Kinn, und zwei Zähne lagen zwischen den Holzspänen vor Wutzlers schiefem Gesicht.

„Bleiben Sie liegen", sagte Vzor, „ich hole Hilfe!"

Im Hinauslaufen warf Vzor einen schnellen Blick zum Heuboden hinauf. Möge den Jungen weder ein Stöhnen noch ein Ruf nach Hilfe veranlassen, einen neugierigen Blick über die Heubodenkante nach unten zu werfen, flehte Vzor und verlieh diesem Tag den Titel 'Tag des Flehens und des Hoffens'.

Da war er schon im Flur, ergriff den Regenschirm, stürmte aus dem Haus, die Stufen hinunter, raus durchs Gartentor, spannte den Schirm auf und rannte die wenigen Meter zur Gaststätte. Das Telefon funktionierte, die Rettungsstelle versprach, sofort einen Wagen zu schicken. Sicherheitshalber beschrieb Vzor den Weg.

„Wir wissen, wo das Johannistal ist", sagte die Frau in der Leitstelle.

„Es ist das letzte Haus vorm Wald", sagte Vzor und legte auf.

„Ježíšmarjá, co se stálo, pane Vzor? Was ist passiert?" Auch Roháč, der Wirt, war in heller Aufregung.

„Ein SA-Mann ist bei mir mit der Leiter umgefallen", sagte Vzor.

„Je to ten Luftschutzník?"

„Ja", sagte Vzor.

„Dann weiß ich, wer das ist", sagte der Wirt und redete tschechisch weiter: „Der war *gestern* bei mir.

Kontrolliert die Dachböden, ob was Brennbares herumliegt, und prüfte die Keller auf ihre Luftschutzsicherheit."

Die Visite des Kellers hatte Wutzler entweder vergessen oder sich für einen zweiten Besuch aufgehoben. Vzor war das jetzt egal, dankte dem Wirt und lief zurück.

Die SA-Mütze lag immer noch vorm Schuppentor, gut imprägnierte Ware offenbar, deutsche Wertarbeit, denn das Regenwasser stand schon fingerhuthoch. Vzor hob die Mütze auf, kippte das Wasser seitlich in die Büsche, betrat den Schuppen, sah Wutzler in unveränderter Position, sagte, dass die Rettung gleich da sein werde, und legte die Mütze auf einen der Holzblöcke, auf denen Wutzler gestanden hatte.

Es war sinnlos, dem Mann eine Frage zu stellen. Die linke Gesichtshälfte war stark angeschwollen, der Unterkiefer total verschoben, so dass der immer noch offene Mund jetzt dort saß, wo vor dem Unfall nur die rechte Wange war. Als Vzor sagte, dass er zurück auf die Straße müsse, um den Rettungsleuten den Weg zu zeigen, stöhnte Wutzler. Vzor nahm das als Einverständniserklärung.

Nach ungefähr zehn Minuten hörte Vzor das Signal der Rettung. Der mit Schnee vermischte Regen war stärker geworden, es war nicht mehr so kalt wie am Morgen, aber dennoch verdammt ungemütlich. Vzor hatte eine warme Joppe übergezogen und stand mit dem aufgespannten Schirm zwischen Wasserlachen vor dem Haus.

Auch bei der ′Schnellen medizinischen Hilfe′ zeigten sich die Auswirkungen des Krieges: Der Fahrer war ein Tscheche, der Sanitäter ebenfalls, nur der Arzt war ein Deutscher, ein bereits alter Herr, der in normalen Zeiten längst schon im Ruhestand gewesen wäre, bestimmt schon über siebzig, wie Vzor schätzte. Keuchend stieg er aus dem Wagen, reichte Vzor die Hand und sagte: „Müller, alter deutscher Adel, ich bin der Doktor."

Auch Vzor nannte seinen Namen, hielt den Schirm über den Arzt, sagte: „Hier geht 's rein!" Am Zaun vorm Eingang gab es ein Problem mit dem geöffneten Parapluie und der Schwierigkeit, gleichzeitig nebeneinander durch die Gartentür zu kommen. Der etwas beleibte Doktor sagte: „Ich bin nicht aus Zucker, gehen Sie ruhig voraus." Und so hielt Vzor den Schirm hoch über den Zaun, ging schnell durch und hielt den Regenschirm wieder über den Doktor, der auf den Stufen kurz anhielt und seine Atemlosigkeit mit der Frage nach dem Unfallhergang zu kaschieren versuchte.

„Ein gewisser Herr Wutzler ist gestürzt", sagte Vzor. „Er stellte sich als Beauftragter in Luftschutzangelegenheiten vor, überprüfte den Dachboden, wollte auch den Schuppen sehen und unbedingt auf den Heuboden hinauf, wo es nix zu sehen gibt, holte eine Leiter von der Wand, stellte sich dabei auf zwei Hackklötze, hob die Leiter ungeschickt von den Haken, verlor das Gleichgewicht, stürzte, fiel auf den Hinterkopf, und die Leiter mit einem der schweren Holme knallte auf sein Gesicht. Der Mann sieht sich irgendwie nicht mehr ähnlich."

Der Fahrer und der Sanitäter standen eine Stufe tiefer, ohne Schirm, der Fahrer hüstelte, und der Sanitäter sagte: „Können wir weiter? Wir weichen auf!"

„Entschuldigung!", sagte Vzor, ließ den Doktor, den Sanitäter mit der Instrumententasche und den Fahrer mit der zusammengeklappten Krankentrage ins Haus, klappte den Schirm zu, schloss die Tür und drehte den Schlüssel im Schloss.
„Und wohin jetzt?", fragte Doktor Müller.
„Einfach den Korridor durch und zur anderen Tür wieder hinaus zum Hof. Aber Vorsicht, dort sind wieder ein paar Stufen!"
Dann standen der Doktor, die beiden Rotkreuzhelfer und Vzor um den verunstalteten Blockwart. Schwer zu sagen, was die zwei tschechischen Sanitäter empfanden. Vzor dachte: So also sieht ein gefallener Nazi aus! Und der Doktor sagte: „Da wollen wir erst einmal schauen, was wir sehen. Haben Sie irgendwas Niedriges zum Sitzen? Ich hab's mit den Knien."
Vzor schleppte einen Hackklotz herbei: „Ist der niedrig genug?"
Der Doktor schaute, nickte und sagte: „Der ist goldrichtig. Wenn der Klotz niedriger wär', käm' ich nicht mehr hoch." Und zum Blockwart sagte er: „Ich bin Doktor Müller. Und Sie sind der Arbeitsunfall. Herr Vzor hat mir den Vorgang bereits geschildert."
Blockwart Wutzler stöhnte, hätte gern etwas gesagt. Vzor dachte: Wie gut, dass er nichts sagen kann; bestimmt würde er sich über mich beschweren, weil ich mich geweigert hatte, ihm zu helfen.
„Ich brauche etwas Licht", sagte der Doktor. „Světlo!"

Der tschechische Fahrer fühlte sich angesprochen, hatte eine Stablampe am Gürtel, die er abnestelte und dem Doktor reichte.

Es war dunkel geworden, obwohl es erst auf Mittag zuging. Der Regen hatte sich gegen den Schnee durchgesetzt, pladderte vom Schuppendach, und vom Berg kamen mehrere Rinnsale, die zu kleinen Bächen anschwollen und gurgelnd in die Auffangröhren schossen, die das Wasser seitlich aus dem Grundstück hinaus auf die Bergwiese leiteten. Anthrazitgrau hingen die Wolken über Vzors Haus, als hätten sie vor, hier überwintern zu wollen.

„Wie lange liegt er schon hier?", wollte der Doktor wissen.

„Vielleicht zwanzig Minuten inzwischen", sagte Vzor.

„Dann wird es Zeit. Der Mann hat einen Kieferbruch. Da ist ja alles verschoben. Der muss ins Unfallkrankenhaus, muss geröntgt werden. Auch das Hirnkastl. Wahrscheinlich eine Gehirnerschütterung. Das alles muss man fachärztlich abklären. Da kann ich jetzt gar nichts machen. Da muss ein Kieferorthopäde ran. Der wird eine Menge zu schrauben haben. Also, den Mann vorsichtig auf die Trage, weg vom kalten Boden, damit er uns nicht auch noch eine Lungenentzündung bekommt, gut anschnallen und auf dem schnellsten Weg runter in die Stadt. Aber vorsichtig fahren." Und zu dem SA-Mann Wutzler sagte der Doktor: „Im Krankenwagen gebe ich Ihnen etwas gegen die Schmerzen."

„Im Haus hängt noch das Regencape des Mannes, und am Gartenzaun lehnt sein Fahrrad", sagte Vzor.

„Der Mantel oder was auch immer das ist, kann ja mit", sagte Doktor Müller, „das Fahrrad nehmen *Sie* am besten in Verwahrung. Und jetzt helfen Sie mir bitte auf!"

Vzor nahm die ausgestreckte Hand des weißhaarigen Herrn, musste aber zweimal ziehen, weil der erste Versuch missglückte.

Mit fachmännischen Griffen hatten die beiden Sanitäter den Uniformträger Wutzler auf die Krankentrage gehoben. Vzor holte die SA-Mütze und legte sie dem Verletzten zwischen die angeschnallten Hände.

Noch ehe Vzor den Schirm aufspannen konnte, um ihn über die Krankentrage zu halten und mitzugehen, liefen die beiden Sanitäter mit Wutzler bereits los, rannten gebückt durch den strömenden Regen, als läge der Hof unter Artilleriebeschuss. Vor der untersten Stufe der Hoftürtreppe stemmte der Fahrer das Fußende der Trage hoch, um mit jeder Stiege, die der Sanitäter vorn hochstieg, die veränderte Neigung der Trage auszugleichen und so den Patienten möglichst waagerecht zu halten.

„Soll der Mann dem Regengott geopfert werden, oder was?", rief der Doktor.

„Ich krieg die Tür nicht auf!", rief der Sanitäter und schlug mit dem Ellbogen gegen die Türklinke.

Der Fahrer, unten an der Treppe, stand wie der Untermann einer Artistengruppe mit hochgestreckten Armen, die schon zu zittern begannen.

Vzor rannte über den Hof, die Stufen hinauf, drückte die Klinke, schlug die Tür auf, öffnete auch den zweiten Türflügel. Wutzler, wie ein aufgebahrter, aber verhunzter Aztekenhäuptling, mit offenem Mund, in den es hineinregnete, starrte in den Himmel.

„Los, rein!", kommandierte Vzor, eilte voraus, nahm von den beiden Kleiderhaken Wutzlers Pellerine, legte sie ausgebreitet über die Trage. Am liebsten hätte er auch Wutzlers Gesicht zugedeckt, wandte sich ab, schloss die Vordertür auf, rannte die Treppe hinunter zur Gartentür, öffnete sie, klemmte sich den Finger, es war heute nicht sein Tag, aber schon gar nicht der des Luftschutzwartes Wutzler, der längst schon hätte tot sein können. Inzwischen war auch Vzor nass, der Durchzug im Korridor ließ beide Türen knallen.

Der Doktor sagte: „Ich muss mir noch Ihren Namen genau aufschreiben. Hoffentlich macht Ihnen die SA oder sonst wer keine Schwierigkeiten. Bei Uniformträgern, die zu Schaden kommen, sind die Herrschaften pingelig."

„Josef", sagte Vzor und wiederholte: „Josef Vzor."

„Hab verstanden", sagte der Doktor, „Vzor wie Muster."

Auch das noch, dachte Vzor und seufzte.

„Hier unterschreiben, bitte."

„Was ist das?"

„Nur die Bestätigung, dass wir hier waren", sagte der Doktor, gab Vzor den Schirm und wünschte noch einen guten Tag.

„Ich bring' Sie noch mit dem Schirm zum Wagen", sagte Vzor.

„Sehr aufmerksam, aber der Regen hat nachgelassen."

Vzor folgte dem Doktor die Stufen hinunter, schloss auch die Gartentür, sah den Doktor mit seiner Instrumententasche in den Wagen steigen. Die Sanitäter halfen ihm dabei.

Vzor drehte den Schlüssel zweimal im Schloss, eilte in die Küche, es war noch Glut im Herd, also legte er schnell ein paar Holzspäne auf, wartete, schaute aus dem Fenster. Die beiden Hecktüren der Rettung waren inzwischen geschlossen. Wahrscheinlich bekam Wutzler jetzt die Spritze gegen die Schmerzen. Vzor schaute ins Herdloch, sah die Flammen züngeln, legte zwei Holzscheite nach, trat noch einmal ans Fenster – da fuhr der Rettungswagen gerade los. Jetzt erst zeigte sich die Nachwirkung auf die Anspannung dieses vermaledeiten Vormittags. Vzor ließ die beiden Türflügel zum Hof wie sie waren, stolperte die Stufen hinunter, rannte so schnell er konnte über den regennassen Hof und hinein in den dämmerigen Schuppen, wieder einmal voller Angst, der Junge könnte nicht mehr da sein, hätte sich anderswo versteckt, wie schon so oft, holte tief Atem und rief: „Horst, wir sind wieder allein! Kannst vorkommen!"

Horst-Manuel lugte über den Bohlenrand, Heureste im Haar. Vzor sah, dass der Bub fror.
„Schaffst du es, die Leiter wieder runterzuschieben?"
„Ich glaube nicht." Die Stimme des Jungen zitterte.
„Dann lass es! Ich hole dich runter!" Vzor hob die Unfallleiter auf. An einer Sprosse klebte Wutzlers Blut. Für den SA-Mann wäre die Entdeckung des Judenkindes Manuel Oderberg *der* Ereignisgipfel seines Lebens gewesen: Nach etwas Anderem suchen und etwas Besonderes finden. Columbus suchte Indien und fand Amerika. So was in der Art, nur mit dem Unterschied, dass Columbus nach seiner

Entdeckung noch weiterlebte, Wutzler hingegen tot wäre.

Vzor richtete die schwere Leiter mit geschickten Griffen Sprosse um Sprosse auf, mochte nicht daran denken, wie viel Blut am Spaten kleben würde, und dachte doch daran, wie er den blutgetränkten Scheunenboden hätte umgraben und wieder feststampfen müssen. Da führt der Mensch ein rechtschaffenes Leben - von kleinen Verfehlungen und nichtigen Sünden abgesehen – und steht über Nacht vorm Tor der Hölle.

Die Leiter stand fest. „Kannst runtersteigen!"

„Meine Beine sind eingeschlafen!"

„Hatten wir schon mal! Lass es kribbeln und genieße das Erwachen!"

Horst-Manuel stöhnte und kicherte gleichzeitig. Vzor atmete auf. Der Bub war schwer in Ordnung.

19

Noch einmal musste Horst-Manuel unsichtbar werden. Diesmal unterm Bett. Es war Montag, der 16. November 1942, das Wetter war ebenso unfreundlich wie am Tag von Wutzlers unglückseligem Besuch. Schneeregen fiel, der krumme Berla schlenderte gerade mit aufgespanntem Regenschirm am Haus vorbei und blieb neugierig stehen, als ein Fahrzeug, das den Berg heraufgekommen war, anhielt, zwei höhere SA-Chargen ausstiegen und an der Vorgartentür läuteten.

„Mach es dir bequem wie immer", sagte Vzor und zwang sich zur Ruhe. Auch wenn er mit einem Besuch irgendwelcher Instanzen gerechnet hatte, zuständig für Kieferbruch und verhinderte Tötungsabsicht, der Dachboden nach Wutzlers Anweisung freigeräumt war, das Radio jetzt im Wohnzimmer stand und im Schuppen die alte schwere Leiter längst wieder dekorativ an der Wand hing, wäre er am liebsten auch unters Bett gekrochen und hätte es klingeln lassen, klingeln bis zum Sankt Nimmerleinstag. Doch was sollte das für ein Ausweg sein? Nichts hasste Vzor mehr als Ungewissheit, und die wäre geblieben bis zum Überraschungsmoment irgendwann, der kommen würde wie das Amen im Gebet. Lieber gleich wissen, *was Sache ist*, wie die Preußen zu sagen pflegen. Und so öffnete Vzor den beiden Herren.

Berla ging bereits auf den Waldsaum zu, drehte sich immer wieder um, schaute gerade herüber, als die beiden SA-Offiziere mit ausgestrecktem Arm grüßten, „Heil Hitler" sagten und Vzor überzeugt war, dass Berla den Gruß noch gehört haben musste.

„Sie kommen sicherlich wegen des Unfalls", sagte Vzor.

„Ja", sagte einer der beiden, nannte Name und Rang und bat, sich den Unfallort ansehen zu dürfen.

„Ja, natürlich", sagte Vzor freundlich, „kommen Sie rein."

Der etwas kleinere Uniformträger – im Rang wahrscheinlich unter dem anderen stehend – hatte eine Aktentasche dabei und ließ dem an den Schläfen leicht graumelierten Sprecher an beiden Türen den Vortritt.

„Entschuldigen Sie die Störung", sagte der besser Aussehende und nahm seine Mütze ab. „Sie sind doch Herr Josef Vzor?"

„Ja, natürlich, seit meiner Geburt am 22. Juni im Jahre 1879."

Der andere SA-Führer holte eine Liste aus der Aktentasche, reichte sie dem offenbar Vorgesetzten, der kurz auf das Blatt schaute, lächelte und die Unterlagen dem anderen zurückgab. „Schön wohnen Sie hier draußen. Im Winter vielleicht etwas frisch, aber im Sommer muss es traumhaft sein."

„Ja", sagte Vzor, verunsichert und erstaunt, dass die Herren nur die Scheune in Augenschein nehmen wollten, kein Interesse am leergeräumten Dachboden zeigten, kein Interesse an Feuerpatschen, Sandeimern und Feuerlöschern hatten, nur bestätigt wissen wollten, wie tollpatschig deppert sich Luftschutzwart Wutzler verhalten hatte, was sie freilich so nicht ausdrückten, was aber Vzor an den Blicken erkannte, die sich die beiden zuwarfen, während er den Ablauf schilderte.

„Sie sind, wie aus unseren Unterlagen hervorgeht, hier oben der einzige Deutsche", sagte der mit der Aktentasche.

„Aber soviel ich weiß, hat Luftschutzwart Wutzler auch in der tschechischen Gastwirtschaft nebenan den Dachboden und sogar den Keller kontrolliert", sagte Vzor.

Der Graumelierte zog die Augenbrauen hoch, der andere SA-Offizier setzte die Tasche ab, blätterte in den Papieren und machte eine Notiz.

Vzor schloss daraus, dass Wutzler hier oben Befugnisse überschritten hatte.

Der Graumelierte schaute zur Leiter, sah zum Heuboden, schüttelte den Kopf, griff nach den Papieren, ging zur Schuppentür, wo er mehr Licht hatte, blätterte, fand, was er suchte und sagte: „Sie sind Witwer, haben zwei tüchtige Söhne. Einer war im Osteinsatz, wie ich lese, einer ist bei der Totenkopfeinheit. Gratulation."

„Danke", sagte Vzor und staunte, wie leicht ihm der Dank über die Lippen gegangen war.

„Ich komme aus keinem landwirtschaftlichen Umfeld", sagte der Graumelierte, „aber Heuböden kenne ich aus meiner Zeit in der 'Bündischen Jugend', wenn wir manchmal in Scheunen übernachteten. Da gab es immer eine Leiter, die der Einfachheit halber gleich angelehnt am Heuboden stand. Warum hängt Ihre Leiter an der Wand?"

„Zur Dekoration", sagte Vzor.

„Haben Sie denn *noch* eine?"

„Wozu?", fragte Vzor zurück. Zwischen die Frage des Graumelierten und Vzors Antwort hätte kein Atemzug gepasst. „Ich war schon seit Jahren nicht mehr dort oben. Die Bretter sind morsch, und das bisschen Heu, das dort liegt, hab ich den Katzen und Mäusen belassen. So hab ich das auch dem Herrn Luftschutzwart erklärt."

„Und wie ist das, wenn Sie Kirschen und Äpfel ernten?" Der Aktentaschenträger fragte das, wollte den Oberschlauen vorkehren.

Vzor staunte, wie beherrscht er sein konnte. „Dafür habe ich oben an der Weinberghütte eine spezielle Obstleiter. Eine Steckleiter, falls Ihnen das was sagt. Eine Verlängerungsleiter, wie die Feuerwehren sie haben."

„Zufriedenstellende Ernten?", fragte der Graumelierte und beendete damit das Heuboden- und Leiterthema.

„In diesem Jahr weniger gut", sagte Vzor. „Es hat in den entscheidenden Monaten viel Hagelschlag gegeben. In guten Erntejahren hingegen beliefere ich sogar die Stände am Krautmarkt. Tue etwas für die Volksgemeinschaft."

„Löblich, löblich", sagte der Angegraute, bedankte sich und bedeutete seinem Begleiter, dass für ihn die Angelegenheit beendet sei.

„Das Fahrrad von Herrn Wutzler ist noch hier", sagte Vzor.

„Lassen wir heute noch abholen", sagte der Graumelierte.

Vzor begleitete die Herren zurück zur Straße, fragte, ob noch ein anderer Luftschutzwart kommen werde. Der Graumelierte lächelte und sagte: „Wozu? Sie haben den besten Luftschutzraum der Welt: die freie Natur."

Vzor merkte, dass ihn der Besuch doch stärker mitgenommen hatte, als er es sich hätte eingestehen wollen; denn erst jetzt sah er, dass die ganze Zeit über ein Fahrer hinterm Lenkrad saß.

Nachdem der Wagen abgefahren war, kam Berla aus dem Wald zurück. Vzor hätte wetten können, dass Berla gar nicht spazieren war, sondern hinter einem der dicken Baumstämme im Unterholz gelauert und das Haus beobachtet hatte. „Hoher Besuch", sagte Berla auf Tschechisch. *„Sie* können Freunde haben."

Vzor zuckte mit den Schultern und ging wortlos ins Haus. Es gab Situationen, auf die es keine Antwort gab.

Nachdem Vzor im Haus von unten hinaufgerufen hatte, dass alles in Ordnung sei und erst dann die Treppe hinaufstieg, um den Jungen nicht in Angst und Schrecken zu versetzen, kam Horst-Manuel langsam aus dem Dunkel unter dem breiten Ehebett hervorgekrochen, blieb noch auf dem Bauch liegen, schaute traurig auf und sagte: „Haben wir *nur* Feinde?"

„Wir haben auch Freunde. Nur haben wir leider immer noch Krieg, und das Misstrauen sitzt in uns allen: im Feind, wie auch im Freund, weil Vertrauen zu haben, gefährlich geworden ist. Und so vertrauen wir uns am besten gegenseitig. So wie wir es bis jetzt gemacht haben, ist es gut."

Horst-Manuel rappelte sich auf, reichte, wenn er aufrecht stand, Vzor schon fast über den Bauch, umarmte und drückte ihn, sagte „Danke!" und wollte wissen, ob das Christkind ihn finden würde, falls er Heiligabend vielleicht wieder unters Bett müsste.

„Das Christkind findet alle Kinder", sagte Vzor und fühlte sich verdammt schlecht dabei.

Noch bevor es dunkel wurde, kamen zwei SA-Leute mit einem Pritschenwagen, um Wutzlers Fahrrad abzuholen.

Kurz vor Weihnachten erhielt Vzor Post von Spitzer und Schwägerin Dorothea. Auch Tante Magdalena schrieb. All diese Weihnachts- und Neujahrsgrüße waren bereits Antworten auf Vzors Festtagswünsche, die er sicherheitshalber auch wieder rechtzeitig genug losgeschickt hatte, um Besuche zu verhindern oder schlimmstenfalls frühzeitig genug zu erfahren, ob irgendwer zu kommen beabsichtige.

Er empfand es schäbig, so denken und handeln zu müssen, sah sich durch die Verhältnisse genötigt und fand sich damit ab. Franz schrieb aus Prag, teilte mit, dass er seinem Zuhause jetzt zwar näher sei, aber deshalb nicht weniger unabkömmlich.

Weihnachtsurlaub erhielten vorzugsweise Verheiratete, die Ledigen stünden in der Pflicht, diese Dienstlücken zu füllen. Auch Ferdinand müsse über Weihnachten Dienst schieben, schrieb Franz, der offensichtlich mit Ferdinand in Verbindung stand.

So hielt sich die Besorgnis in Grenzen. Dass in Vzor noch eine weitere Unruhe steckte, die ihn auf einer anderen Ebene beschäftigte, belastete ihn zwar auch, aber auf angenehme Weise. Die Seelenlast hatte einen Namen: Stefanie Wimmer. Und die Einbildung hatte Bilder. Bilder, die sich bewegten, wenn er träumte. Träume, die er tagsüber während eintöniger Arbeiten im Haus ausbaute: Vzor mit Stefanie im Kino, in der letzten Reihe. Vzor mit Stefanie im Theater, allein mit ihr in einer Loge. Vzor mit Stefanie im korallroten Opel auf der Höhenstraße hinauf zum Kahlenberg; oben dann, hinabschauend auf Wien, Stefanie und er in glücklicher Umarmung. Dazwischen gelegentlich kleine Störbilder: Ferdinand in schwarzer Galauniform, den Arm mit der roten Hakenkreuzbinde hinunter auf Stefanie weisend, neben Ferdinand Anna, kopfschüttelnd zwischen rosa Wölkchen, aus denen Steinpilze ragten.

Dass Vzor so einen Wachtraum, leicht abgewandelt ohne Pilze und Ferdinand, ausgerechnet am 24. Dezember hatte, unterbrochen von Horst-Manuels Frage, ob Engel, wenn sie im Raum sind, mit ihren Flügeln Wind machen, trübte Vzors Seelenkino erheblich. Also sagte er, weil er sich nicht vorstellen wollte, Anna ohne Flügelschlag und Lufthauch unbemerkt als Engel im Zimmer zu haben, dass man selbstverständlich den Flügelschlag eines Engels spüren würde. Es wäre wie Durchzug. Offene Türen würden krachend ins Schloss fallen, Fenster klirrend zuschlagen.

„Verstehe", sagte Horst-Manuel. „Deshalb muss an Heiligabend die Tür zum Zimmer, wo der Christbaum steht, immer verschlossen sein. Und was ist mit dem Weihnachtsmann? Ist das eine Konkurrenzfirma vom Christkind?"

„Würde ich so nicht sehen", sagte Vzor und sah sich vor eine weitere Denkaufgabe gestellt, die er, bereits in Übung, jetzt schneller löste. „Der Weihnachtsmann, der gelegentlich durch den Schornstein kommt, wie man weiß ..."

„Wie man zu wissen *glaubt*", korrigierte Horst-Manuel.

„Oder so", sagte Vzor, „ ...der kommt zu den Kindern erst spät in der Nacht vom 24. auf den 25. Dezember und füllt die Socken, Strümpfe, Schuhe und Stiefel."

„Könnte man da nicht in meinem Fall, weil ich doch am 24. Dezember Geburtstag habe, fürs nächste Jahr vom Christkind auf den Weihnachtsmann umbestellen?"

Listig überlegt, dachte Vzor, schämte sich aber sofort dieses flüchtigen Gedankens, weil darin die Formulierung *'geistig wendiger Judenbub'* vorgekommen war und er sich fragte, ob er inzwischen auch schon verseucht sei oder lediglich noch belastet vom Rest eines einst gegenseitig unbeschadeten Zusammenlebens von Christen, Juden und Muslimen im alten Österreich und danach in der Tschechoslowakei, als einem noch ohne böse Hintergedanken Sprüche über die Lippen gingen, wie *'Hier geht 's ja zu wie in einer Judenschul!'*

oder *'Nur keine jiddische Hast!'* oder *'Für 's Gehabte gibt der Jud nix!'*?

Vzor schaute Horst-Manuel in die Augen, ergriff die Hände des Knaben, der inzwischen bald zwölf Monate schon unter diesem Dach in Sicherheit lebte, und sagte: „Das Christkind aus meinem lebenslangen Festkalender zu entfernen, geht nicht. Auch den Heiligen Nikolaus gibt es bei mir noch, wie du am 6. Dezember in der Früh festgestellt haben wirst. So wird, so möchte ich wetten, in der Nacht von heute auf morgen auch noch Knecht Ruprecht vorbeischauen, vorausgesetzt, du hängst deine frisch gewaschenen Socken über den Kaminsims und stellst deine geputzten Schuhe davor."

Vzor war froh, das Geburtstagsgeschenk noch nicht überreicht zu haben. Da ließ sich noch etwas manipulieren und aufteilen, so dass auch noch was für die Schuhe und die Socken am ersten Weihnachtsfeiertag übrig bleiben würde. Gern hätte er gewusst, wie die Familie Oderberg einst das Weihnachtsfest gefeiert hatte, wer den Baum schmückte. Auch wenn er insgeheim hoffte, dass der Junge eines Tages von selbst beginnen würde, von zu Hause zu erzählen, fürchtete er sich davor.

Am Vormittag des 24. Dezember gratulierte Vzor Horst-Manuel feierlich zum zehnten Geburtstag, spielte ein Geburtstagsständchen auf der Mandoline und sang auf die Melodie des Kinderliedes *'Kommt ein Vogel geflogen'* den folgenden Text: „Alles Gute zum Geburtstag, alles Gute von mir! Hundert Jahre Gesundheit, lieber Horst, wünsch ich dir!"

Horst begann zu weinen. Schwer zu sagen, ob es Freudentränen waren. Vzor wünschte, es wäre so. Über die Aquarellfarben die Pinsel und den Zeichenblock dürfte die Freude ungeteilt gewesen sein. Horst-Manuel fragte, ob er mithelfen dürfe, den Weihnachtsbaum aufzustellen und zu schmücken.

„Üblicherweise machen das die Engel heimlich, wenn es still in der Wohnung ist", sagte Vzor, „werden aber bestimmt dankbar sein, wenn ihnen hier und dort Arbeit abgenommen wird. Am besten wird sein, wenn wir gleich im Schuppen das untere Ende der Tanne passend für das Standkreuz machen", sagte Vzor. „Aber zieh dich warm an. Erkältungen können wir uns nicht leisten."

Vzor hatte den Baum unten am Stadtrand beim Weihnachtsbaumhändler gekauft, der jedes Jahr zwischen dem Schwarza-Fluss und der Haarnadelkurve auf dem freien Platz sein umzäuntes Verkaufsrevier einrichtete, wo sonst in der warmen Jahreszeit, zumeist an Fest- und Feiertagen, ein kleiner Rummel für Kurzweil der Ausflügler sorgte. Unbekümmert hatte Vzor die zusammengeschnürte Tanne geschultert, war frohgestimmt losmarschiert und hatte kurz darauf erfahren müssen, dass selbst ein harmloser Weihnachtsbaumkauf nicht ohne Risiko war. Er war kaum auf der anderen Straßenseite angelangt, als ihn eine Frau ansprach, die er nicht gleich einzuordnen vermochte, die aber seinem Gedächtnis schnell nachhalf: „Ich bin die Vertreterin der Nationalsozialistischen Frauenschaft und sprach auch im Auftrag des Deutschen Frauenwerks am Grab Ihrer Frau."

„Ja, natürlich", hatte Vzor gesagt und sich entschuldigt. Gedacht hatte er: Wenn du keine Kapuze auf hättest, du alte Nazischnepfe, hätt´ ich dich an deinen Kopfhörerhaarknoten wiedererkannt!

Doch gleich darauf war ihm der Spott vergangen, als die Frauenschaftstante sich erkundigte, ob er sich inzwischen eine neue Familie zugelegt habe. Wie sie denn *darauf* komme, hatte er gefragt. Na ja, hatte sie geantwortet, welcher Witwer sei sonst darauf erpicht, für sich allein einen so großen Weihnachtsbaum zu kaufen. Es sei ein Erinnerungsbaum, hatte er sich verteidigt, eine Erinnerungstanne, die ihn über die Festtage zurückführen solle in jene Zeit, da die Kinder noch klein waren und die Ehefrau noch am Leben. „Heil Hitler!", hatte darauf die Antwort der Frau gelautet, Vzor hatte „Frohes Fest!" gesagt und war weitergegangen. Frohes Fest – und dem Führer *kein* Wohlgefallen! Das hatte Vzor zum Glück nur gedacht und zusätzlich stumm hinzugefügt: Fanatische Frauenzimmer sind die reinsten Tretminen: Ein falsches Wort, und du gehst hoch!

„Worüber denkst du nach? Wie wir den Baum ins Zimmer kriegen?"

„Ja", schwindelte Vzor. „Am besten wird sein, du gehst mit der leichten Spitze vor, und ich werde das dicke Ende tragen."

Das dicke Ende! Das dicke Ende! Mein Gott, ja, dachte Vzor, das dicke Ende wird kommen!

Immerhin eine ganze Stunde lang dauerte die Prozedur bis der Baum endlich so im Wohnzimmer stand, dass er geschmückt werden konnte. Zwischen den beiden Fenstern stand er, und Horst-Manuel durfte die ersten bunten Kugeln anhängen, nachdem Vzor die Gardinen zugezogen hatte.

In zwei Pappkartons lagen die Glaskugeln in Silber und Gold und in roten Farbtönen, dazwischen silbrig glänzende Girlanden, aufgewickelt auf

Holzstäben, holzgeschnitzte Engel mit Fäden dran, um sie anhängen zu können, Lametta, sorgfältig verpackt, sowie zwei Baumspitzen, eine silberne und eine in mattem Gold, mit Glitzersteinen besetzt: Schätze, die Anna zur Entlastung der Stadtwohnung herausgebracht hatte, als die Buben schon groß waren und es nur noch einen kleinen Christbaum gab.

Vzor war gerade dabei, die bunten Kerzenampeln auszupacken, als die Türglocke schellte.

Es war nur der Kohlenmann. Ungeduldig trat er von einem Bein aufs andere, schaute zum Haus, aber blickte auch zum Wagen, auf dem die Kohlensäcke lagen. Wahrscheinlich unentschlossen, ob er noch warten, noch einmal den Klingelknopf drücken oder zurück hinters Lenkrad steigen und wegfahren sollte.

Vzor schob eine Gardinenhälfte zur Seite, riss das Fenster auf und rief in die neblige Luft hinaus: „Ich komme gleich!"

Der Mann war nicht mehr der Jüngste und Vzor dachte: Da muss einer auf seine alten Tage Kohlensäcke schleppen, weil die Jüngeren für Hitler sterben dürfen. Auf den Stufen hinunter zur Gartentür sagte Vzor: „Guten Tag, hab nicht damit gerechnet, dass heut' noch Kohlen ausgefahren werden."

„Ich auch nicht", sagte der Mann, klappte die Rückwand der Ladefläche herunter und lud sich einen Sack auf den Buckel. „Wo sollen die hin?"

„Ich gehe voraus", sagte Vzor und hatte nicht zum ersten Mal dieses peinlich blöde Gefühl eines unglücklich angelegten Weges, um Heizmaterial in den Schuppen zu schaffen.

Zwei Tonnen hatte Vzor bestellt gehabt, aber nur eine Tonne war gekommen. Fünfzehn Zentnersäcke mit Presskohlen, fünf Zentnersäcke mit Koks. Auch Kohle und Koks waren längst rationiert.

„Ist ja nicht wie bei armen Leuten", sagte der Kohlenmann, als er das viele Holz im Schuppen sah.

Der Mann war Tscheche. Das hätte Vzor sich denken können. Welcher Deutsche schleppte in so ruhmreichen Zeiten Kohlen? Aber der Mann sprach das Deutsch nach Art der Brünner Deutschen, so dass Vzor nur an Winzigkeiten in der Sprachmelodie erkannte, dass Tschechisch eigentlich seine Muttersprache war. Und so sagte Vzor: „Já Vám pomožu."

Der Mann schaute erstaunt auf, lächelte und sagte auf Tschechisch: „Das ist sehr freundlich, dass Sie mir helfen wollen, aber ich möchte nicht, dass sich Heiligabend ein Deutscher meinetwegen einen Bruch holt. Wir haben schon Ärger genug."

Siebzehnmal stapfte der Mann mit je einem Sack auf dem Rücken durchs Gartentor, stieg treppauf zur Haustür, lief durch den Flur, mehr durch das Gewicht der Kohlen vorangeschoben als durch den eigenen Wunsch getrieben, gelangte ohne anzustoßen durch die offene Hoftür, stieg die Stufen hinab und taumelte zum Schuppen hinüber, wo er ächzend die Säcke entleerte: auf einen Haufen den Koks, daneben die Presskohlen.

Mit dem jeweils leeren Jutesack schlurfte der Mann zurück, von Mal zu Mal langsamer, und beim achtzehnten Mal war sein Gang über die Treppen so, als trüge er den vollen Sack wieder zurück zum Wagen.

„Früher waren immer zwei Mann gekommen", sagte Vzor.

„Ja, früher", sagte der Mann und schaute, als schaute er in sich hinein, wo ein Film von früher lief. Beide sprachen wieder deutsch.

„Möchten Sie etwas trinken, sich vielleicht hinsetzen und kurz ausruhen?"

„Wenn ich mich hinsetze, stehe ich vor Silvester nicht mehr auf!", antwortete der Mann, lachte und hustete zugleich.

„Der verfluchte Kohlenstaub!", sagte Vzor.

Wie zur Bekräftigung hustete der Mann noch einmal und sagte: „Sie haben den Staub zum Glück nur hier im Durchgang; ich hab´ ihn in der Lunge."

Nachdem er noch die beiden letzten Säcke bewältigt hatte, ließ er sich den Empfang quittieren.

Den vom Staub in der Lunge oder den der zwanzig Säcke?, dachte Vzor. Manchmal hatte er so frivole Gedanken. Dieser tat ihm gleich wieder leid. „Für die Anstrengung", sagte er und überreichte dem Mann eine Flasche Rotwein.

Auf der Ladefläche lagen nur noch leere Säcke. Der Mann klappte die Rückwand hoch, verriegelte sie, wünschte frohe Festtage und alles Gute fürs Neue Jahr.

„Wünsche ich Ihnen auch", erwiderte Vzor und war sich sicher, dass *sein* Wunsch keine Doppeldeutigkeit enthielt und fragte nach der Rechnung.

„Kommt mit der Post!", rief der Mann, startete den Wagen, winkte und fuhr los.

„Also sind doch noch im alten Jahr die Kohlen gekommen", sagte Horst-Manuel, der auf Vzors Kommando „die Luft ist rein" heruntergekommen war.

„Hast du etwa aus dem Fenster geschaut?", fragte Vzor.

„Ich sehe es an den Kohlenstaubspuren im Flur, und ich hab Ohren!"

„Die Spuren werden gleich beseitigt. Hilfst du mir?"

„Beim Aufwischen?"

„Nein", sagte Vzor, „die Kerzenampeln müssen noch an den Baum, aber vorher muss in jede Ampel eine Kerze."

An diesem Nachmittag *gab* es die ´Blaue Stunde´: Die dünne Schneedecke hellte das tiefe Dämmerlicht lange auf und verbreitete nach und nach sämtliche Blautöne des wolkenlosen Firmaments bis hin zur nachtblauen Dunkelheit.

„Ob es noch schneien wird?", fragte Horst-Manuel.

„Wie der Himmel sich zeigte, sicher nicht", sagte Vzor und zog die Rollos herunter. „Aber starken Rauhreif wird es morgen geben."

Horst-Manuel stand bereits am Lichtschalter. Doch erst als Vzor die lichtundurchlässigen Übergardinen zugezogen hatte, schaltete der Junge das Licht an.

Bei Vzors hatte es am 24. Dezember immer erst eine Fischsuppe gegeben und als Hauptspeise Karpfen blau; aber weil Vzor wusste, wie ungern Kinder, der Gräten wegen, Karpfen essen, hatte er sich die Arbeit und Horst-Manuel die Qual erspart. Er erinnerte sich, dass Franz und Ferdinand nur die durchpassierte Fischsuppe gegessen hatten, mit großem Genuss die Rogenstücke, die Anna immer zuletzt im Ganzen der Suppe hinzutat. Den Kindern beim Herumstochern im Hauptgericht zuzusehen, hatte Vzor jedesmal das Weihnachtsessen verleidet. Dennoch war dieser Weihnachtskarpfenritus beibehalten worden. Und so hatte sich Vzor für die preußische Variante entschieden. In Berlin und Brandenburg sei das so Usus, hatte Spitzer irgendwann einmal berichtet. Stefanie habe ihm das erzählt. Da gebe es an Heiligabend nur Wiener Würstchen mit Kartoffelsalat. Das eigentliche Festessen – die klassische Weihnachtsgans – komme erst am 25. Dezember auf den Tisch.

Und so gab es um 17 Uhr die Würstchen mit Kartoffelsalat und eine halbe Stunde später die Bescherung. Die Kerzen brannten in den bunten Ampeln, der Grammophonteller drehte sich, die Sängerknaben sangen, Weihnachtsgebäck duftete, und unterm Baum lagen für Horst-Manuel der Schal, die Handschuhe, die dazu passende Wollmütze, ein Teller mit zwei rotwangigen, blankpolierten Äpfeln, umrahmt von Walnüssen, davor das Tintenfass mit grüner Füllhaltertinte, daneben das grüne Lederfutteral mit den edlen Schreibrequisiten und darunter ein Jahreskalender 1943.

„Ist das alles für mich?", fragte Horst-Manuel ungläubig, aber mit strahlenden Augen.

„Na sicher", sagte Vzor; „denn mein Geschenk hab ich ja schon."

„Ja? Was ist das?"

„*Du* bist das!"

Da glänzten die Augen des Jungen um ein Vielfaches mehr, und Röte stieg ihm ins Gesicht, als er „Danke" und noch einmal „Danke!" sagte.

„Wir sollten uns beim Christkind bedanken", sagte Vzor. „Es hat bis jetzt seine Hand schützend über uns gehalten."

„Danke", sagte Horst-Manuel.

Vzor wartete, ob dem *'Danke'* noch *'liebes Christkind'* folgen würde. - Es blieb beim schlichten Danke. Zweifel am Christkind?, fragte sich Vzor. Zweifel an dessen behütender Hand? Horst-Manuel umarmte Vzor. Und dann sagte der zehnjährige Bub diesen Satz, den Vzor gern auf Schallplatte gehabt hätte: „Ich glaube, das Christkind ist *in* dir."

20

Am Morgen des ersten Weihnachtstages lag tatsächlich dicker Rauhreif auf den Zweigen der Büsche und Bäume, auf dem Drahtzaun und der eisernen Vorgartentür. Aber es lag auch etwas vom Weihnachtsmann auf den geputzten Schuhen vorm Kamin: Es war das grün eingebundene Tagebuch, und Horst-Manuel war bereits dabei, mit seinem neuen Füller etwas hineinzuschreiben. Weihnachtliche Musikgrüße tönten aus dem Radio. Grüße aus Stadt und Land unter dem Motto 'Front und Heimat reichen sich die Hand!' Vzor kam ins Zimmer, rief: „Mach den Kasten leiser!", wollte noch hinzufügen, dass der Frühstückstisch gedeckt sei, als es klingelte. Es war kurz vor neun. Vzor schaute hinaus, sah einen Mann mit Rucksack und atmete auf. Gestapo-Leute kamen immer zu zweit, und da nicht anzunehmen war, dass der zweite Mann im Rucksack steckte, öffnete Vzor das Fenster und rief: „Guten Morgen, ich komme gleich!"

Horst-Manuel stand schon an der Tür, den zugeschraubten Füllhalter in der Hand, das Tagebuch unterm Arm. Vzors Fingergesten erübrigten sich. Und während Vzor in seine Filzstiefel schlüpfte, war der Junge längst leichtfüßig auf der Treppe, deren Holzstufen nicht so schnell knarren konnten wie der Bub oben war.

Der Mann vorm Gartenzaun hatte den Rucksack abgenommen, ihn geöffnet, und als Vzor die Stufen zum Gartentor hinabstieg, sagte der Mann: „Dobré jítro! Myslivec, mein Name. Ich soll schön grüßen von Frau Wimmer und ein frohes Fest wünschen."

Herr Myslivec hatte Schwierigkeiten mit den deutschen Wörtern, weshalb Vzor auf Tschechisch fragte, wie es Frau Wimmer gehe, sagte, dass er ja *Frau* Myslivec bereits kenne und er die Grüße erwidere und zu übermitteln bitte.

Herr Myslivec hielt bereits ein Paket in der Hand, sagte, dass in Wranau alles in Ordnung sei. Vzor hatte inzwischen die Gartentür aufgeschlossen und gefragt, ob Herr Myslivec nicht hereinkommen wolle, um sich aufzuwärmen und eine Tasse Tee zu trinken.

„Nein, danke", sagte Herr Myslivec und drückte Vzor das Paket in die Hand.

„Was ist das?"

„No, Sie werden sehen", antwortete Herr Myslivec, jetzt wieder mit seinem mühevollen Deutsch. „Müssen nur noch warm machen. Wiedersehen!"

„Na shledanou!", sagte Vzor. „Und danke für die Mühe, die Sie sich machten, den Weg hier heraufzukommen. Und Dank und Gruß an Frau Wimmer! Frohes Fest!"

Die letzten Worte musste Vzor schon rufen, weil Herr Myslivec bereits wieder losgestiefelt war.

„Wer war das?", wollte Horst-Manuel wissen.

„Ein Weihnachtsbote", sagte Vzor.

„Ein Bote vom Weihnachtsmann?"
„Von der Weihnachtsfrau."
„Der Weihnachtsmann ist verheiratet?"
„Wer weiß das schon genau", sagte Vzor. „Aber so fröhlich, wie er Jahr um Jahr unterwegs ist, könnte man das annehmen."
„Es duftet nach Weihnachtsgans", sagte Horst-Manuel. „Ist das die, die wir in der Bratröhre haben, oder duftet es aus dem Paket?"
„Es duftet aus dem Paket", antwortete Vzor. „Und Grünkohl rieche ich auch."
„Eine schöne Weihnachtskarte!", jubelte Horst-Manuel und betrachtete die abendliche Hochgebirgslandschaft im Schnee, die Bergspitzen noch im Sonnenlicht, die Kirche bereits im Abendschatten, die Fenster goldgelb erleuchtet. „Sind das die Alpen?"
„Ja", sagte Vzor, „das könnte irgendwo in Tirol sein."
„Ob wir irgendwann einmal gemeinsam dorthin fahren können?"
„Wenn der Krieg vorbei sein wird, bestimmt", sagte Vzor und staunte, wie zuversichtlich ihm dieser Satz über die Lippen gekommen war. Wahrscheinlich deshalb, dachte Vzor, weil er den unausgesprochenen Satz nachgeschoben hatte: Vorausgesetzt, dass Hitler den Krieg verliert!
Es war eine Klappkarte. Auf der rechten Innenseite stand: *'Kleine Erinnerung an den Weihnachtsüberfall vor einem Jahr!'* Vzor musste schmunzeln: Auch die studierte Frau Stefanie, ein Opfer des Kriegsvokabulars. Und darunter war noch zu lesen: *'Würde mich freuen, Sie wiederzusehen. Glück und Segen, Ihre Stefanie Wimmer.'*

Vzor wurde es warm ums Herz, aber auch das Gewissen pochte mit - immer noch, wenn er an Frau Stefanie dachte, obwohl die beiden Trauerjahre längst um waren. Noch vier Tage, überlegte Vzor, dann wird Annas Beerdigungstag sogar schon drei Jahre her sein.

„Woran denkst du?", fragte Horst-Manuel.

„An die Spenderin dieser Köstlichkeit." Die Hälfte einer ausgewachsenen Gans lag gebraten auf einem Pappteller, in einer Glaschale war der Grünkohl.

„Du denkst an die Weihnachtsfrau?"

„Ja", sagte Vzor. „Wir sollten sie in unser Tischgebet einbeziehen."

Die Gans in der Bratröhre, die Horst-Manuel erwähnt hatte, war lediglich eine Portion mit Saft und Knödel aus der Gaststätte von nebenan. Dieses Stück hätte Vzor geschickt teilen müssen. Durch Stefanies Spende war nicht nur diese Schwierigkeit überwunden, auch der zweite Weihnachtsfeiertag war gerettet.

Die Lebensmitteleinschränkung seit April 1942 von 400 Gramm Fleisch auf nur 300 Gramm pro Woche und Person war per Erlass vom 6. Oktober 1942 aufgehoben und um 50 Gramm je Woche und Person erhöht worden. Es gab also jetzt lächerliche 350 Gramm Fleisch und zu den zwei Kilogramm Brot für sieben Tage 250 Gramm mehr. In einer deutschen Stadt wäre Vzor mit dem Buben in bedrohliche Ernährungsschwierigkeiten geraten. Und nicht nur das: Er hätte mit dem Kind keinen Luftschutzbunker aufsuchen können. Hier war noch Sicherheit. Selbst wenn die im Osten der Stadt gelegenen Waffenwerke bombardiert würden, bliebe die Gegend hier auf den Höhen, abseits der westlichen Stadtgrenze, unbehelligt. Nicht umsonst hatte sich die Freiwillige Feuerwehr, wie Vzor von Spitzer wusste, längst schon den freien Platz vor Wlasaks Gaststätte unterm Steinbruch als Bereitschaftsausweichstelle ausgesucht.

Ein Segen war auch Friseur Sobotkas Verwandtschaft in Kohoutovice. Wie so viele Tschechen auf dem Land, hielten sich auch die Horníks Karnickel und Hühner. Frau Sobotkas anderer Bruder hatte sogar ein kleine Schweinzucht, musste zwar an die Lebensmittelerfassungsstelle festgelegte Pflichtanteile abliefern, konnte aber noch mauscheln. Die Kontrollen waren lasch. Klar, dass da hin und wieder auch etwas an Familie Sobotka abgezweigt werden konnte. Sogar Vzor hatte gelegentlich davon profitieren können, war nach Kohoutovice mit einer Empfehlung von Sobotka schnorren gegangen, und war so, von Engpass zu Engpass, mit dem lebensmittelkartenlosen Horst-Manuel verhältnismäßig gut durchs Jahr gekommen. Dass in der Zeit des weihnachtlichen Fleischmangels ausgerechnet Stefanie etwas schickte, an die er vor kurzem erst dachte, passte in Horst-Manuels Bescherungsmuster, fügte sich aber auch in Vzors Bibelverständnis, Matthäus 6, 26: „Sehet die Vögel unter dem Himmel: sie säen nicht, sie ernten nicht, und der himmlische Vater nähret sie doch."

Bis Mittag war noch Zeit, also holte Vzor aus dem Wohnzimmer Papier und Bleistift, setzte sich an den Küchentisch und überlegte, mit welchen Worten er sich bei Frau Stefanie bedanken könnte.

Horst-Manuel kümmerte sich um das Kaminfeuer im Wohnzimmer, malte mit den neuen Aquarellfarben und schrieb vorerst ins Unreine auf die noch freien Seiten eines alten Schulheftes, das einst Ferdinand gehörte, die folgenden Zeilen:

Mein Leben in der Weihnachtstanne. Eines Morgens erwachte ich und war so klein und leicht, dass ich auf einem Tannenbaumast schlafen konnte, ohne dass der Zweig sich bewegte, auch wenn ich mich von einer Seite auf die andere drehte. Ich lag auf einer weichen weißen Wolke aus Weihnachtsbaumwatte, um mich herum glitzerte der Christbaumschmuck, und es duftete nach frischem Backwerk, das an Fäden über mir so weit herunterhing, dass ich nur noch zubeißen brauchte, um davon zu kosten. Im Christbaum fühlte ich mich wohl und wäre gern ein Himmelsbote. Am liebsten einer, der Ordnung schafft und für Frieden sorgt in dieser Welt.

Auch Vzor hatte es mit den Engeln. Er schrieb: *Liebe Frau Stefanie, Sie sind ein Engel. Ihr schmackhafter Weihnachtsgruß erinnerte mich an Ihren Besuch vor einem Jahr. Ich vermisse die Gespräche mit Ihnen ...*
An dieser Stelle legte Vzor den Bleistift aus der Hand, schaute aus dem Fenster und überlegte, ob er den letzten Satz so stehen lassen konnte oder lieber ändern sollte. Schließlich strich er ihn durch, weil es seit dem ersten Zusammentreffen im Herbst 1939 eigentlich nur zwei Gespräche gegeben hatte, und dachte nach, wie er sonst zum Ausdruck bringen könnte, wieder einmal gern mit ihr reden zu wollen, eigentlich mehr, ihr nur zuzuhören. Dann quälte er sich mit der Frage, wem er die Anwesenheit Horst-Manuels eher anvertrauen dürfte: Spitzer oder

Stefanie? Nach kurzem Überlegen entschied er sich für Stefanie.

Horst-Manuel kam in die Küche, zeigte Vzor, was er geschrieben hatte und fragte, ob er diese Geschichte ins Tagebuch schreiben dürfe.

Vzor setzte seine Brille wieder auf, die er abgesetzt hatte, um aus dem Fenster zu schauen, und las staunend Horst-Manuels kleine Weihnachtsgeschichte.

„Keine Fehler?"

„Ich kann keinen einzigen entdecken", antwortete Vzor und dachte beschämt, dass der Brief an Stefanie längst geschrieben wäre, wenn er Horst-Manuel gebeten hätte, ihn aufzusetzen.

Radio Wien brachte weihnachtliche Klänge, und Vzor hätte was darum gegeben zu erfahren, ob Spitzer über die Feiertage in Wien bei Dorothea ist. Auch an die alte Tante Magdalena musste er in diesem Zusammenhang denken, die jetzt allein den Hinterrucklerhof bewohnte, das Hinterruckler-Familiengrab mit Hilfe des Hausknechts betreute, die Hühner fütterte und außer dem Knecht und der Waschler, Lisa, die für Magdalena kochte, keinen weiter mehr hatte, mit dem sie sich streiten konnte. Thea hatte das ihrem Schwager in einem lustigen Brief mitgeteilt gehabt.

„Kommt dir auch der Vormittag so lang vor?", fragte Horst-Manuel, und Vzor antwortete mit der Gegenfrage, ob das vielleicht mit der Gans zusammenhängen könnte, die noch unaufgewärmt neben dem Herd auf dem Teller liege? – Ja, sagte der Bub, er sehe da durchaus einen Zusammenhang.

Vzor fiel das Tranchiermesser aus der Hand. Lachend hob er es auf und sagte: „Du schreibst die

Geschichte in dein neues Buch, und ich kümmere mich um unser Weihnachtsessen. Also raus aus der Küche! Topfscheangler sind nicht erwünscht!"

„Du meinst, Topf*gucker*!"

„Du mit deinem vornehmen Prager Deutsch! So wie du immer in die Töpfe schielst, ist das wienerische *Scheangeln* schon richtiger."

Horst-Manuel schnappte sich den Zettel mit seiner Geschichte und hüpfte fröhlich ins Wohnzimmer hinüber.

Es wurden geruhsame Weihnachtstage. Die Knödel reichten. Von der Gans war für den zweiten Festtag nur eine Portion übriggeblieben, die Vzor Horst-Manuel überließ und sich selbst nur Kartoffelpuffer briet, die er mit Apfelmus bestrich und mit Staubzucker bestreute.

„Darf ich auch so etwas haben?", fragte der Junge. „Als Nachspeise sozusagen?"

„Selbstverständlich", sagte Vzor und musste schmunzeln. ´Sozusagen´ war Horst-Manuels Lieblingswort, das meist seinen altklugen Wichtigkeitssätzen folgte. Diesmal setzte er das Füllwort gleich an den Anfang, als Vzor ihn nach der Qualität der Puffer fragte. „Sozusagen von höchster Vorzüglichkeit!", antwortete der Junge, und Vzor musste schnell aus dem Zimmer und sein Lachen mit einem Huster überdecken.

Der 26. Dezember 1942 war ein Samstag. Der Himmel hatte sich bereits gestern Abend bezogen, und Horst-Manuel meinte, dass es aussähe, als würde es bald schneien. Vzor stieg den Weinberg hinauf, schnupperte und kam mit der Meldung zurück, dass es noch nicht nach Schnee rieche, es aber in drei bis vier Tagen durchaus so weit sein könnte, worauf Horst-Manuel fragte, ob er in sein Buch auch Wetteraufzeichnungen eintragen dürfe.

„Du darfst alles eintragen", sagte Vzor, „nur nichts Politisches."

Horst-Manuel zog die Stirn in Falten und sagte schließlich: „Also nichts über den Krieg."

Vzor nickte.

„Und nichts über das Essen."

Vzor nickte.

„Und nichts über dumme SA-Leute."

Vzor nickte.

„Also am besten über nichts", sagte der Junge. „Und wozu hab ich dann das Buch?"

„Fürs Wetter und für so hübsche Geschichten, wie du mir schon eine gezeigt hast."

Vzor hatte noch den ganzen Sonntag Zeit, den Brief an Stefanie zu schreiben, um ihn am Montag zur Post bringen zu können. Es war ein langes Weihnachtswochenende, das mit Ausnahmen, nur noch an wenigen Orten genossen werden konnte. Das Protektorat gehörte dazu.

In der Nacht vom 30. zum 31. Dezember begann es tatsächlich zu schneien. Vzor kontrollierte am Morgen die Schneehöhe: Vier lächerliche Zentimeter waren es. Demnach konnten in der Nacht nur zweieinhalb Zentimeter Schnee gefallen sein, da die vorhanden gewesene dünne Schneedecke bereits anderthalb Zentimeter betragen hatte.

Vzor musste im Stillen über seine Wettermarotte und über die damit zusammenhängende Buchführung lachen, hielt aber an den peniblen Aufzeichnungen fest, als er merkte, dass der Junge Freude daran hatte, selbst Buch darüber zu führen.

Am letzten Tag des Jahres – es war ein Donnerstag - lag ein Brief im leicht bereiften Kasten außen am Gartenzaun. Der Brief war in Prag aufgegeben und abgestempelt worden, und auf der Rückseite stand: *F. Muster, Wassergasse, Prag.* Der Absender war entweder in Eile oder absichtlich schlecht leserlich geschrieben. Die Hausnummer konnte eine *12*, aber auch eine *17*, vielleicht auch eine *19* sein. Das *F.* konnte für Ferdinand stehen, der schlampig geschriebene Absender ebenfalls auf Ferdinand schließen lassen. Grund genug, sich aufzuregen. Vzors Blutdruck stieg wieder einmal an. Trotz der Kälte fühlte er das an der Hitze in den Wangen. Die Lesebrille beschlug, und die Unsicherheit bewirkte, dass seine Hände zu zittern begannen.

In der Küche musste er sich erst hinsetzen und die Brille putzen, die nun durch die Wärme völlig trüb geworden war.

Horst-Manuel kam in die Küche, hatte Fotos in der Hand und fragte: „Was sind das für Bilder?"

Vzor setzte die Brille auf, nahm die Fotos und sah, dass es sich um die Bilder handelte, die er von der veränderten Grabbepflanzung gemacht hatte. Erst hatte er die Fotos zu spät abgeholt, dann hatte er sie wütend irgendwo abgelegt und schließlich vergessen, sein Versprechen einzulösen und einige Bilder nach Wien zu Dorothea zu schicken, mit der Bitte, vielleicht zwei davon an die Hinterruckler-Tanten weiterzureichen. Jetzt war Tante Maria tot, ohne das bepflanzte Grab gesehen zu haben.

„Wo hast du die Fotos gefunden?"
„Im Wohnzimmer."
„Es ist das Grab meiner Frau Anna", sagte Vzor.
„Hat *sie* dir das Kochen beigebracht?"

Vzor fühlte eine neue Wärme im Gesicht und gestand, dass er bestimmt noch in zehn Jahren ein schlechtes Gewissen haben werde. „Denn wenn ich nicht ab und zu in die Küche hätte gehen müssen, um mir aus der Leitung ein Glas Wasser für mein Bullrichsalz zu holen, wüsste ich heute noch nicht, wo in der Stadtwohnung die Küche war."

„Du schwindelst doch!", sagte Horst-Manuel.

„Na gut, hier draußen im Sommer, da saß ich öfter in der Küche."

„Und hast deiner Frau nie geholfen?"

„Zugeschaut habe ich."

„Nur zugeschaut?"

„Beim Einkochen von Obst habe ich ihr geholfen, beim Marmelade machen. Zeit zum Üben hatte ich notgedrungen nach Annas Tod zwei Jahre. Und glaub mir, da war einiges schief gegangen!"

„Wie gut, dass ich erst später kam", sagte Horst-Manuel.

„Ja", sagte Vzor, „der Zeitpunkt war goldrichtig!"

„Hast du Post bekommen?" Der Junge zeigte auf den noch ungeöffneten Briefumschlag.

„Ja", sagte Vzor, „aus Prag. Lässt du mich bitte lesen?"

„Na klar!", sagte Horst-Manuel und rannte zurück ins Wohnzimmer.

Vzor riss das Kuvert auf, zog die mit Schreibmaschine beschriebenen Blätter heraus, suchte die Seite mit der Unterschrift und las: *Liebe Grüße von Deinem Sohn Franz.*

Aufatmen, Zurücklehnen und Lesen war eins: *Lieber Papa,* las Vzor, *Prag ist eine Oase der Normalität. Wer durch die Innenstadt geht, findet vorwiegend Deutsche. Viele in Uniform, gewiss, weshalb sich die Tschechen lieber in den Außenbezirken aufhalten. Wenn ich über den Wenzelsplatz gehe oder über den Graben oder in die Stephansgasse, könnte man denken, in einer rein deutschen Stadt zu sein. Wegen der heftigen Bombenangriffe auf Berlin, werden kaum noch Filme in Babelsberg gedreht. Dafür ist Hochbetrieb in den Barrandov-Ateliers. Die Stars wohnen größtenteils im Hotel 'Alcron'. Das ist Prags Luxushotel. Old fashioned, sehr nobel. Du musst wissen, dass ich gelegentlich in der Wassergasse bei einer Freundin übernachte. Die Wassergasse ist eine Parallelstraße von der Stephansgasse, so dass ich, wenn ich frei habe, gelegentlich ins 'Alcron' gehe, um dort einen Kaffee zu trinken. Und dreimal darfst Du raten, wem ich kürzlich dort begegnet bin – ja, du liest richtig: Johannes Heesters! Er ist jetzt immer öfter in Prag. Das erzählte mir der Oberkellner. Heesters habe zwar noch ein festes Engagement am 'Metropol'-Theater in Berlin, aber angeblich nur noch bis Ende März 1943 'Hochzeitsnacht im Paradies' heißt die Operette. Also ein Paradies für die Menschen in Berlin wird es nicht sein. Und wer weiß, wie lang es noch dauert, bis auch das 'Metropol' von Bomben getroffen sein wird. Zuerst soll Heesters im Hotel 'Flora' gewohnt haben. Das ist in der Weingartenstraße. Im dritten Bezirk von Prag, glaube ich. Doch jetzt, verriet mir der Ober; wird er nur noch im 'Alcron' wohnen und bald eine ganze Suite mieten, da im kommenden Jahr seine Frau und die beiden Töchter ebenfalls nach Prag kommen werden. In Berlin muss es furchtbar sein. In der Nacht sind die Engländer über der Stadt, am Tag sind es die Amerikaner. Hier hingegen ist tiefer*

Friede. Kaum zu glauben, wenn man bedenkt, dass Berlin nur eine gute Flugstunde von Prag entfernt ist. Jetzt meine Frage, Papa: Hättest Du Lust, für ein Wochenende nach Prag zu kommen? Im 'Alcron' zu wohnen, wird natürlich nicht möglich sein. Erstens, zu teuer, zweitens, völlig ausgebucht. Das 'Alcron' ist gestopft voll mit Künstlern aus Berlin. Du würdest staunen, wie viele deutsche Leinwandgrößen sich hier aufhalten. Brigitte Horney sah ich im Hotel. Und vor einem Monat tanzte ich mit Mady Rahl. Kannst Du mit dem Namen etwas anfangen? Wenn ich sie Dir auf einem Bild zeigen könnte, würdest Du ausrufen: „Ja freilich kenne ich sie!" Sie ist rothaarig. Ein flotter Käfer! Ich glaub, sie fliegt auf Männer in Uniform. Im 'Alcron' zum Tanztee hab ich sie zu einer Runde aufgefordert, und stell Dir vor, sie hat mir keinen Korb gegeben. Aber als ich in Zivil zwei Tage später wieder mit ihr tanzen wollte, sagte sie „Danke!" und redete mit ihrem Tischnachbarn weiter. Und was glaubst Du, wen ich noch in Prag sah? Jetzt halte Dich fest: Theo Lingen und Hans Moser!
Beide kamen aus dem 'Alcron' und stiegen in ein nobles Auto. Wahrscheinlich ein Dienstwagen der in Reichsbesitz übergegangenen tschechischen Prag-Film AG. Bestimmt hat sie der Chauffeur zum Drehort gefahren. Prag hat zwei Filmstudios: Das größte und bekannteste Filmgelände ist das im Süden Prags hoch über der Moldau gelegene Barrandov-Atelier. Vom rechten Moldauufer aus, wenn man flussaufwärts geht, kann man auf dem Barrandov-Felsen das berühmte Terrassencafé sehen. Und dann gibt es noch das Filmstudio im

südöstlich gelegenen Stadtteil Hostivar an der Endstation der Linie 4. Kurzum, den deutschen Filmschauspielern, die das Glück haben, gut im Geschäft zu sein, geht es gut. Sie drehen in Wien, in Budapest und besonders gern in Prag.

Hier gibt es unter den Tschechen erstklassige Filmspezialisten, was bedeutet, dass viel technisches Personal, das in den Babelsberger Studios arbeitete, nicht mehr gebraucht wurde, demnach zum kriegswichtigen Einsatz eingezogen oder sogar an die Front abkommandiert werden konnte. Denk an Brünn: Dort hat man die jungen deutschen Balletttänzer durch tschechische Tänzer ersetzt. Denk an Jilek, den großartigen tschechischen Solotänzer. In 'Coppelia' habe ich ihn gesehen, als ich zuletzt in Brünn war. Würde mich nicht wundern, wenn der eines Tages am Nationaltheater in Prag Karriere machen wird. Hast Du ausreichend zu essen? Hier gibt es nichts, was es nicht gibt. Der Schwarzmarkt blüht. Nur Geld muss man haben, und das haben die Filmschauspieler bestimmt reichlich.

In Berlin, was man hier so hört, gibt es immer wieder Stromsperren, Versorgungsschwierigkeiten, Engpässe bei Lebensmitteln, Treibstoffknappheit. Hingegen hier – und bestimmt auch bei uns zu Hause in Brünn – lässt es sich noch leben. Du würdest sagen: Über Prag und Brünn hat der Herrgott eine Panzerglashaube gestülpt. Möge es so bleiben. Und als Nachschrift war noch zu lesen: *PS: Wenn Du mir mitteilen willst, dass Du gern für ein Wochenende oder ein paar Tage länger nach Prag kommen möchtest, schreibe an Frau Elisabeth Sandler in Prag 1, Pštrossova 2, zu deutsch:*

Straußgasse. Das ist eine Gasse unmittelbar hinter dem Nationaltheater.

Und dann kam die Unterschrift, die Vzor schon gelesen hatte.

Horst-Manuel stand wieder in der Küche und hüstelte wie ein Alter. „Liest du immer noch?", fragte er.

„Ich bin fertig mit der Lektüre", antwortete Vzor.

„War ja ein ganzer Roman", sagte der Junge.

„Nur ein Situationsbericht", sagte Vzor und vermied es, noch einmal zu erwähnen, dass der Brief aus Prag kam, aus Horst-Manuels Geburtsstadt, in der er wahrscheinlich bis zu seinem sechsten Lebensjahr gewohnt hat.

„Aber ein recht langer Bericht", sagte der Junge.

„Willst du ihn lesen?", fragte Vzor.

„Nein, danke!", sagte Horst-Manuel. „Willst du dir meine Bobbahn anschauen, die ich gebaut habe?"

„Du hast dir eine Bobbahn gebaut? Vom Waldrand herunter durch den ganzen Weingarten bis herein in den Hof?"

„Du machst Witze!", lachte Horst-Manuel. „Eine Bobbahn vom obersten Ende des Christbaums bis hinunter zur Talstation."

Also stand Vzor auf, um sich die Konstruktion anzusehen und war beeindruckt: Aus in Streifen geschnittenem Packpapier, die Ränder der Streifen hochgeknickt, hatte Horst-Manuel in sanft abfallenden Bahnen eine Strecke aneinandergeklebt, die sich in breiten Bögen rund um den Tannenbaum schlang und unten über einem alten Küchenmörser endete.

Das schwere gusseiserne Küchengefäß, mit dem Stössel aus demselben Material, von Anna gelegentlich zum Zerkleinern von Würfelzucker und manchmal auch zum Knacken von Nüssen verwendet, stand eigentlich nur noch zur Zierde ganz oben auf der Küchenkredenz. Jetzt stand der Mörser unterm Weihnachtsbaum und fing die bunten Spielkügelchen auf, die Horst-Manuel über seine geschwungene Papierbahn nach unten rollen ließ. Vzor rief „Bravo!" und applaudierte, und Horst-Manuel sprang von der kleinen Trittleiter und verbeugte sich.

Vzor bestritt den letzten Tag des Jahres 1942 mit Musik aus dem Plattenkoffer. Er wollte weder Nachrichten noch irgendeine Ansprache hören, die den Endsieg pries und den heldenhaften Kampf um Stalingrad. So ließ er Jan Kiepura und Josef Schmidt singen, aber auch Peter Igelhoff und Zarah Leander. Auch eine Brunsvick-Platte mit der Komposition ′Heat Wave′ ließ er kreisen, die Horst-Manuel besonders gut gefiel.

Vzor dachte an Anna, an die beiden Söhne, dachte an Frau Stefanie, an Frau Myslivec und deren braven Mann, der am Rauhreifmorgen des ersten Weihnachtsfeiertags mit einer halben Gans im Rucksack den Berg heraufgekommen war. Auch an Václav Tonda dachte er, an dessen Frau Milena und an die Kellnerin. Wo mochten sie sein? Spitzer und Dorothea kamen ebenfalls in Vzors Gedankenkarussell vor. Friseur Sobotka und dessen Verwandtschaft in Kohoutovice auch.

„Darf ich bis Mitternacht aufbleiben?"

„Wenn du das schaffst, warum nicht", entgegnete Vzor.

Horst-Manuel schaffte es. Erst malte er an seinem Bild weiter, dann verglich er seine Daten mit den Anmerkungen in Papa Vzors Wetterbuch.

Besonder stolz war Horst-Manuel auf seinen Satz: *Genaue Wettervorhersagen – für eine Woche oder gar länger – sind immer noch Glücksache. 31.12.1942.*

Vzor hatte am Abend doch noch das Radio eingeschaltet. Die Grammophonplattensammlung war begrenzt. Was sich im Haus befand, war nach einer halben Stunde abgespielt. Marika Rökk am letzten Tag des Jahres fünfmal „In einer Nacht im Mai" singen zu hören, überstieg Vzors Duldsamkeitsgrenze. Das betraf auch die Aufnahmen mit Ilse Werner, Peter Igelhoff, Hand Albers und Heinz Rühmann. Auch die rasant gespielte Orchesterfassung von „Heat Wave" verlor nach der sechsten Wiederholung an Glanz.

Im Wechsel mit dem tschechischen Sender von Radio Prag und den gleichgeschalteten deutschsprachigen Rundfunkstationen des Reichssenders Großdeutschland war die Musik dann doch kurzweiliger als das Schallplattenauflegen, das Horst-Manuel über zwei Stunden lang beschäftigt, aber dann auch gelangweilt hatte. Das Radioprogramm war angefüllt mit Grußadressen und Wunschkonzertmelodien aus der Heimat an die tapferen Soldaten in den vordersten Linien. Das Angebot reichte von klassisch ernst und heiter bis zur unbeschwert lockeren Schlagermusik. Je später es wurde, umso übermütiger wurden die Klänge und Sketche. Silvestergerecht lustig und gleichzeitig deplaziert, wie Vzor empfand. Der Filmtitel *'Tanz auf dem Vulkan'* fiel ihm ein. Der hätte zur allgemeinen Lage gepasst. Doch das von Gründgens gesungene Lied *'Die Nacht ist nicht allein zum Schlafen da, die Nacht ist da, dass was geschieht'* kam im Rundfunkprogramm nicht mehr vor, seit Sirengeheul die Nächte schlaflos machte und Feuerregen auf deutsche Städte fiel und Stahlhagel auf die frierenden Soldaten in ihren Schneelöchern.

Horst-Manuel war schon dreimal auf Vzors Schlafcouch vorm Kamin eingenickt. Inzwischen war es kurz vor Mitternacht. Vzor veränderte nichts an der Lautstärke des Radios, um den Buben nicht aufzuwecken. Erst sollten die Kerzen am Weihnachtsbaum brennen. Auf dem Plattenteller lag bereits die alte Glockenaufnahme. *Die Wummerin vom Wiener Stephansdom grüßt das neue Jahr* stand mit Goldschrift auf dem dunkelroten Etikett. Und darunter war noch zu lesen: *Es singen die Wiener Sängerknaben.*

Vzor schaute auf die Uhr, die Kerzen brannten, also löschte er die Zimmerbeleuchtung und schaltete das Radio aus. Die Stille, wie erwartet, weckte den Buben. Vzor setzte die Grammophonnadel auf die Rille – erst knisterte es aus dem Schalltrichter, doch dann setzte das Dröhnen ein: Dong-dong, dong-dong, wumm-wumm, wumm-wumm! Und nach einer halben Minute begannen die Engelsstimmen zu singen.

In Horst-Manuels Augen glänzte der Widerschein der flackernden Kerzen, und Vzor zählte: „Neun, acht, sieben, sechs, vier, drei, zwei eins: Prosit Neujahr Neunzehnhundertdreiundvierzig!"

„Du hast die Fünf ausgelassen!", rief Horst-Manuel.

„Hab ich nicht!"

„Hast du doch!"

„Also zählen wir noch mal! Aber gemeinsam!" Und so zählten jetzt beide von neun bis eins, wobei Horst-Manuel die Fünf besonders laut betonte und zum Schluss „Prosit Neujahr!" rief, Vzor umarmte und fragte: „Darf ich die Glocken noch einmal hören?"

Vzor drehte sicherheitshalber erst die Kurbelmechanik, Horst-Manuel setzte die Nadel in die Rille, und erneut dröhnte die Wummerin, und noch einmal erklangen die silbrigen Stimmen.

„Darf ich die Kerzen auslöschen?", fragte Horst-Manuel, nachdem sich der Plattenteller nicht mehr drehte und Vzor mit seinem Glas Rotwein an Horst-Manuels Weinglas stieß. Der mit Wasser vermischte Himbeersyrup hatte nahezu die gleiche Farbe wie der Nikolsburger in Vzors Glas. Da hatte der Junge lang mischen müssen, um sein Getränk in der Glaskaraffe dem Rotwein äußerlich anzugleichen. Jetzt rief er: „Moment! Du musst das Glas unten anfassen! Ganz unten am Stiel, sonst klingt es nicht!"

„Du musst das aber auch tun!", rief Vzor.

„Na klar! Ich bin Anstoßspezialist!"

Und weil es so wunderschön glockenzart „Kling!" machte, musste Vzor noch zweimal hintereinander anstoßen und „Prost, Neujahr!" rufen.

Dann bat er Horst-Manuel leise zu sein, weil er, sobald die letzte Kerze gelöscht sei, das Fenster öffnen werde.

„Um zu lüften?", fragte der Junge.

„Auch", sagte Vzor, „aber hauptsächlich, um sich etwas zu wünschen und in die Stille einer Neujahrsnacht zu lauschen, was allerdings seit Erfindung des Schießpulvers immer mehr in Vergessenheit geraten ist."

Kalt zog frische Winterluft ins Zimmer. Horst-Manuel stand neben Vzor. „Darf ich mir schon etwas wünschen?", flüsterte er. – „Ja, natürlich", flüsterte Vzor zurück. „Aber du darfst den Wunsch nicht laut aussprechen und ihn auch niemandem verraten."

„Kannst du schon etwas sehen?", fragte der Junge.

„Sehen nicht", antwortete Vzor, „aber fühlen."

Horst-Manuel beugte sich vor. „Jetzt fühle ich 's auch! Nässe auf der Nase! Es schneit!"

„Leise", mahnte Vzor.

„Ja", flüsterte Horst-Manuel. „Leise rieselt der Schnee."

„Wo sind die Zeiten hin, da man fallenden Schnee auch in der Nacht sehen konnte", flüsterte Vzor.

„Als noch Straßenlaternen brannten?"

„Du sagst es. Schnee wird durch Licht erst schön."

„Vergiss nicht, dir etwas zu wünschen", flüsterte Horst-Manuel.

„Keine Angst", flüsterte Vzor zurück, „schon passiert!"

Die Nacht war still. Kein Lachen, kein Singen, keine Musik, kein Wind. Nur der Schnee fiel, und Schnee fällt bekanntlich lautlos.

21

Der Bub wuchs Vzor immer mehr ans Herz, doch mit der Zuneigung wuchs auch die Sorge, und mit der Sorge wuchs die Angst. Horst-Manuel war in gesundheitlich guter Verfassung, dennoch war Vzor zu keiner Zeit frei von der beklemmenden Vorstellung, dass der Bub eines Tages so krank werden könnte, was ohne Einweisung in ein Spital nicht zu heilen wäre. So spukte in Vzors Kopf das Schreckgespenst einer nicht rechtzeitig erkannten Blinddarmentzündung.

Am vierten Januar begann eine neue Woche und Vzor wieder mit einer Art Unterricht für den Buben. Addieren, subtrahieren, multiplizieren, und das alles ohne Zuhilfenahme von Bleistift und Papier.

Gehirntraining sei das, sagte Vzor und übte mit Horst-Manuel täglich zweimal, je eine halbe Stunde lang, auch zum eigenen Nutzen. Selbst die einfachen Dividierregeln für das Kopfrechnen begriff der Junge schnell.

Auf etwas kam er selbst: „Wenn ich eine Zahl, die über das kleine Einmaleins hinausgeht beispielsweise mit 5 multiplizieren soll, kann ich doch der Einfachheit halber die Zahl mal 10 nehmen und das Ergebnis halbieren. Zum Beispiel: 68 x 5. Da rechne ich im Kopf 68 x 10 = 680, und diese Zahl halbiere ich und erhalte das Ergebnis 340."

Da musste Vzor schmunzeln.

Am Tag darauf ließ Vzor den Buben ein Dreieck, ein Rechteck, ein Quadrat, einen Kreis, eine Ellipse und ein Trapez zeichnen und erklärte ihm, wie die Flächen berechnet werden. Ein paar Tage später zeichnete Vzor einen Würfel, einen Kegelstumpf, einen Zylinder, eine Pyramide, eine Kugel, einen Kegel und ein Fass, wobei ihm sofort wieder das hohe Gurkenfass im Keller einfiel. Und auch an diesen Beispielen erläuterte Vzor dem Jungen, wie aus den Grundflächenmaßen, aus Höhe, Halbmesser und Durchmesser der Rauminhalt berechnet werden kann.

Es war nicht viel, was Vzor dem Buben beibringen konnte, aber einiges halt doch. Am liebsten hätte er Horst-Manuel gezeigt, wie Zahnkränze und Kugellager gefertigt werden, wie mit einer Schieblehre umgegangen wird, hätte ihm den Unterschied zwischen einem Parallelschraubstock und einem einfachen Flachschraubstock erklärt, ihm vorgeführt, wie ein Werkstück eingespannt, erst mit der Grobfeile und später mit einer Schlichtfeile und letztlich mit einer Präzisionsfeile behandelt wird. Über Profile, Schrauben und Maschinenteile wäre viel zu sagen gewesen, auch über die einzelnen Werkstoffe. Über schmiedbares Eisen beispielsweise, mit einem Kohlenstoffgehalt unter 1,7%, was unter Fachleuten Stahl genannt wird. Auch über Messing und Aluminium hätte er sprechen können und nahm sich vor, es eines Tages auch zu tun, weil der Junge wissbegierig war, doch kaum für einen Beruf geschaffen schien, wie Vzor ihn ein Leben lang ausgeübt hatte. Einmal hatte er sich den Buben mit einem Schmiedehammer vorgestellt und lachen müssen. Das waren Augenblicke, in denen er sich Frau Stefanie an die Seite wünschte, weil sie das, was er nur ansatzweise fühlte, zu benennen wüsste. Wie würde er Horst-Manuel schildern? Der Junge malt gut, würde er sagen. Der Bub hat Phantasie, weiß sich hervorragend auszudrücken, ist schnell im

Denken, vermag sich gewitzt zu rechtfertigen, hat jederzeit einleuchtende Begründungen parat.

Vzor seufzte, und Horst-Manuel fragte, ob er helfen könne, worauf Vzor antwortete, dass der Mensch im Alter häufiger seufze und das nichts zu besagen habe.

„Komisch", sagte der Junge. „Wenn ich seufze, hat das immer was zu sagen."

„Und was?"

„Das kommt auf den Seufzer an."

„Ich hab dich noch nie seufzen gehört", sagte Vzor.

„Ich seufze heimlich."

Wieder so eine Bemerkung, die Vzor zwischen Lachen und Weinen stellte und er sich fragte, ob er den Buben tröstend umarmen oder sich lieber bücken und Holz auflegen sollte. Er entschied sich für die Umarmung, drückte Horst-Manuel an sich, strich ihm übers Haar und sagte, dass bald wieder ein Kürzen der Haarspitzen erforderlich sein werde.

Die Januartage 1943 waren durchweg kalt: um die 16 Grad minus. Jeden Morgen zierten Eisblumen die Fensterscheiben, und das Wasser in den Eimern hatte eine dünne Eisschicht. Vzor schleppte Holz aus dem Schuppen ins Haus und ging damit nicht sparsam um. Im Küchenherd prasselte das erste Feuer, dann kam der Kachelofen im ersten Stockwerk dran. Den Kamin heizte Vzor immer erst am Nachmittag an.

Als die Vormittagssonne endlich über die Baumwipfel stieg und ihre Strahlen in einem flachen Winkel blendend durch die Fensterscheiben schickte, ging Vzor los, um bei der verlässlichen

Eierbabo nach frischen Eiern zu fragen, hatte aber Pech. Frau Kratochvil war zwar da, auch die Hühner gab es noch, jedoch legten sie nicht, wie die Eieroma beteuerte. „Den Hennen wird der Hintern zugefroren sein", meinte sie mit ernster Miene.

„Oder der Hahn ist impotent geworden", sagte Vzor.

„Dann werde ich ihn schlachten", sagte Frau Kratochvil ungerührt.

„Sie sollten ihm eine Chance geben", empfahl Vzor.

„Sie meinen, ich sollte ihm erst drohen?"

„So in der Art", sagte Vzor.

„Danke für die Empfehlung", sagte Frau Kratochvil und lachte.

Als nach einer knappen halben Stunde Vzor wieder zurück im Haus war, empfing ihn Horst-Manuel mit einem faustgroßen Stein in der Hand und holte aus der Hosentasche einen gefalteten Papierbogen und ein Stück Drachenschnur. „Das alles kam durch das Küchenfenster geflogen", meldete er. „Ich saß zum Glück nicht am Tisch, war grad auf der Toilette."

Der mit dem Briefbogen umwickelte Stein muss auf der Tischplatte gelandet sein; denn die Tasse, die auf dem Tisch stand, lag zersplittert auf dem Fußboden.

„Ich hab die Scherben aufgefegt und in den Mistkübel gekippt."

Vzor schaute in den Mülleimer, sah mit Bedauern eine der Zwiebelmustertassen, sagte dennoch nur: „Scherben bringen Glück!" Dann faltete er das Papier auseinander, das mit der Drachenschnur um den Stein gewickelt war, und las: *Diese Scherben sollen Ihnen kein Glück bringen! Wir wissen, wo Ihr Totenkopf-Ferdinand ist!*

Der Text war tschechisch geschrieben, nur die Bezeichnung *'Totenkopf-Ferdinand'* stand in Deutsch da.

„Hast du gelesen, was auf dem Blatt steht?"
Horst-Manuel nickte.
„Und verstanden?"
„Verstanden schon, aber nicht begriffen."
„Hast du jemanden vorm Haus gesehen?"
„Ich war doch nicht in der Küche."
„Und danach?"
„Ich sollte mich doch auf keinen Fall am Fenster zeigen. Egal was geschieht."
„Ja, natürlich. Das war schon richtig. Entschuldige. Ich bin ganz durcheinander."
„Schon in Ordnung", sagte Horst-Manuel wie ein Großer.

Vzor schlief schlecht in dieser Nacht. Auch in den darauffolgenden Nächten folgte jedem Erwachen ein Herzschlaggefühl, als wäre der Blutkreislaufpumpe ein Dampfhammer beigegeben. Durch Vzors Vermutungslabyrinth spukte dann jedesmal dieser Berla, doch eher in der Figur eines Anstifters als in Gestalt des Werfers. *„Die Bedrohung ist zwiegenäht".* Diesen Satz hatte Schuhmachermeister Podola bereits 1938 zu Vzor gesagt. Jetzt war der Ausspruch erneut in Vzors Kopf, nachdem ihm geträumt hatte, zur Brandsohle zusammengestaucht in einen SS-Stiefel eingearbeitet, aber plötzlich befreit worden zu sein, nur leider verkohlt aus der Asche eines ausgeglühten Scheiterhaufens davongeweht.

Und wieder einmal fragte Vzor: „Den wievielten Jänner haben wir heute?"

Und Horst-Manuel antwortete: „Es ist Samstag, der 16. Januar 1943."

Vzor dankte und meinte, dass man sich diesen Tag merken sollte.

„Und warum?"

„Weil heute der Wehrmachtsbericht zum ersten Mal den Kessel von Stalingrad zugegeben hat. Die Einkreisung einer Stadt, in der jetzt Hitlers Truppen eingeschlossen sind." Vzor erklärte dem Buben die Lage und sprach, worüber er mit dem Jungen noch nie geredet hatte: vom Unrecht eines Angriffskrieges.

Fünfzehn Tage darauf durfte Horst-Manuel in Vzors Wetterbuch wieder einmal eine Eintragung machen und schrieb: *Donnerstag, 31. Jänner 1943. Die Bewölkung hängt düster über Haus und Weingarten. Es ist neblig. Kein Niederschlag. Es liegen sieben Zentimeter Schnee.* Dann schaute er zur Wanduhr zwischen Küchenherd und Fenster, wollte gerade 11 Uhr schreiben, als er Bremsen quietschen hörte. Vzors Weisung gemäß, sah er nicht aus dem Fenster, lief sofort in gebückter Haltung vom Küchentisch fort zur Tür und rief: „Ich glaube, es kommt wer!"

Vzor, der im Begriff war, das Schlafzimmer zu heizen und zu lüften, schloss schnell das Fenster, sah eines der Feuerwehrautos aus dem Depot der Freiwilligen Feuerwehr und erkannte Spitzer am Steuer, der dabei war, den Wagen zu wenden. In diesem Augenblick kam auch schon Horst-Manuel die Treppe herauf.

"Du warst zu laut", sagte Vzor. „Ich hatte das Fenster auf."

„Entschuldigung!", sagte Horst-Manuel und verschwand im Kleiderschrank.

„Es ist nur mein Freund Spitzer, also keine Bange", sagte Vzor, eilte noch einmal ans Fenster, riss es auf und rief: „Ich komme gleich runter!"

Spitzer, bereits auf dem Weg zur Gartentür, winkte hinauf, Vzor winkte zurück, schloss das Fenster und eilte, so schnell es die Knie zuließen, die Treppe hinab.

„Ich werde jetzt öfter in deiner Nähe sein", sagte Spitzer, während Vzor die Vorgartentür aufschloss.

„Keine Drohungen, bitte!", sagte Vzor und klopfte Spitzer freundschaftlich auf die Schulter.

„Wir üben jetzt regelmäßig den Alarmeinsatz und die schnellstmögliche Fahrt zu unserem Außenposten vor Wlasaks Gaststätte."

„Da ist also gegenwärtig keiner im Depot, falls es irgendwo brennt?"

„Natürlich ist unsre Telefonzentrale noch besetzt. Wir stehen in Funkverbindung. Während eines Bomberangriffs allerdings wird keiner mehr im Depot sein. Da sind wir dann alle mit unserem gesamten Material hier draußen, um nach einem Angriff effektiv, weil unbeschadet, eingreifen zu können."

„Geschildert klingt das schon sehr gut. Hast du Zeit für einen Tee?"

„Hab ich. Ferry Fukatsch nutzt mit seinen Leuten bei Wlasak die Gelegenheit zu einem Gabelfrühstück."

„Der Wirt wird sich freuen", sagte Vzor und registrierte, dass Spitzer zum ersten Mal den Vornamen seines Vorgesetzten nannte.

Vzor stellte den Wasserkessel auf die Herdplatte, Spitzer saß bereits, schaute in Vzors Wetterbuch, das Horst-Manuel aufgeschlagen auf dem Tisch liegen gelassen hatte und sagte: „Du hast schon mal schlechter geschrieben."

Vzor reagierte schnell, nahm das Buch, klappte es zu und sagte: „Was verlangst du von mir, ich bin alt. Holzhacken und Wasser schleppen belasten die Hände."

„Für Adolf schaut 's schlimmer aus. Dem seine Feierlichkeiten zum zehnten Jahrestag der Machtergreifung störten gestern britische Bomber."

„Möchtest du in Berlin bei der Feuerwehr sein?"

„Nein, danke. Als hätte es im vergangenen Jahr nicht schon gereicht, kamen bereits am 17. und 18. Januar neue Eisenladungen vom Himmel. Sehr freizügig, die Herren Briten."

„Wie geht 's meiner Schwägerin?"

„Noch is a Ruh über Wien."

„Nur wie lange noch?", sagte Vzor und brühte den Tee auf.

„Im Wiener Augarten werden noch in diesem Jahr zwei Flaktürme gebaut. Massive Eisenbetonbunker, die der Bevölkerung als Schutzräume dienen sollen."

„Und wohin werden sich die Brünner retten können? Immerhin haben wir die *Zbrojovka* am Stadtrand, die *Brünner Waffenwerke.*"

„Und in Gurein den Ableger davon: die Hermann-Göring-Werke."

„Die sind zum Glück ein Stück weit weg."

„Sechzehn Kilometer sind für eine verirrte Fliegerbombe keine Entfernung."

„Auch wieder wahr."

„Die Bürger der Stadt vor Bomben zu schützen, wüsste ich nur die Kasematten der Spielbergfestung und die unterirdischen Gewölbe am Krautmarkt", sagte Spitzer.

„Mager, mager."

„Was man von Göring nicht sagen kann."

Vzor und Spitzer waren einer Meinung, dass mit den Flächenbombardements auf deutsche Städte bislang nicht erreicht werden konnte, was Churchill sich erhofft hatte. Kaputte Häuser, tote Frauen, Kinder und Greise gab es zwar reichlich, aber kein Volk, das gegen Hitler meuternd auf die Barrikaden stieg. Im Gegenteil: Die Angriffe schürten den Hass gegen England und die USA. Und was den Widerstand gegen Hitler betreffe – so es den in hohen Militärkreisen überhaupt gebe -, werde der Wille dazu in sich zusammenschnurren und sich bestenfalls in Witzen erschöpfen. Einen Witz hatte Spitzer mitgebracht: Es werde für die Bevölkerung mehr Butter geben, weil die Führerbilder bald ´entrahmt´ würden.

„Hast du Goebbels gestern reden gehört?", fragte Vzor.

„Der Glaube versetze Berge, hat er gesagt. Dieser bergeversetzende Glaube müsse uns alle erfüllen. Erfüllt er dich?"

„Mich erfüllt nur Hilflosigkeit und grenzenlose Wut!", antwortete Vzor.

„Das kann ich nachvollziehen. Und wenn du nur bei dieser Aussage bleibst und sie nicht präzisierst und weitergibst, kann dir kein Volksgerichtshof ans Bein pinkeln."

„Ich bewundere deinen preußischen Wortschatz."

„Danke", sagte Spitzer und fragte, ob Vzor schon von der neuen Arbeits- und Meldepflicht gehört habe? Für alle Männer zwischen 16 und 65 und für alle Frauen von 17 bis 45 gebe es seit dem 27. Januar 1943 die Pflicht zur Arbeit. Womit eingetreten sei, worüber er, falls sich Vzor erinnere, schon vor mehr als einem Jahr gesprochen habe.

Vzor fühlte plötzlich sein Blut dick und seine Arme schwer werden.

„Ist dir noch nichts vom Arbeitsamt ins Haus geflattert?"

Vzor fiel der Stein ein und dachte: Geflattert nicht, aber geflogen! Da sagte Spitzer, dass der hauptsächliche Grund seines Kommens die Frage sei, ob er sich vorstellen könne, für die Freiwillige Feuerwehr zu arbeiten. Besser bei uns als sonst wo, und ob er mit Fukatsch darüber reden solle.

„Hm", brummte Vzor.

Das Wasser im Teekessel begann zu bullern und zu dampfen.

„Was denkst du, was Rudolf Hess machen wird?", fragte Spitzer.

„Auch Tee trinken", sagte Vzor.

„Von Hitler abgesegnet war der Flug bestimmt nicht", sagte Spitzer. „Aber gepasst hätte es ihm schon, wenn sich England zu Friedensverhandlungen bereiterklärt hätte; denn das war ja wohl der Grund des Flugs, ob ohne oder mit Wissen Hitlers. Für den Überfall auf Russland einen feindfreien Rücken …"

Und Spitzer ergänzte: „Das wär's wohl gewesen, zu Hitlers Entzücken!"

Beide lachten über den gelungenen Zufallsreim, und Vzor sagte: „Dieser Zug war längst raus, Schorsch. Zu diesem Zeitpunkt hätte das nicht einmal mehr mit Chamberlain geklappt!"

„Du sagst es, Pepi. An Churchill hat sich Hitler verschluckt."

„Und an Stalin wird er ersticken!" Vzor goss den Tee durch ein Sieb in Spitzers Tasse. Spitzer, bislang von Vzors und Stefanie Wimmers Gastgeberqualitäten verwöhnt, fragte: „Und keine Zitrone?"

„Auch keine Milch", sagte Vzor trocken. „Sogar dem Protektorat gehen allmählich die Vorräte aus, und wer weiß, wie lange uns noch die Italiener aus dem Golf von Sorrent und aus Sizilien Südfrüchte schicken können."

„Aber Zucker wirst du doch noch haben, oder?"

„Die Dose steht auf dem Fensterbrett."

„Ah, ja", sagte Spitzer, griff nach der Dose und entdeckte das Loch in der Scheibe. „Was ist denn da passiert?"

„Der Blumentopf war mir aus der Hand gerutscht und gegen die Scheibe geknallt", log Vzor ohne rot zu werden.

Vzor hatte den zersplitterten Scheibenteil mit dem Glaseinsatz eines ausgedienten Frühbeetfensters notdürftig geflickt. Mit Isolierband festgeklebt und abgedichtet bot das Fenster nicht gerade einen erhebenden Anblick. Eine bauchige Vase sollte den Schandfleck verdecken, aber auch das war missglückt.

„Werkmeister, Werkmeister", sagte Spitzer und lachte. „Da ruft man doch die Feuerwehr an und fragt. Du weißt doch, dass Feuerwehrleute einen guten Draht zu Glasern, Klempnern und Dachdeckern haben."

„Kenne ich", sagte Vzor. „Ihr zerschlagt bei einem Brandeinsatz Fensterscheiben, die nicht hätten zerschlagen werden müssen, demoliert Dachrinnen und Dachziegel und kassiert von den Handwerkerfirmen Prozente."

„Also bitte, das mag vielleicht irgendwann und irgendwo schon einmal so passiert sein, aber nicht bei uns!"

„Na gut", sagte Vzor, „dann nehme ich das zurück und behaupte das Gegenteil!"

„In Ordnung", sagte Spitzer, fand auch das komisch und versprach, einen Glaser vorbeizuschicken.

Genau in diesem Augenblick knallte es oben an der Treppe.

„Was war das?", fragte Spitzer.

„Was war was?"

Vzor wusste, dass dieses Geräusch nur Horst-Manuel verursacht haben konnte, gab sich gelassen, obwohl ihm fühlbar das Blut in den Adern stockte, als es ein zweites Mal polterte und Spitzer sagte: „Da, schon wieder! Hast du das nicht gehört?"

Vzor spielte noch einmal den unbekümmert Schwerhörigen.

„Meine Güte, Pepi, du musst zum Ohrenarzt! Schon der erste Rumms klang so, als wär' ein besoffener Hühnerhabicht aufs Dach gefallen, und dann hat 's doch noch einmal gerummst!"

„Vielleicht dem Hühnerhabicht seine Frau", versuchte Vzor zu scherzen.

„Willst du nicht nachschauen?"

„Manchmal toben Katzen auf dem Dach!"

Spitzer begann zu grinsen, stand auf, tat zwei Schritte zur Tür, Vzor streckte einen Arm aus, hinderte Spitzer am Weitergehen, also setzte sich Spitzer gleich wieder und sagte: „Meinst du nicht, Pepi, dass dieses Versteckspiel langsam albern wird? Gib´s doch zu: Manuela ist oben und räumt auf! Deine Geheimnistuerei lässt einen ja auf die finstersten Gedanken kommen: Das Mädel ist minderjährig." – Spitzer wartete auf eine Antwort, doch weil keine kam, Vzor nur wie gelähmt dasaß, riet Spitzer weiter: „Eine halbwüchsige Zigeunerin vielleicht? Wäre *auch* strafbar. Oder ist Manuela eine schon in die Jahre gekommene Babko mit Damenbart und Buckel?"

Über derlei Vermutungsgeblödel unbeschwert lachen zu dürfen, wäre schön gewesen. Doch in Vzor wirbelten Panik und Hilflosigkeit, als saugte ein in die Speiseröhre eingedrungener Tornadoschlauch sämtliche Eingeweide aus ihm heraus.

In dieses Chaos der Gefühle drang Horst-Manuels Stimme: „Aua, aua, aua! Papa, kannst du kommen?"

Vzor sprang auf, stieß gegen den Küchentisch, die Teetassen auf den Untertellern klirrten. Spitzer hörte Vzors polternde Schritte auf der alten Holztreppe, lief ihm nach, sah Vzor auf dem Absatz zwischen Treppe und der offenen Schlafzimmertür, sah ihn gebeugt über einem Knabenkörper, den er gerade aufhob, ins Schlafzimmer trug, mit einem

Fuß die offene Schranktür zustieß und den Buben aufs Bett legte.

Jetzt war Spitzer wie gelähmt. Selbst wenn er etwas hätte sagen oder fragen wollen, er hätte kein Wort hervorgebracht.

Vzor löste den Gürtel an Horst-Manuels Hose, öffnete den obersten Knopf, zog Pullover, Hemd und Unterhemd nach oben, ließ sich die schmerzende Stelle zeigen. Horst-Manuel deutete auf die Bauchmitte.

„Und hier auf der rechten Seite tut es nicht weh?" Vzor drückte auf die Blinddarmstelle.

„Nein", sagte Horst-Manuel, „nur in der Mitte schneidet es."

„Das kommt von der verkrampften Sitzhaltung im Schrank." Vzor massierte Horst-Manuels Bauch kreisend im Uhrzeigersinn. „Das sind versetzte Winde, nichts weiter. Du bleibst im Bett, ich koche einen Flatulenztee, den trinkst du dann schluckweise, danach wirst du pupsen können – zwei, drei, vier, fünfmal – und alles wird wieder gut sein."

Horst-Manuel musste lachen, worauf jetzt schon zwei Pupse kamen. „Das waren bereits zwei der Übeltäter", sagte Vzor. „Die kriegen wir noch alle!"

„Ja", sagte Horst-Manuel.

„Na, was ist?" Vzors flache Hand bewegte sich in kreisrunder Bahn weiter über Horst-Manuels Bauch. „Sticht es immer noch?"

„Nein", sagte Horst-Manuel, und wie zur Bekräftigung folgte noch ein dritter Brummton.

Spitzer lehnte im Türrahmen, sah alles, hörte alles, stand da mit offenem Mund und begriff gar nichts.

Vzor strich dem Jungen über die Haare, über die feuchte Stirn und sagte in zärtlichem Ton: „Ich gehe jetzt in die Küche runter und mache den Tee." Dann zog er Horst-Manuels Unterhemd, Hemd und Pullover wieder herunter, erhob sich ächzend, schüttelte das Federbett auf und deckte den Jungen behutsam zu.

„Danke."

„Schon gut, ruhe dich aus." Vzor drehte sich zur Tür, bedeutete Spitzer mit einer Handbewegung jetzt bitte keine Fragen zu stellen und schob ihn sanft zur Treppe.

Unten in der Küche, nachdem Vzor die Tür hinter sich zugemacht hatte, zischte Spitzer: „Was war *das* denn? Wo kommt der Bub her? Bist du auf deine alten Tage Päderast geworden?"

„Päderwas?"

„Stell dich nicht dumm, Pepi, du weißt schon, was ich meine: auf abartige Weise Knaben zugeneigt!"

Es war für Vzor zu viel, was da auf ihn einstürmte. Ansonsten um keine Entgegnung verlegen, traf ihn diese Verdächtigung unvorbereitet wie ein Schuss in den Rücken. Für den Fall einer Entdeckung des Buben, hatte Vzor, mehrfach durchexerziert, eine ganze Palette von Erklärungen bereit, aber keine schnelle Antwort auf eine Mutmaßung wie diese. Nervös füllte er frisches Wasser in den Teekessel auf dem Herd, legte Holzspäne auf die Glut, suchte nach dem Schraubglas mit Fenchel, fand es endlich und sagte schließlich wenigstens etwas. „Plem-plem", sagte er. „Du musst plemplem sein, wenn du so etwas von mir annimmst!"

Die Vermutung war raus aus Spitzers Gesicht. Aber Zweifel in Spitzers Augen sah Vzor immer noch, als er die Frage hörte: „Wer ist dieser Bub?"

Für lange Erklärungen war keine Zeit: Spitzer hatte, seit er im Haus war, bereits mehrfach ungeduldig auf seine Armbanduhr geschaut, einmal die Zeit mit der auf der Küchenuhr verglichen. Und so riss Vzor ein Blatt aus Horst-Manuels Zeichenblock, griff nach einem der Bleistifte, malte den sechszackigen Stern, setzte den Buchstaben ′J′ in die Mitte und schob das Blatt über den Küchentisch auf Spitzers Seite.

Es war der Tag der entsetzt dreinschauenden Gesichter. Jetzt war wieder Spitzer an der Reihe. Der Teekessel summte und knallte. „Zur Kenntnis genommen?", fragte Vzor, nahm das Blatt mit dem Stern wieder an sich, riss es in der Mitte durch und beförderte die beiden Hälften durch die Herdtür in die lodernden Flammen.

„Du musst verrückt sein!", sagte Spitzer.

„Verrückt ist nur einer", sagte Vzor, „und der hängt hier an der Wand!"

„Du weißt, dass sich auch Mitwisser strafbar machen?"

Vzor nickte. „Deshalb hab ich dich, meine Schwägerin und auch Frau Wimmer aus der Geschichte herausgehalten. Alle seid ihr hier im Haus gewesen, als der Bub schon da war. Außerdem war noch ein Luftschutzwart hier, kontrollierte den Dachboden und den Schuppen, kam dabei zu Schaden, weshalb auch Sanitäter da waren, ein Bereitschaftsarzt, kurz darauf zwei SA-Offiziere, mein Sohn Franz kam mich besuchen. Allerhand Bewegung in dem kleinen Haus, und immer war das Kind in der Nähe." Vzor goss das sprudelnd heiße Wasser über die zerriebenen Fenchelblüten.

„Sechs bis acht Minuten ziehen lassen", sagte Spitzer.

„Ich weiß", sagte Vzor.

Vorm Haus brummte ein kräftiger Automotor und ein Signalhorn ertönte. Spitzer schaute aus dem Fenster. Fukatsch stand am Gartenzaun, deutete auf seine Armbanduhr und machte mit dem angewinkelten rechten Arm, die Faust geballt, dieses typische ′Auf, auf, marsch, marsch!′-Zeichen, das Vzor eher mit der Bewegung eines Straßenbahnschaffners in Verbindung brachte, wenn der zweimal an der Deckenleine reißen musste, um dem Fahrer das Klingelzeichen zur Abfahrt zu geben.

„Du weißt, was ein Trappist ist?"

„Gezügelte Beredtsamkeit?", fragte Spitzer zurück und war beinahe wieder der Alte.

„Redeverbot", sagte Vzor.

„Ich muss aber deshalb nicht ins Kloster."

Vzor ging auf den Scherz nicht ein, sagte nur noch: „Sollte irgendwann durch dein Verschulden die Gestapo vor der Tür stehen, um den Buben abzuholen, bringe ich dich um!"

„Dazu wird ′s nicht kommen, weil dich vorher die Gestapo umgebracht haben wird."

„Und dich dein schlechtes Gewissen!"

Spitzer erschrak über Vzors Härte, blieb dennoch tapfer und erwiderte, dass Vzor lieber darauf achten solle, dass SS-Sohn Ferdinand diesem Haus fernbleibe. Mit diesem Satz war Spitzer bereits im Korridor und Vzor hinter ihm her. „Zu keinem und zu keiner ein Wort!", rief er. „Zu keiner! Hast du verstanden! Du weißt, wo Dorothea arbeitet!"

„In einer Anwalts- und Notariatskanzlei", sagte Spitzer, bereits genervt.

„Spezialisiert auf Enteignung jüdischen Eigentums!"

„Aber deshalb nicht der Naziideologie verfallen, wie du weißt! Also reg dich ab!"

Von draußen tönte das Signalhorn ein zweites Mal, und Spitzer sagte, dass er, wenn er keinen Ärger bekommen wolle, jetzt endlich gehen müsse.

Vzor packte Spitzer mit beiden Händen am Revers des Dienstoveralls, drückte ihn gegen die Korridorwand und sagte: „Schwöre bei Gott und bei allem, was dir *noch* heilig ist, dass du über das, was du hier gesehen und gehört hast, schweigen wirst! Schweigen, schweigen, schweigen!"

Spitzer ächzte, rang nach Luft, Vzor lockerte seinen Griff, zischte: „Schwöre!"

„Ich schwöre!", keuchte Spitzer. „Ich bin doch nicht lebensmüde!"

Da ließ Vzor seinen Freund los. Spitzers Overall war verrutscht. Vzor zupfte ihn wieder zurecht, sagte: „Hab Dank, dass du vorbeigeschaut hast, und komm wieder, sobald du mehr Zeit haben wirst!" Dann öffnete er die Haustür, Spitzer trat hinaus, Vzor schnippte eine nicht vorhandene Fussel von Spitzers Schulter, winkte Herrn Fukatsch und rief: „Die Gartentür ist auf!"

Entgegen seiner üblichen Gepflogenheit, zu warten bis der Besuch abgefahren war und noch hinterherzuwinken, schloss Vzor die Tür, drehte den Schlüssel zweimal im Schloss und ging in die

Küche, um für Horst-Manuel den Tee durchzuseihen.

22

Und wieder einmal war nichts mehr so wie es vor kurzem noch war. Das Leben ist ein Fluss, dachte Vzor. Steig zweimal hinein und er wird nicht mehr derselbe sein.

Am 3. Februar 1943 verdrängte der Wehrmachtsbericht kurzzeitig Vzors Ängste um Spitzers Verschwiegenheit. Der Reichsdeutsche Rundfunk meldete die Kapitulation der 6. Armee in Stalingrad. Der Nachrichtensprecher von Radio Wien sagte: *„Der Kampf um Stalingrad ist zu Ende. Ihrem Fahneneid bis zum letzten Atemzug getreu, ist die 6. Armee unter der vorbildlichen Führung des Generalfeldmarschalls Paulus der Übermacht des Feindes und der Ungunst der Verhältnisse erlegen."*

Ein Orchester spielte das Lied vom 'Guten Kameraden', dann folgten die deutsche Nationalhymne und das Horst-Wessel-Lied sowie die rumänische und die kroatische Nationalhymne. Danach herrschte auf sämtlichen deutschen Sendern eine dreiminütige Funkstille.

In den darauffolgenden Tagen verließ Vzor das Haus nur, um über die Straße zum Brunnen und mit den vollen Eimern wieder zurück zu gehen. Das Brot wurde knapp, die Milchkanne war schon seit Tagen leergeblieben, die letzten Vanillepuddingtüten lagen zerknüllt im Mistkübel, und die Portionen, die Vzor in Ermangelung von Milch nur mit

Wasser gekocht hatte, waren glasig geraten. Horst-Manuel hatte Kopfweh, beklagte sich aber nicht. Beunruhigt war er lediglich, weil Papa Vzor anders war als sonst: ernster, nachdenklicher, schreckhafter. Jede Bewegung vorm Haus ängstigte ihn.

Horst-Manuel betreute sein Tagebuch, las in Vzors Wetteraufzeichnungen und übertrug die Angaben mit eigenen Anmerkungen. *Der Winter ist nicht gerade kinderfreundlich,* schrieb er. *Die Schneedecke, die am 1. Februar noch sieben Zentimeter betrug, begann mit dem schwachen Regen, der am 2. Feber gegen Abend einsetzte, allmählich abzunehmen. Der Himmel ist größtenteils bezogen, es ist neblig, und heute, am 7. Februar, gibt es nur noch winzige Schneereste.*

Der 8. Februar war ein Montag. Von Donnerstag bis zum Samstag der vergangenen Woche war Staatstrauer gewesen. Die Fahnen auf allen öffentlichen Gebäuden waren für drei Tage auf Halbmast gesetzt worden. Kinos und Theater spielten seit gestern wieder. Vergnügungsstätten waren wieder geöffnet. Und Horst-Manuel sagte diplomatisch: „Da wirst du ja wieder einkaufen gehen können."

„Ja", sagte Vzor und seufzte, „das werde ich wohl müssen, wenn wir in unserem Paradies nicht verhungern wollen."

„Noch haben wir jede Menge Gläser mit Leberwurst im Keller", sagte Horst-Manuel.

„Danke für den Hinweis. Nur ohne Brot schmeckt der beste Aufstrich nicht."

Zum ersten Mal nach Spitzers Besuch musste Vzor den Buben wieder allein lassen. Wohl war ihm nicht dabei. „Erhöhte Alarmbereitschaft!", prägte er dem Jungen ein.

Unten an der Schreibwald-Endhaltestelle funktionierte das Telefon wieder. Spitzer musste erst geholt werden. Als er nach einer halben Minute immer noch nicht am Apparat war, hängte Vzor den Hörer an. Obwohl er sich einen unverfänglichen Text zurechtgelegt hatte, empfand er die Situation wie von einem Schutzengel so gefügt, stieg erleichtert in die Straßenbahn und am Hauptbahnhof wieder aus.

„Warst *du* das, der mich heut angerufen hat?" Spitzer kam mit schmutzigen Werkstatthänden heraus auf den Gehsteig.

„Ja", sagte Vzor. „Können wir irgendwo auf und ab gehen?"

„Ich bin mitten in der Arbeit, wie du siehst."

„Ich will nur wissen, wann du kommen kannst, damit wir in Ruhe reden können."

Spitzer ging ein paar Schritte vom Eingang zur Seite und flüsterte: „Bitte verstehe mich jetzt nicht falsch, wenn ich sage, dass ich *gar* nicht mehr kommen möchte." Und weil Vzor nichts darauf erwiderte, nur bestürzt ratlos dastand, fügte Spitzer hinzu: „Die Sache ist mir zu brenzlig."

„Muss ich dich an deine Regung erinnern, als du von den jüdischen Kindern erzählt hast, die mit ihren Rucksäcken und Köfferchen in der Marschkolonne brav mitliefen, als ginge es mit der Familie nur auf eine Ausflugsreise?"

Spitzer schwieg, sah betreten zur Seite.

„Ich sehe, du hast Angst. Die habe ich auch."

Spitzer sagte immer noch nichts.

„Wenn das so ist", sagte Vzor nach einer weiteren Pause, „kann ich mir sicher sein, dass du zu deinem eigenen Schutz zu keinem auch nur ein Sterbenswörtchen sagen wirst."

„Davon kannst du ausgehen", bestätigte Spitzer erleichtert.

Vzor nahm das zur Kenntnis und hätte gern gewusst, ob Spitzer wenigstens in einem Winkel seines Herzens beschämt war. Gegenwärtig sah er nicht danach aus. Es klang sogar etwas aufmüpfig, als er um Verständnis bat, wenn er sich bei Fukatsch nicht werde verwenden können, was die angedachte Mitarbeit im Depot betreffe. „Du weißt, wegen dieser neuen Bestimmung zur Arbeits- und Meldepflicht für Aufgaben der Reichsverteidigung. Da hatte ich dir ja angeboten ... du weißt ..."

„Ja, ja", sagte Vzor, „brich dir keinen ab!"

„Du warst ohnehin nicht sonderlich begeistert ..."

„Ist ja gut, Schorsch. So wie du *dich* verschonst, schone bitte auch meine Schwägerin und vor allem Stefanie. Das ist auch schon alles, worum ich dich bitte."

Spitzer hatte bereits mehrmals zum Eingang geschaut und den Putzlappen verlegen zwischen den Händen hin und her bewegt.

„Geh ruhig", sagte Vzor. „Die Pflicht ruft!" Am liebsten hätte er noch hinzugefügt, dass es gut wäre, von nun an für Alibibelege zu sorgen: für jede Minute und Stunde des Tages und der Nacht, weil jeder Schritt ohne Zeugen den Unschuldsbeweis erschweren würde.

„Wir bleiben aber Freunde", sagte Spitzer. „Notstände erfordern Notwendigkeiten."

Vzor wusste keine Erwiderung, war froh, die Alibiempfehlung für sich behalten zu haben, dachte nur: Herausfordernde Sprüche können aus ängstlichen Freunden Verräter machen.

„Also dann ...", sagte Spitzer und hielt Vzor den rechten Ellbogen hin.

Vzor berührte ihn lediglich mit zwei Fingern, wünschte einen angenehmen Kriegsverlauf und ging. Leichtfüßig schritt er durchs Mönicher Tor, als wäre ihm eine Last von den Schultern genommen, hatte sich kein einziges Mal umgedreht, was vernünftig war: Es hätte ihn nur geschmerzt zu sehen, dass Spitzer nicht einmal mehr für ein kurzes Winken stehen geblieben war.

23

Den Abreißkalender zu betreuen, war auch 1943 Horst-Manuels ganzes Glück. Er sammelte die einzelnen Blätter mit Sinnsprüchen und Empfehlungen für Haus und Garten, hatte das Blatt vom gestrigen Sonntag mit der roten Sieben auf den Küchentisch gelegt, wie er dies regelmäßig mit allen Blättern der Tage zu tun pflegte, damit Vzor die aufgedruckten Sprüche und Ratschläge lesen konnte, bevor die losen Blätter im Schuhkarton verschwanden, den Horst-Manuel seinen Tresor nannte und versteckt aufbewahrte.

Vzor kam mit einem gefüllten Rucksack nach Hause. Auch Eier waren diesmal dabei. Vzor wartete auf die Frage: Eierspeis oder Omelett?

Doch Horst-Manuel überraschte mit dem Satz: „Werde ich irgendwann wieder zur Schule gehen können?"

„Bestimmt", sagte Vzor.

Die Woche verging wohlversorgt und ohne Magenknurren. Horst-Manuel zeichnete die Landschaft, wie er sie aus dem Schlafzimmerfenster sah, versuchte sich auch an einem Porträt. Als Vorlage nahm er eine alte Fotografie, die im Schlafzimmer hing. Es war eines dieser bräunlich getönten Bilder, wie sie Berufsfotografen einst aus dem Tonfixierbad sepiafarben hervorholten. Das Foto zeigte Anna als achtzehnjähriges Mädchen. Vzor war verblüfft, wie lebensecht dem Buben die Zeichnung gelungen war - nur mit Hilfe eines einfachen Bleistifts zu Papier gebracht.

Am Sonntag sah es aus, als bekämen die Kinder noch einmal Gelegenheit zu rodeln, Ski zu fahren und einen Schneemann zu bauen.

Horst-Manuel schrieb in sein Tagebuch: *Sonntag, 14. Februar 1943. Hurra, hurra! Es beginnt zu schnein*! Der Montagseintrag lautete: *Schneehöhe: leider nur zwei Zentimeter!*

Als am 18. Februar aus dem Berliner Sportpalast über alle Reichssender die Ausrufung des ´Totalen Krieges´ übertragen wurde, wollte Horst-Manuel wissen, was genau damit gemeint sei.

„Der totale Irrsinn", antwortete Vzor. „Total, im Sinne von ganz, in vollem Umfang."

„Also in vollem Umfang verrückt", sagte Horst-Manuel und folgerte logisch, dass die vielen Leute, die dort Siegheil schreien, alle nicht ganz richtig im Kopf sein können."

„Wenn es so einfach wäre", seufzte Vzor und wagte, zum ersten Mal seit der Junge im Haus war, eine klare Aussage: „Mitgegangen, mitgefangen, mitgehangen. Hitler hat Wind gesät und erntet jetzt Sturm. Er hat leichtfertig einen Krieg vom Zaun gebrochen, hat in verbrecherischer Machtgier, geradezu frevelhaft übermütig, ein Land nach dem anderen überfallen, zuletzt Russland, ein Riesenreich, mit dessen Regierung er einen Nichtangriffspakt geschlossen hatte, den er bedenkenlos brach und Tod und Verderben über die Menschen brachte. Doch jetzt hat sich das Blatt gewendet. Hinter dem Ural hat Russland Rüstungsfabriken, unerreichbar für Hitlers Luftwaffe. Außerdem unterstützt Amerika die Russen mit Lastkraftwagen und mit sonstigen Lieferungen, die von Alaska über die Beringstraße nach Russland gelangen, während Deutschland immer schwächer wird." Vzor griff zum Atlas, der neuerdings zu Horst-Manuels Lieblingslektüre gehörte, blätterte, fand, was er suchte und zeigte dem Jungen die doppelseitige Ansicht von Europa und Russland, wies auf die Weite Russlands, die hinter dem Ural erst so richtig beginnt, und sagte: „Russland ist zweiundzwanzigeinhalb Millionen Quadratkilometer groß, Europa dagegen nur lächerliche knapp einhundertzwanzigtausend. Da lässt sich leicht ausrechnen, wie oft Europa auf die Fläche Russlands verteilt werden könnte."

„Du meinst, Hitler hatte in Rechnen eine Sechs?"

„Als Hitler zur Schule ging, gab es noch keine Sechs als schlechteste Note. Da gab es nur die Fünf. Aber heute würde ich ihm eine Sechs verpassen."

„Ich weiß immer noch nicht, warum die Menschen im Sportpalast so gejubelt haben", warf Horst-Manuel ein.

„Weil sie wissen, dass sie mit dem Rücken zur Wand stehen. Es gibt kein Zurück mehr. Sie haben zu viel Böses angestellt und fürchten die Rache der Betroffenen. Also wollen sie, dass weitergekämpft wird bis zum bitteren Ende; denn die so laut gebrüllt haben, kämpfen selbst nicht. Da möchte ich wetten, dass es sich bei den Leuten dort um keine Frontsoldaten gehandelt hat, sondern um ausgesucht eingeladene Etappenschweine, Parteibonzen, Staatsschauspieler, Gestapoleute, Angestellte der Rundfunkhäuser und Ministerien."

„Und wer war das, der dort die Rede hielt?", wollte Horst-Manuel noch wissen.

„Der Widersacher Gottes auf Erden", antwortete Vzor, erschrak, wie selbstsicher seine Stimme klang, ergriff Horst-Manuels Hände, sah dem Buben ernst in die Augen und sagte: „Merke dir eines gut: Reden ist Silber, Schweigen ist Gold!"

Dieses Sprichwort gehörte fortan zu Vzors täglichem Ordnungsspruch. Und Horst-Manuel wusste, was der Satz beinhaltete. Papa Vzors Anweisungen steckten im Kopf des Buben wie das kleine Einmaleins: „Kein Wort von dem, was ich dir sagte, darf über deine Lippen kommen", hatte der erste Satz gelautet. „Wer auch immer dich irgendwann über Hitler oder Goebbels oder über den Krieg ausfragen sollte: du bleibst stumm. Sagst auch keinen deiner altklugen Sätze wie: Mein Name ist Hase – ich weiß von nichts! Und keinen einzigen Satz über unsere Gespräche in dein Tagebuch! Wir leben in einer gefährlichen Zeit!"

Vzors Zweifel, ob es vernünftig war, so unverblümt mit einem zehnjährigen Buben zu reden, waren nicht gerade schlaffördernd. Zweifel nagten zusätzlich in Vzor hinsichtlich Spitzers Verlässlichkeit, zu halten, was er versprochen hatte. Anzunehmen war, dass sein Freund zur eigenen Sicherheit den Mund halten werde. Doch würde er sich auch gegenüber Dorothea zurückhalten können? Vielleicht wusste Frau Stefanie schon Bescheid? Diese Möglichkeit ängstigte Vzor am wenigsten.

Die Tage gingen dahin, es blieb ruhig am Waldrand des Libuschatals, und damit wuchs auch wieder das Vertrauen in Spitzer. Schließlich war es Spitzer gewesen, der ihn mit großem Zutrauen nach Wranau mitgenommen hatte und ihn Frau Stefanie gegenüber als rechtschaffen und glaubwürdig geschildert haben musste. Frau Stefanie hätte sich sonst nicht bereits am ersten Abend so unbesorgt gezeigt, ihm die geheime Bibliothek zu offenbaren.

Am Abend des 26. März 1943 schrieb Horst-Manuel in sein Tagebuch: *Am heutigen Freitag früh und abends bezogener Himmel. Tagsüber strichweise bewölkt. Kein Niederschlag. Das Thermometer zeigte am Tag 17 Grad Wärme. In der Nacht von Donnerstag auf Freitag soll die Temperatur am Boden auf minus 2 Grad abgesunken sein.*

An diesem 26. März endete der Winterfeldzug der Roten Armee. Den sowjetischen Truppen war es im Südabschnitt gelungen, bis zu siebenhundert Kilometer vorzudringen und über einhundertundzwölf Hitlerdivisionen zu zerschlagen. Eine Million und zweihunderttausend Kämpfer weniger allein dort. Aber kein Wort darüber in den deutschen Nachrichten, die täglich bemüht waren, die Rückzüge und Niederlagen in taktische Operationen umzuwandeln. Darüber wachte Joseph Goebbels, der die Kunst dieser Umkehrung meisterhaft beherrschte.

Während Vzor seine Frühlingsarbeiten im Garten erledigte, hatte er reichlich Zeit zum Nachdenken.

Noch waren die Hecken entlang des Weinbergs nicht ausreichend begrünt, so dass Horst-Manuel die frische Luft nur im Hof zwischen Haus und Schuppen genießen konnte. Auf die Frage des Knaben, wann er endlich wenigstens wieder bis zum Gewächshaus dürfe, antwortete Vzor: „Ab fünfzehnten Mai ..." – Und Horst-Manuel ergänzte den Satz, den er schon vom Vorjahr kannte: „ ... wenn wir ohne Angst vor Nachtfrösten die Blumenkübel ins Freie stellen können."

Vzor seufzte und dachte: Wenn ́s nur die Nachtfröste wären, die man fürchten muss.

Am 25. April war Ostersonntag. Das wievielte Osterfest inzwischen, das Vzor nicht in der Minoritenkirche feiern konnte? Trost brachte ihm die Anwesenheit des Buben. Vzors Eierquelle sprudelte noch, also hatte er Eier gefärbt und im Schuppen versteckt. Die Eieroma wunderte sich zwar, wofür ein alter Witwer so viele Eier benötigt. Vzor erzählte von Kindern seiner Freunde. Da wollte sie ihm für die Kinder ein Kaninchenpärchen mitgeben. Das Leben wird immer komplizierter, dachte Vzor.

Fünf Tage darauf, am 30. April 1943, war es in der Stadt, aber auch in den Außenbezirken von Brünn am Morgen neblig, dann regnete es tagsüber, und entsprechend feucht war der Brief, den Vzor aus dem Briefkasten holte. Franz hatte geschrieben. Er war immer noch in Prag und deutete an, dass er voraussichtlich weiter in Prag bleiben und vorläufig nicht nach Brünn kommen werde. Von Ferdinand habe er erfahren, dass auch er im Innendienst eingesetzt sei. Den Standort der Arbeitsstelle habe

Ferdinand ihm nicht mitgeteilt. Lediglich, dass es sich um Dolmetscherdienste handle. Also eine ähnliche Arbeit, wie er sie zu leisten habe. Dann berichtete Franz noch, dass wahrscheinlich schon im Herbst das im vergangenen Jahr gegründete Deutsche Tanz- und Unterhaltungsorchester unter der Leitung von Franz Grothe und Georg Haentzschel von Berlin nach Prag übersiedeln werde. Dass diese Verlegung wegen der massiven Luftangriffe auf Berlin schon längst hätte erfolgen müssen, stand natürlich nicht im Brief.

Auf der Suche nach eventuell weiteren ungeschriebenen Botschaften, las Vzor den Brief gleich noch ein zweites und drittes Mal, fand aber weiter nichts, außer einer allgemeinen Zurückhaltung, Privates preiszugeben.

„Hat dir dein Sohn geschrieben?", fragte Horst-Manuel.

Vzor nickte.

„Der, den ich kenne?"

Vzor nickte noch einmal und sagte: „Möchtest du den Brief lesen?"

Horst-Manuel schüttelte den Kopf.

Am 1. Mai - Annas Geburtstag - begann der Kuckuck zu rufen. Die Kirschbäume standen in voller Blüte. Die Meisen fiepten schon frühlingshaft seit über einem Monat. Horst Manuel schrieb in sein Wetterjournal: *Heiter. Tagsüber locker bewölkt. 16,8 Grad. Nachts, laut Übermittlung, um Null Grad.*

Beim Kartoffelschälen erzählte Vzor Geschichten von früher, sprach vom Kaiser Franz Joseph, der sich vom deutschen Kaiser Wilhelm hatte einwickeln und in den Ersten Weltkrieg hineinziehen lassen, erzählte vom Untergang der Monarchie und vom ersten Präsidenten der Tschechoslowakischen Republik und von den Aufmärschen am 1. Mai., als es noch demokratisch zuging in Böhmen und Mähren und es noch eine Versammlungsfreiheit gab.

Nachdem Vzor die Kartoffel gewaschen und auf den Herd gestellt hatte, fragte Horst-Manuel, ob vor dem Mittagesen noch so viel Zeit sei, an seinem Bild von gestern weiterzumalen.

„Zeit macht aus einem Hopfenpflänzchen ein Krügel Bier", antwortete Vzor. „Also nutze die Zeit und male!"

Und während Horst-Manuel im Wohnzimmer malte, saß Vzor am Küchentisch, wartete auf das Brodeln des Kartoffelwassers, betrachtete die noch jungfräulich unberührten Lebensmittelkarten, packte sie schließlich zurück in die Schublade und holte die beiden letzten Klobáswürste aus der Speisekammer, um sie bratgerecht aufzuschneiden. Kartoffelbrei und Bratwurst: Horst-Manuels Leibgericht. Das hätte es in der Woche mehrmals geben können.

Als Vzor den Jungen zum Essen rief, war der Jubel entsprechend groß. „Weil heute der erste Mai ist?"

„Ja", sagte Vzor, „der Kampftag aller Werktätigen!"

Deutsche Werktätige gab es inzwischen immer weniger. In Hitlers Waffenschmieden arbeiteten vorwiegend ausländische Arbeiter. In der *Zbrojovka,* den Brünner Waffenwerken, sorgten tschechische Spezialisten für einen Teil des Frontnachschubs, überwacht von nur wenigen älteren Deutschen. Unbotmäßige Tschechen verschwanden von einem Tag zum anderen. Es hieß, sie seien ins Altreich zwangsverpflichtet.

Vzor fiel Spitzers Bemerkung ein, dass sich die Waffenindustrie bestimmt in Kürze der alten Jahrgänge erinnern und auch Vzor bald in die Werkhalle zurückbeordern werde.

Nachts hörte Vzor die letzten Nachrichten. Der Frühling, der nicht nur der Natur neue Impulse verleiht, schien auch die deutsche Zuversicht wiederbelebt zu haben. Die Offensive zwischen Dnjepr und Donez gegen die sowjetische Woronesh- und Südwestfront, die Rückeroberung von Charkow und Belgorod machte den Deutschen erneut Hoffnung. Auch wenn die Wiedereinnahme der beiden Städte bereits am 16. und 21. März erfolgt war, wurde dieser Erfolg, propagandistisch unterstützt, immer noch frischgehalten.

In Nordafrika hingegen waren die deutsch-italienischen Truppen inzwischen stark unter Druck geraten. Vzor hätte zu gern gesehen, wie die Wochenschau diese Niederlage dokumentierte. Der Wehrmachtsbericht sprach von einem Brückenkopf bei Tunis und Bizerta; doch auch der ging bereits sechs Tage später flöten. Die britische 8. Armee kassierte schließlich Tunis. Für 252.000 Deutsche und Italiener war damit der Krieg beendet. Die Engländer hatten dem Wüstenfuchs Rommel das Fell über die Ohren gezogen. Für Hitler blieb da nichts mehr zu gerben. Generalfeldmarschall Rommel war trotzdem nicht zu beneiden. Der Kriegsschauplatz Nordafrika war jetzt fest in britischer und amerikanischer Hand. Und Vzor brauchte weder einen Atlas noch eine Wahrsagerin, um zu wissen, dass die Amerikaner bald den Sprung nach Sizilien wagen werden und Hitler wenig dagegen wird unternehmen können. So verging kaum ein Tag, an dem sich Vzor nicht wenigstens einmal Aug in Aug mit Hitler an die Stirn tippte.

Am 15. Mai wurde es sommerlich. Die Quecksilbersäule stieg tagsüber auf 28,2 Grad. Zu Mittag hatte es kalten Griesbrei mit Kirschkompott gegeben. Vzor wusch gerade die Teller und Löffel ab, als es vorm Haus zweimal kurz hupte. Vzor erschrak, wie schon lang nicht mehr, schaute aus dem Fenster und erkannte Stefanie Wimmers Cabrio. Das Dach war zurückgeklappt, Frau Stefanie saß allein im Wagen.

„Wohin?", fragte Horst-Manuel.

„In den Schuppen ins Heu!", flüsterte Vzor, öffnete das Fenster und rief: „Ich komme gleich!"

Als er die Vorgartentür öffnete, Frau Stefanie die Hand reichte, meinte er trocken: „Ob ´s dem Spitzer im Kofferraum nicht zu heiß wird?"

Frau Stefanie lächelte, und so wie sie dastand, frisch, mit strahlendem Blick, das Gesicht von silbrig durchwobenen Locken umrahmt, eine rote Baskenmütze keck schräg in die Stirn gezogen, einen gefüllten Weidenkorb in der Hand, sah sie wie ein in die Jahre gekommenes Rotkäppchen aus: bemerkenswert appetitlich, ja geradezu zum Anbeißen knusprig. Vzor musste schmunzeln, als er das dachte, und Stefanie sagte: „Spitzer ist unabkömmlich, lässt aber auch nicht grüßen. Hoffentlich störe ich nicht."

„Wie sollten Sie", sagte Vzor. „Ich wollte, es gäbe öfter so eine angenehme Überraschung. Sie haben sich ja nicht gerade den kühlsten Tag ausgesucht."

„Im offenen Wagen ist es auszuhalten."

Vzor nahm Frau Stefanie den Korb ab, bat vorausgehen zu dürfen, hielt die Türe auf, zog den Bauch ein und fragte, welcher Platz zum Plaudern erwünscht sei: einer im Garten oder einer im Haus.

Der im Freien, antwortete Frau Stefanie. Im Schatten wäre es angenehm. Vorher sollten allerdings die Sachen ins Kühle.

Und so eilte Vzor an Frau Stefanie vorbei und voraus in die Küche, stellte den Korb auf den Tisch und fragte, ob er das rotweißkarierte Tuch abnehmen dürfe.

Selbstverständlich. Bis auf den Korb und das Tuch sei alles andere für den Herrn des Hauses.

Vzor lupfte das Geschirrtuch wie ein Zauberkünstler, nur das 'voilà!' fehlte, schaute in den Korb, rief, ob er gleich verrückt werden solle oder erst in der nächsten Minute, dass er sich beschämt fühle und womit er Frau Wimmers Großherzigkeit verdiene. Und weil Stefanie nur lächelte, fügte Vzor das längst fällig gewesene „Danke!" hinzu, entschuldigte sein Versäumnis und fragte, ob er sie umarmen dürfe.

„Aber ja", rief Stefanie Wimmer, „wenn Ihnen danach ist!"

Vzor umarmte, stellte sich etwas linkisch an, wie er fand, sagte verlegen: „Verzeihen Sie, ich weiß gar nicht mehr, wie das geht. Ist schon zu lange her."

„Kann das sein, dass Sie jetzt schwindeln?"

Vzor löste seine Umarmung, suchte Stefanies Blick und sagte ehrlich überrascht: „Wie kommen Sie darauf?"

„Schorsch hat da so eine Andeutung gemacht."

„Hat er von einer Manuela gefaselt?"

„Kann sein. Schorsch redet viel, wenn der Tag lang ist. Haben Sie Eis im Eiskasten?"

„Ich hab gestern erst vom Gastwirt nebenan einen kleinen Eisblock geholt."

„Zur Sicherheit hab ich die Butter und den Aufschnitt zwischen zwei Eisbeutel gelegt. Aber wenn Sie Eis im Eisschrank haben, kann ich die Eisbeutel wieder zurücknehmen. Der Räucherschinken und die ungarische Salami halten sich im Keller auch ohne Eis."

„Woher wussten Sie, dass ich keinen Kaffee mehr habe?" Vzor hatte die große Büchse mit Kaffeebohnen entdeckt.

„Auch Kaffee aus Frankreich ist irgendwann aus, wenn man ihn nicht nur zum Trinken, sondern auch noch zum Tauschen verwendet."

„Ich trink schon seit Monaten nur Ersatzkaffee." Beinahe hätte Vzor ′wir trinken′ gesagt. „Soll ich uns einen Kaffee machen?", fügte er deshalb schnell hinzu, als wäre ihm dieser Versprecher tatsächlich unterlaufen.

„Nein, danke. Der Kaffee ist nur für Sie. Da bestehe ich darauf. Außerdem müsste er erst gemahlen werden."

„Ich mahle gern. Ich liebe dieses knirschende Geräusch, und ich mag den Duft, der beim Mahlen aus der Kaffeemühle aufsteigt."

„Apropos malen, doch ohne ′h′ : Sie aquarellieren?"

„Wie?"

„Sie malen mit Wasserfarben?" Dabei zeigte Stefanie auf das atlantikblaue Bild, das Europa als winzigen Fleck, dagegen den Atlantik riesig und dann erst die Wolkenkratzer New Yorks zeigte und im Osten Russland als riesige Fläche das Querformat des Aquarells beherrschte.

Horst-Manuel hatte den Zeichenkarton zwischen Volksempfänger und Wand gestellt und dort vergessen.

„Sehr beziehungsvoll, die Arbeit unters Führerbild zu stellen."

„Finden Sie?", stammelte Vzor.

„Ja", sagte Stefanie Wimmer. „Denn an diesem unangreifbaren Abstand zu den Produktionsstätten der USA einerseits und den für Hitler ebenso unerreichbaren Waffenfabriken Stalins hinter dem Ural andererseits wird Hitler scheitern. Der für Hitler so bequem gewesene Etappenkrieg, Schritt für Schritt ein Land nach dem anderen anzugreifen und zu besetzen, ist endgültig vorbei."

Das waren Vzors Gedanken schon seit langem, doch sie mit dem Bild in Verbindung zu bringen, erschloss sich ihm erst jetzt durch den Zufallsstandort. Und keine Ahnung, was der Bub gedacht haben mochte, als er es dort abstellte. Vielleicht ein letztes ʹGeschenkʹ an den Führer?

Stefanie Wimmer half Vzor, die Butter und den Wurstaufschnitt in den Eiskasten zu stellen. Als ihr der Frosthauch der Eisblöcke entgegenschlug, sagte sie: „Der nächste Winter kommt bestimmt."

„Ob Hitler das inzwischen weiß?"

„Dass wieder Winter wird?"

Vzor musste lachen. „Dass er jetzt das hat, was er am meisten fürchtete: den Zweifrontenkrieg."

„Er wird längst mehr wissen", sagte Stefanie. „Und das wird ihn von Monat zu Monat gefährlicher machen."

„Gefährlich für den Feind?"

„Gefährlich fürs deutsche Volk", sagte Stefanie, „und garantiert tödlich für die deportieren Juden Europas."

„Was darf ich Ihnen anbieten?"

„Sie haben so köstliches Quellwasser vorm Haus", sagte Stefanie und richtete sich auf. „Wenn Sie davon eine Karaffe mit hinaus in den Garten nehmen würden, wäre ich schon zufrieden."

„Sie sind ein genügsames Mädchen. Wer Sie heiratet, wird zum Glückspilz!"

Vzor hatte bereits am Vormittag den Tisch und die beiden Bänke im Schatten der Birke sauber- gewischt, weil er, wie Horst-Manuel versprochen, vorgehabt hatte, den 15. Mai als Frischlufttag zu feiern und einige Partien 'Russisch Kegeln' zu spielen. Schweigsam allerdings. Außerdem war der 15. Mai ein Samstag. An Wochenenden wird weder gelehrt noch gelernt. Diesen Satz musste sich Vzor jedesmal von Horst-Manuel anhören, wenn ihm an einem Samstag oder gar an einem Sonntag Prüfungsfragen eingefallen waren oder wenn er Erklärungen abgegeben hatte, die sich wie Lehrstoff anhörten. Bei allem Interesse und Fleiß: Horst-Manuel war das Wochenende heilig. Jetzt lag das arme Kind wiedereinmal unterm aufgeheizten Schuppendach im Heu. Hätte das Kind eine Heu- oder Stauballergie, überlegte Vzor, wer weiß, wo der Bub inzwischen läge. Ich bestimmt im Kittchen auf der Zeile oder, was schlimmer wäre, verprügelt im Kaunitzkolleg, dem ehemaligen Studentenheim, das seit Herbst 1939 der Gestapo als Gefängnis diente.

Vzor wollte allein frisches Wasser holen. Frau Wimmer bestand darauf, ihn zu begleiten. Als beide mit den leeren Eimern gerade die schmale körnige Sandstraße überquerten, kam Berla aus dem Wald. Diesmal auf einem Fahrrad. Vzor fand, dass Berla immer nur Rad fahren sollte: Der krumme Rücken auf dem Drahtesel stand ihm einfach besser zu Gesicht.

Zehn Minuten später saß Stefanie im Schatten auf der Bank, mit dem Blick am Gewächshaus vorbei zum Weingarten hinauf. Vzor saß ihr gegenüber und hatte die Rückseite des Schuppens und dahinter das erste Stockwerk des Wohnhauses vor Augen.

„Also dann, prost!", rief Vzor und musste lachen, als er mit Frau Stefanie Wimmers Wasserglas anstieß.

„Champagner und schwarze Schuhe erst nach 18 Uhr!", sagte Frau Wimmer.

„Wenn Sie das sagen", lachte Vzor und trank.

„Ich denke, Herr Knigge sagte das – der Freiherr Adolph von – und sogar das englische Königshaus richtete sich danach, glaube ich jedenfalls."

Als Stefanie fragte, ob er Auskunft geben könne, weshalb Spitzer sich seit einiger Zeit so seltsam verhalte, hätte Vzor am liebsten Ja gesagt. Wie durch watteumwickelte Wachsstöpsel hörte er Stefanies Stimme: „Immer wenn ich zu Schorsch sagte: Wollen wir nicht wieder einmal deinen Freund Vzor einladen oder zu ihm hinaus ins Libuschatal fahren?, blockte er ab, fand immerzu neue Ausreden. Eine Ausrede fadenscheiniger als die andere."

Lieber gar nichts sagen, als etwas Fadenscheiniges, überlegte Vzor und hob die Schultern im Zeitlupentempo.

„Sie sehen ratlos aus", sagte Stefanie.

Und Sie so liebreizend, dachte Vzor und erschrak, als er sah, wie Stefanie ihn anlächelte, als hätte er den Satz ausgesprochen.

„Gibt es Unstimmigkeiten zwischen Ihnen und Ihrer Schwägerin und damit vielleicht auch Ärger mit Schorsch?"

Da konnte Vzor aufrichtig den Kopf schütteln. Gleichzeitig arbeitete es hinter seiner Stirn wie in der Registrierkasse im obersten Hochhausstockwerk von Batas Schnellimbiss zur Mittagszeit.

„Gibt 's politische Differenzen?", hakte Stefanie vorsichtig nach.

An dieser Stelle hätte Vzor 'warm' rufen können, da sagte Stefanie lächelnd: „Eifersucht wird 's ja wohl nicht sein, oder?"

Dieser Satz gefiel Vzor am besten, und so schmunzelte er und sagte kühn: „Wer kennt sich schon aus im Dschungel der Seele."

Da begann der Kuckuck zu rufen, als wüsste er um die Notwendigkeit einer Pause in dieser Szene. Stefanie und Vzor lauschten. Auch die Meisen schwiegen. Und als sie wieder zu pfeifen begannen, fragte Stefanie: „Sagt Ihnen der Name Eckermann etwas?"

„Sozi, Nazi oder Kommunist?"

Stefanie musste lachen. „Johann Peter Eckermann führte Gespräche mit Goethe und hielt diese Dialoge schriftlich fest. Da war der Dichterfürst ein bereits betagter Herr. Ich lese gern in diesen Aufzeichnungen."

„Und wie kommen Sie jetzt darauf?"

„Weil die beiden sich an einem Abend im Oktober über die Wunder des Lebens unterhielten und dabei unter anderem auf den Kuckuck zu sprechen kamen."

„Im Oktober?", wunderte sich Vzor. „Da hat doch der Kuckuck – so behauptet das jedenfalls ein Aberglaube – sein Dasein als Frühlingsrufer bereits aufgegeben, um sich auf seine Verwandlung zum Raubvogel vorzubereiten."

„Sie kennen diesen Unsinn? Erstaunlich, wie lange sich Irrglauben frisch halten."

Vzor war froh über die Wende im Gespräch.

„Goethe hatte eine Erklärung: Er meinte, dass die Annahme einer Verwandlung daher komme, dass Falken, wenn sie noch nicht ausgewachsen sind, in ihrem Flug und Aussehen dem Kuckuck ähneln. Doch bezog sich diese Bemerkung nicht auf das Wunder des Lebens. Goethe bestaunte etwas anderes: Er wunderte sich, dass der Insektenfresser Kuckuck seine Eier nur in die Nester von Insektenfressern legt und niemals in die Nester von Vögeln, die sich von Samen ernähren. Und so fragte er Eckermann: ′Woher weiß der Kuckuck das?′ Darauf wusste auch Eckermann keine Antwort."

„Da kam doch zu den Fragewörter wo, woher und was der Kuckuck wie gerufen", warf Vzor ein. „Wo, zum Kuckuck, ist dies oder jenes? Oder: Woher, zum Kuckuck, soll ich das wissen? Oder: Was, zum Kuckuck, hab *ich* damit zu tun?"

„Dieser Einwurf hätte sicher auch Goethe gefallen", sagte Stefanie.

„Danke", sagte Vzor und hatte ein Gefühl, das er zuletzt vielleicht vor vierzig Jahren hatte. Da hätte er ein Erröten möglichst schnell mit einem Themawechsel übergangen. Jetzt im Alter nahm er die Gefühlsregung dankbar zum Anlass, ungeachtet eines möglicherweise gar nicht sichtbaren Beweises, sozusagen ohne rot zu werden zu fragen: „Bin ich etwa rot geworden?"

Stefanie sah Vzor in die Augen, hatte ihren linken Arm auf dem Holztisch und die Hand nah an Vzors Hand, die gerade nach dem Wasserglas greifen wollte, aber von Stefanies Hand daran gehindert wurde. Vzor, bereits *davon* überrascht, fiel aus allen Wolken, als er Stefanies Stimme hörte, die „Sie gefallen mir" sagte. „Wirklich", bekräftigte Stefanie. „Sie gefallen mir sehr."

Noch Stunden später fragte sich Vzor, ob die Welt tatsächlich geschwankt hatte, als Stefanies Hand auf seiner ruhte und ob er wirklich Horst-Manuel in jenem Moment unten am Schuppen sah, freudig auf und ab springend und winkend. Und hatte Stefanie wirklich „Hier bin ich" gesagt, sein Kinn zärtlich mit ihrer rechten Hand berührt und damit seinen Blick behutsam zurück in ihre Augen geholt?

Es muss so gewesen sein. So etwas kann man nicht träumen. Oder doch? Natürlich nicht. Nur Horst-Manuel war nicht winkend umhergesprungen, hatte sein Versteck zu keinem Zeitpunkt leichtsinnig verlassen. So etwas würde er niemals tun, hatte Horst-Manuel gesagt und geweint, weil Vzor ihm nicht glauben wollte.

Als Vzor am nächsten Tag, wie an jedem Morgen, mit Horst-Manuel am Frühstückstisch saß, bemerkte er, wie der Junge gedanklich an einer Frage kaute, die zu formulieren er entweder nicht schaffte oder sich nicht traute, das Gedachte auszusprechen. Und so sagte Vzor: „Hast du etwas auf dem Herzen?"

Horst-Manuel rutschte auf seinem Sessel herum, würgte den Bissen herunter, den er gerade im Mund hatte und sagte schließlich: „Die reizende Dame, die mir bestimmt gefallen würde, wie du gestern sagtest: hat sie sich in dich verliebt?"

Vzor fiel die Gabel aus der Hand.

„Oder du dich in sie?"

Wenn Gedanken Töne hervorbrächten, gäbe es keine ruhige Minute mehr auf Erden, und gerade jetzt wäre es besonders laut, dachte Vzor und schüttelte auf Horst-Manuels Frage verneinend den Kopf.

Vzor hatte eine Menge Überlegungen - mehr Moll- als Dur-Gedanken -, die zusammengenommen für mindestens drei Sinfonien gereicht hätten. Eine Frage, dumpf schwingend wie ein Kontrabasston, machte sich mehrmals am Tag breit hinter seiner Stirn: Wieso darf eine Zivilistin in Tagen strengster Einsparungen noch ein derart auffälliges Nobelauto fahren? Was beziehungsweise wer stützt dieses Privileg? Ist es der Goldfasan allein oder steckt noch mehr Bevorzugung hinter Stefanie? Haben diese Sonderrechte vielleicht noch etwas mit ihrem geschiedenen Mann zu tun? Ist etwa ihr Wissen um etwas Dunkles ihr Schutz? Das wäre gleichzeitig etwas sehr Gefährliches. Vzor besah sich in diesen Tagen öfter als üblich im Spiegel und zweifelte jedesmal an Stefanies Ehrlichkeit bezüglich ihrer Aussage, Gefallen an ihm zu finden. Umgekehrt hingegen hatte es zu keiner Zeit einen Vorbehalt gegeben. Stefanie hatte ihm vom ersten Tag an gefallen. Wenn er Holz hackte und der Bub ihm beim Stapeln der Holzscheite half, dachte er, wie wunderbar es doch wäre, ohne Ängste offen mit Stefanie über alles reden zu können. Quälend war die tägliche Ungewissheit, das Fehlen von Antworten auf die vielen Fragen, die ihn bedrängten.

Seit Stefanies Besuch waren gerade erst fünf Tage vergangen, als die Glocke an der Haustür anschlug. Es war der ansonsten lautlose Briefträger, der immer ohne zu läuten Briefe in den Kasten steckte. Diesmal musste er sich melden, weil das Päckchen, das er in der Hand hielt, nicht durch den Briefkastenschlitz passte.

„Ich komme gleich!", rief Vzor aus dem Fenster und entschuldigte sich zwei Minuten später an der Gartentür, weil es so lang gedauert hat.

Der Briefträger lachte und sagte: „So selten Post, wie Sie kriegen, müsste *ich* mich bei *Ihnen* entschuldigen!"

Das Päckchen kam aus Wranau. Inhalt: ein ziemlich dickes Buch: *Johann Peter Eckermann 'Gespräche mit Goethe in den letzten Jahren seines Lebens'*.

Dem Brief, der obenauf lag, entströmte ein zarter Duft. Vzor erkannte sofort Stefanies Parfüm: leicht wie eine Frühlingsbrise. Für Horst-Manuel offenbar schwer wie ein sommerlicher Blütensturm; denn bereits an der Küchentür schrie er: „Hat Mama mir ein Paket geschickt?"

Vzor, verstört und erschrocken, verstand im Bruchteil einer Sekunde alles und gleichzeitig nichts. Horst-Manuel hatte inzwischen nach dem Briefbogen gegriffen, ihn aufgeregt kurz an die Nase gehalten, die wenigen Textzeilen überflogen, die Anrede und Unterschrift zur Kenntnis genommen, den Brief auf den Tisch fallen lassen und war weinend aus der Küche und die Treppe hinauf ins Schlafzimmer gerannt. Vzor, aufgeregt und ratlos, las erst schnell, was Stefanie geschrieben hatte. *Lieber Josef,* las er, *selbstverständlich will ich Sie nicht mit dem gesamten Buch malträtieren, weshalb ich Ihnen ein Lesezeichen zwischen die Seiten legte, wo der Kuckuck in Eckermanns Gespräch mit Goethe eine Rolle spielt. Gruß Stefanie.*

Vzor zitterte am ganzen Körper, ließ Brief und Buch auf dem Tisch liegen, verließ die Küche und stieg, so schnell er konnte, die Treppe zum Schlafzimmer hinauf.

Bereits auf der Treppe hörte Vzor das Schluchzen des Buben und begriff, dass er nichts, aber auch gar nichts verstanden hatte im Lauf der Monate, die der Knabe schon unter diesem Dach lebte. Horst-Manuel lag bäuchlings auf dem Bett, der schmale Körper vom Weinkrampf geschüttelt, das Gesicht ins Kopfkissen gepresst. Vzor ging ums Ehebett herum, legte sich vorsichtig auf die freie Seite, berührte behutsam den Rücken seines Schützlings und ließ die Hand dort liegen, nachdem er merkte, dass die Zuwendung dem Jungen gut tat, und überlegte, wie dem Kind zu helfen sei: mit sanftem Zureden oder mit Schweigen? Vzor entschied sich für die stumme Teilnahme. Und während er so dalag und nachdachte, wie wohl der Bub auf den Gedanken gekommen sein mochte, dass ihm seine Mutter ein Päckchen ausgerechnet hierher geschickt haben könnte, wurde ihm klar, dass auch für einen zehnjährigen Knaben der Spruch von der Hoffnung, die zuletzt stirbt, Gültigkeit haben wird.

Und während Vzor grübelte und grübelte und fühlte, wie das Zucken unter seiner Hand nachließ und der Junge von Minute zu Minute ruhiger atmete, wurde er selbst müde, spürte wie die Augenlider immer schwerer wurden, bemerkte noch am Rande, dass Horst-Manuel eingeschlafen war und somit kein Hinderungsgrund mehr vorlag, sich selbst auch in den Schlaf fallen zu lassen.

Als ihn die Wärme weckte, sagte ihm der Sonnenstand, dass es bereits früher Nachmittag sein musste. Horst-Manuel schlief immer noch. Jedenfalls sah es danach aus. Vzor glaubte ein Zwinkern bemerkt zu haben, stand vorsichtig auf und wartete. Es war ein beliebtes Spiel, das sonst Horst-Manuel nach wenigen Sekunden lachend auflöste. Diesmal wartete Vzor vergebens.

Es war bereits Kaffeezeit, als Horst-Manuel herunterkam, an den Türrahmen zur Küche klopfte und fragte, ob er hereinkommen dürfe.

„Du wirst bestimmt Hunger haben, musst mir jetzt nur sagen, worauf du Appetit hast." Vzor war stolz, wie locker ihm der Satz über die Lippen kam; so als wäre dies heute ein Tag wie jeder andere.

„Auf Kartoffelpüree", sagte Horst-Manuel, ebenfalls als wäre nichts gewesen.

„Bestimmt wieder mit einer Wurst", ergänzte Vzor und schickte ein stilles Dankgebet zum Himmel und gleichzeitig zum Wallfahrtsort Wranau, wo die gütige Spenderin wohnte.

„Ja, gern, mit Wurst, falls wir noch welche haben", sagte Horst-Manuel und sah sich dabei in der Küche um.

„Suchst du etwas?", fragte Vzor.

„Den Brief, den du mit dem Päckchen bekommen hast."

Vzor fragte weder weshalb noch wieso, ging ins Wohnzimmer, wo inzwischen das Buch und der

Briefbogen lagen, nahm das Blatt, roch sofort wieder diesen besonderen Duft, der ihm Stefanies Bild herbeizauberte, ging in die Küche zurück und reichte Horst-Manuel das Büttenpapier, auch auf die Gefahr hin, den Buben noch einmal in seelische Bedrängnis zu bringen.

Horst-Manuel nahm das Blatt, hielt es kurz an die Nase, schaute ernst, aber ohne Tränen in den Augen, und sagte: „Ich hab mich nicht geirrt: Meine Mama hatte dasselbe Parfüm."

Kein Schluchzen, kein Davonlaufen mehr; aber Vzor hatte Schwierigkeiten und verschwand in der Speisekammer, um Kartoffel zu holen. „Hilfst du mir bitte und stellst einen Topf mit Wasser auf den Tisch?" Vzors Stimme klang belegt.

„Mach ich!", rief Horst-Manuel, beinahe wieder fröhlich.

Vzor schälte die Erdäpfel, Horst-Manuel teilte sie in einigermaßen gleichgroße Hälften, Radio Brünn brachte Nachmittagsmusik, und Ilse Werner sang: „Mein Herz hat heut Premiere, das Stück heißt ′Du und Ich′, und wenn ich mich auch wehre: Mein Herz schlägt nur für dich!"

Da sagte der Bub, als wäre dies die selbstverständlichste Frage der Welt: „Schlägt dein Herz für Stefanie?"

Der Satz traf Vzor unvorbereitet, die Pause bis zu einer Antwort wäre bestimmt peinlich lang geraten, hätte Horst-Manuel nicht gleich weitergesprochen und gesagt, dass *sein* Herz für eine Frau, die so wunderbar dufte, *garantiert* schlagen würde.

Schon am Tag darauf erfolgte die nächste Überraschung. Vzor sah den Briefträger, der gerade davonradelte. Als Vzor den Briefkasten öffnete, informierte ihn bereits der Duft. Da war er froh, dass der Junge im Schuppen das gehackte Holz vom Vortag stapelte.

Stefanie schrieb: *Lieber Josef, hätten Sie Lust, mit mir das schöne Wetter zu einer Autofahrt zu nutzen? Wir könnten nach Blansko zu den Macocha-Tropfsteinhöhlen fahren und irgendwo unterwegs zu Mittag essen. Ich werde unverbindlich am Montag, dem 24. Mai, gegen 9 Uhr zu Ihnen hinauskommen. In Vorfreude, Ihre Stefanie Wimmer.*

Auch Vzor fühlte Vorfreude, allerdings getrübt vom schlechten Gewissen, das ihn beschlich. Wollte er die Einladung annehmen, müsste er Horst-Manuel belügen, irgendeinen wichtigen Montagtermin erfinden, der sich über den ganzen Tag erstrecken müsste. Außerdem wäre es erforderlich, Stefanie telegrafisch zu bitten, ihn nicht von hier abzuholen, sondern zum Grandhotel zu kommen, wo er dann warten würde. Aber wie sähe das aus? Würde Stefanie nicht sofort denken, dass *doch* etwas an Spitzers Vermutung stimmen könnte? Dass er tatsächlich ein Weibsbild im Grundstück versteckt hielt und von Stefanie dreist verlangte, ihn am Grandhotel abzuholen, wo er, wie sie annehmen könnte, eine Liebesnacht mit noch einer weiteren Weibsperson verbracht hatte?

Nach kurzem Überlegen, wohin mit der duftenden Botschaft, entschied er sich, den Briefumschlag zwischen die blühenden Tulpen oberhalb des Steingartens unter eine Schieferplatte zu schieben.

Im Haus starrte Vzor auf den Abreisskalender: *Freitag, 21. Mai 1943. Spruch des Tages: Erst wäge es, dann wage es! Erst denke es, dann sage es!*

Na toll! Auch das noch! Und so entschloss sich Vzor zur Wahrheit. Nicht gleich. Doch spätestens morgen würde er dem Buben sagen, dass er am Montag von Frau Stefanie abgeholt werde. Also kein Telegramm, kein erfundener Wichtigkeitsgang in die Stadt, aber dennoch Skrupel.

24

Weder am Samstag noch am Sonntag war Vzor mit der Wahrheit herausgerückt. Kurzzeitig außer Haus zu sein, um in der Stadt einzukaufen, war eine lebenswichtige Notwendigkeit. An dieser Einsicht hatte es bei Horst-Manuel nie gemangelt. Doch dem erst zehnjährigen Buben beizubringen, ohne ihn eine Abenteuerspazierfahrt mit dem Auto zu den Macochahöhlen zu machen, brachte Vzor nicht übers Herz. Seine Ängste, die ihn während eines jeden Stadtgangs umkrallten, waren schon schlimm genug. Und so blieb es dabei, dass alles, was die Gefährdung des Kindes multiplizieren würde, abzulehnen war. Und dennoch reifte in der Nacht zum Montag in Vzor ein kühner Gedanke, der ihn immer weniger beunruhigte, je öfter er sich dazu Stefanies Gegenwart vorstellte. Seltsam, sogar der marillenfarbene Brigadechef spielte keine bedrohliche Rolle mehr. Der Gedanke an die Ruhe im Auge des Orkans legte sich beschwichtigend auf all seine Überlegungen.

Morgensonne über dem Johannistal. So anmutig der deutsche Name auch war: Vzor akzeptierte ihn nicht. Radio Brünn wünschte allen Hörerinnen und Hörern einen ausgeruhten Wochenbeginn. „Heute ist Montag, der 24. Mai 1943", tönte es frohgelaunt aus dem Volksempfänger. „Es wird strichweise bewölkt sein, aber keinen Niederschlag geben. Die Temperatur wird auf zirka 24 Grad ansteigen."

Unmittelbar darauf ertönte zweimal kurz die Mehrklanghupe.

„War das im Radio?", fragte Horst-Manuel.

„Nein", sagte Vzor, „das war der Wagen vorm Haus.

„Muss ich in Deckung?"

„Nein", sagte Vzor. „Du kannst vom Schlafzimmerfenster aus vorsichtig durch die Gardine linsen."

„Darf ich jetzt schon?"

„Ja, aber aufpassen, dass sich der Vorhang nicht bewegt."

Horst-Manuel fegte wie ein Wirbelwind davon, und Vzor öffnete das Fenster.

„Guten Morgen!", rief Stefanie und winkte.

„Ich komme gleich!!", rief Vzor zurück und schloss das Fenster.

Als er ins Schlafzimmer hinaufrufen wollte, dass er kurz hinausgehen, aber gleich wieder im Haus sein werde, kam Horst-Manuel wie ein Kugelblitz die Treppe herunter und flüsterte: „Mann, o, Mann, o, Mann, ist das ein Schlitten! Ist das Stefanie?"

„Ja", sagte Vzor. „Geh wieder nach oben. Ich bin gleich wieder zurück."

„Fährst du weg?"

„Um Himmelswillen, nein!", antwortete Vzor, noch ehe sich Traurigkeit, Angst und Enttäuschung in Horst-Manuels Augen zeigen konnten. „Ich bleibe vorm Haus."

„Dann kann ich euch ja sehen."

„Aber nicht mit den Gardinen wackeln!"

Eifrig besetzte Horst-Manuel wieder seinen Späherposten. Der Wagen hatte inzwischen gewendet, stand jetzt auf der anderen Straßenseite und war nun in seiner ganzen Länge und Schönheit zu betrachten. Dass eine Frau so ein tolles Auto fuhr, imponierte dem Jungen ungemein. Und dass dies die Frau sein sollte, die wie Mama duftete, machte die Angelegenheit noch spannender. Papa Josef schloss die Gartentür auf und überquerte den besandeten Fahrweg. Die Frau war ausgestiegen und machte eine fragende Bewegung. Papa Josef sagte etwas, was wie eine Entschuldigung aussah, dann reichten sich beide die Hand. Papa Josef stand mit dem Rücken zum Haus, so dass Horst-Manuel lediglich sehen konnte, wie die Frau reagierte. Sie hörte nur zu, blickte ernst auf Vzor und schaute sich zwischendurch immer wieder um. Dann hakte sie Papa Vzor unter, ging mit ihm auf und ab und schwieg offenbar immer noch. Vielleicht sagte sie etwas, wenn beide in Richtung Wald schlenderten. Dieses Auf- und Abgelaufe dauerte eine ganze Weile. Schließlich redete auch die Frau, und ein Entschluss schien gefasst. Plötzlich umarmten sich beide. Das dauerte auch wieder. Schließlich geschah etwas Praktisches: Beide zogen das Stoffverdeck vor, hakten das Vorderende über die Windschutzscheibe, verriegelten, was verriegelt werden musste, die Frau entnahm dem Wagen eine Handtasche, verschloss die Tür; dann kamen beide aufs Haus zu, die Gartentür quietschte, die Haustür fiel ins Schloss, weil bestimmt die Tür zum Hof offen stand und es deshalb wie immer starken Durchzug gab. Papa Josef sprach und sagte gerade: „Wir sollten es dem Spitzer nachsehen, dass er so reagierte."

„Schorsch ist ein Idiot!", sagte die Frau.

Horst-Manuel gefiel die Stimme. Und nicht nur die, wie er fand, weil er gerade eben lang genug Gelegenheit hatte zu studieren, was ihm noch alles an der Frau zusagte, die mit Stefanie unterschrieben und den Brief so wunderbar beduftet hatte.

„Also, was ist, Josef?", tönte es sanft durchs Haus. „Stellen Sie mir den jungen Mann endlich vor?"

Horst-Manuel hatte plötzlich das Gefühl, gewachsen zu sein. Gewachsen und erwachsen. Trotzdem pochte sein Herz wie verrückt, als Papa Josef nach ihm rief. Ein Blick in den Spiegel, kurz über die Haare gestrichen, ein knappes Zögern noch, ein tiefes Durchatmen, und dann stieg er die Stufen hinab.

Papa Josef sah angespannt aus, obwohl er lächelte. Frau Stefanie, aus der Nähe besehen, war noch schöner als aus der Ferne betrachtet. Und jetzt lächelte sie auch noch. Der zarte Duft ihres Parfums zauberte für Horst-Manuel Vertrautheit herbei, stritt noch einmal kurz mit dem schmerzhaften Gefühl des verlorenen Zuhauses, doch die anziehende Erscheinung siegte. Und so stand er endlich unten im Flur und sagte: „Grüß Gott, ich bin der Horst!"

„Und ich bin die Frau Wimmer. Du darfst auch, wenn du möchtest, Stefanie zu mir sagen."

„Danke", sagte Horst und ergriff die ihm entgegengestreckte Hand. „Werden Sie jetzt bei uns wohnen?"

„Nein", sagte Stefanie.

„Nein?" Horst-Manuel schaute auf Vzor, der keinerlei Regung zeigte, also redete er weiter und sagte: „Ich glaube aber, dass Sie es *sollten*!"

„Und warum sollte ich das?" Stefanie zeigte sich ernsthaft interessiert.

„Weil Sie jetzt Geheimnisträger sind."

„Ja", sagte Stefanie, „da ist was dran; aber du darfst sicher sein, dass das in Ordnung geht."

„Geht das in Ordnung?" Die Frage Horst-Manuels war jetzt ausschließlich an Papa Josef gerichtet.

„Das geht in Ordnung. Wir sollten diesen Dreierbund besiegeln", sagte Vzor.

„Ultra posse nemo obligatur", sagte Stefanie. "Über sein Können hinaus ist niemand verpflichtet."

„Das klingt nicht gut", sagte der Junge.

„Man kann, wenn man soll und muss", sagte Stefanie. „Allerdings muss man genügend Grips haben, um die Grenzen seiner helfenden Mittel richtig einschätzen zu können. Wer das nicht kann, wer seine Möglichkeiten leichtfertig überbewertet und die Grenzen seines Sicherheitsbereichs tolldreist durchbricht, bekommt ein Problem."

Frau Stefanies Art zu reden war für Horst-Manuel, als käme aus tiefster Vergangenheit der Widerhall einstiger Gespräche zwischen Vater und Mutter in die Gegenwart. Nichts Bestimmtes, keine Inhalte. Woher auch? Als der Vater noch im Haushalt lebte, war Manuel erst fünf gewesen.

„Lasst uns ins Wohnzimmer gehen", sagte Vzor. Und Stefanie fügte hinzu, dass alles gut werde. Horst-Manuel zeigte Stefanie seine Aquarellbilder, während Vzor in der Küche ein Gabelfrühstück zubereitete. Stefanie erwähnte, dass die Amerikaner zu einem solchen Imbiss zwischen Frühstück und Mittagessen *brunch* sagen, eine Wortschöpfung zusammengesetzt aus *breakfast* und *lunch*. Daraufhin wollte Horst-Manuel wissen, wie viele Sprachen Frau Stefanie verstehen und sprechen könne und ob sie ihm vorerst vielleicht Englisch beibringen würde.

„Diese Sprache wird gegenwärtig in Deutschland nicht gerade gern gehört", sagte Stefanie.

„Wegen der anglo-amerikanischen Bomben, ich weiß. Aber Papa Vzor hat gesagt, dass Deutschland damit angefangen hat."

„Das ist richtig. Wer Wind sät ..."

„ ... darf sich nicht wundern, wenn er Sturm erntet."

„Du bist gut bewandert", staunte Stefanie.

„Den Satz habe ich von Papa Josef. Darf ich Ihr Auto abzeichnen?"

„Warum nicht", antwortete Stefanie. „Nur solltest du dich nicht so nah am Fenster zeigen."

„Weiß ich doch, Frau Stefanie. Wieviel Pferdestärken hat Ihr Auto?"

„Ist das wichtig für das Bild?"

„Natürlich nicht", sagte Horst und lachte.

„Du möchtest es aber trotzdem wissen, stimmt?"

„Stimmt!"

„Dann will ich 's dir sagen: fünfundsiebzig PS."

„Und wie viele Zylinder?"

„Sechs."

„Das ist eine ganze Menge."

„Wie man 's nimmt. Es gibt Wagen, die haben doppelt so viel."

„Zwölf Zylinder?"

„Je mehr Zylinder ein Wagen hat, umso leiser und geschmeidiger läuft der Motor. In England gibt es eine noble Automarke, die für ihren Flüsterlauf berühmt ist."

„Und wie heißt die?"

„Rolls Royce. Dieser Wagen fährt so sanft und leise, dass das Ticken der Uhr im Armaturenbrett das einzig störende Geräusch sein soll."

„Toll! Und in Deutschland gibt es solche Autos nicht?"

„Doch. Nur ist man gegenwärtig an leisen Tönen nicht interessiert."

Horst-Manuel nickte, Vzor rief aus der Küche zu Tisch, wollte nach dem Schnittlauchtopf auf dem Fensterbrett greifen, sah diesen Berla langsam an Stefanies Auto vorübergehen, erschrak und landete mit den Fingern in der Blumenerde der Begonienschale daneben.

„Regt der Sie so auf?", fragte Stefanie, stellte den umgekippten Schnittlauchtopf auf, strich die herausgefallenen Erdkrümel in Vzors aufgehaltene Hand und sagte: „Die Zusammenarbeit mit uns beiden klappt doch schon vorzüglich."

„Ja", lächelte Vzor, immer noch die Schere in der Hand, mit der er den Schnittlauch für die Eierspeise schneiden und anschließend waschen wollte.

„Schneiden Sie", sagte Stefanie. Vzor schnitt, und Stefanie nahm das Bündel und ging damit an die Schüssel mit dem frischen Wasser.

„Ich glaub, der Kerl hockt den ganzen Tag über entweder bei Křipal am Gasthausfenster oder in Wlasaks Bretterwirtshaus unterm Steinbruch und lauert, wer hier raufkommt."

„Hat er den Buben vielleicht schon einmal am Fenster gesehen?", fragte Stefanie.

„Ich hab´s gehört", sagte Horst-Manuel. „Meine Tarnung ist perfekt. Mich hat noch keiner entdeckt."

„Das ist auch gut so, und so soll 's auch bleiben", sagte Stefanie. „Kann ich ein Brett und ein Messer haben?"

Vzor nahm aus dem Küchenschrank eins von den kleinen Brettchen, holte ein großes Messer aus der Schublade und reichte beides Stefanie, die daraufhin den gewaschenen Schnittlauch aufs Brett legte und wie ein Profikoch zu arbeiten begann: die Fingerkuppen der linken Hand zurückgenommen und die scharfe Klinge an den Fingerflächen in blitzschnellen Hackfolgen entlanggeführt.

„Vorsicht!", rief Vzor. „Da bleibt mir ja vor Angst das Herz stehen!"

„In fünfzig Jahren vielleicht, und dann bestimmt nicht mehr vor Angst", sagte Stefanie.

„Mögen Sie Schnittlauch lieber auf die Eierspeis oder lieber aufs Butterbrot?", fragte Horst.

„Auf beides", sagte Stefanie, und alle drei lachten.

Ob Berla irgendwo im Wald steckte oder inzwischen Kehrt gemacht hatte und wieder zurückgegangen war, interessierte gegenwärtig keinen mehr. Horst-Manuel sagte, dass er nicht nur das Auto allein malen werde, sondern auch die Blumenwiese dahinter.

„Ja", sagte Stefanie, „das gibt einen kräftigen Kontrast."

„Darf ich, wenn ich aufgegessen habe, rauf ins Schlafzimmer und anfangen?"

„Aber Vorsicht am Fenster!", mahnte Vzor.

Horst-Manuel beeilte sich mit dem Essen. Vzor mahnte: „Schling nicht so! Das Malen läuft dir nicht weg. Vielleicht kommt heute noch die Sonne raus, dann ist die Landschaft leuchtender, und die Chromteile am Auto werden blitzen."

„Ich brauch keine Sonne, ich habe Phantasie", sagte Horst.

„Davon bin ich überzeugt", sagte Stefanie, worauf Horst-Manuel rot wurde und „Danke" sagte.

Kurz nachdem der Junge oben im Schlafzimmer war, polterte es.

„Was war das?", fragte Stefanie erschrocken.

„Kein Poltergeist", sagte Vzor. „Der Bub hat nur das Nachtkastl ans Fenster gerückt. Das macht er immer so, wenn er malen will. Dann sitzt er auf'm Bett, hat die Wasserfarben und Pinsel auf dem Nachttisch, den Zeichenblock auf den Knien und malt. Ab und zu wird er aufstehen, durch die Gardine schauen, sich wieder aufs Bett setzen und weitermalen."

„Ein pflegeleichtes Kind."

„Kind, hört er nicht gern."

„Ist er ja wohl auch nicht mehr", sagte Stefanie. „Weint er noch gelegentlich?"

„Eigentlich selten. Früher weinte er im Schlaf."

„Er wird es Ihnen am Tag nicht zeigen wollen."

„Das kann sein. Obwohl kürzlich erst …", Vzor senkte die Stimme und sprach flüsternd weiter: „Als Ihr Päckchen mit Ihrem Brief kam, ich das Kuvert öffnete und er Ihr Parfüm schnupperte, bekam er einen Weinkrampf."

„Düfte sind Erinnerungsträger", sagte Stefanie. „Wahrscheinlich hatte jemand in seiner Familie das gleiche Parfüm."

„Seine Mutter", sagte Vzor.

„Ach herrje!", sagte Stefanie.

„Was ist das für ein Parfüm? Ich kenne nur 4711."

„Chanel Nr. 5."

„Das ist doch was französisches, oder?"

„Richtig. Coco Chanel, die Modeschöpferin aus Paris, berühmt geworden durch ihre Kreation eines schlicht-eleganten Kostüms, das als 'kleines Schwarzes' weltweit Verbreitung fand, hat auch dieses Duftwässerchen herausgebracht. Man sollte es aber nur äußerst sparsam einsetzen. Weniger ist mehr."

„Duftet sehr vornehm."

„Finden Sie? Dürfte inzwischen in mehreren Haushalten Deutschlands im Badezimmer stehen. Der siegreiche Frankreichfeldzug hat 's möglich gemacht."

„Als die Mutter den Buben verließ und an ihr noch Spuren dieses Parfüms hafteten, wird es sich bestimmt nicht um ein Landsergeschenk gehandelt haben."

„Was wissen Sie alles über den Buben und die Eltern?"

„So gut wie nichts", sagte Vzor und brauchte deshalb nicht lang, um zu erzählen, was er wusste, was er herausgefunden hatte und vermutete."

„Das ist weiß Gott nicht viel. Und der Junge hat von selbst nichts berichtet?"

Vzor schüttelte den Kopf.

„Und Sie haben auch nicht gefragt?"

„Ich wollte keine Wunden aufreißen, bin kein Seelendoktor."

„So wurlt es jetzt unter dem Schorf.

„Ich weiß nicht, was ich glauben soll. *Sie* sind die Studierte."

„Aber kinderlos. Sie hingegen haben zwei Söhne und jetzt noch einen dritten." Dann wünschte Stefanie zu sehen, wie Vzor den Haushalt meisterte, wie er dem Jungen Mutter und Vater gleichzeitig ersetzte, ließ sich den Waschkessel, das Gurkenfass, die Holzhütte auf dem Weinberg und den Heuboden im Schuppen zeigen, wo der SA-Mensch den Jungen um ein Haar entdeckt hätte und Vzor beinahe zum Mörder geworden wäre.

„Sie sind ein ungewöhnlicher Mann."

Vzor wusste nicht, was er darauf sagen sollte.

„Widersprechen Sie nicht. Sie hatten vom ersten Augenblick an mein Vertrauen. Das wissen Sie."

„Ja", sagte Vzor, und verlegen fügte er hinzu, dass er umso mehr verunsichert war, plötzlich einen Herrn in Kackerlgelb an Frau Stefanies Seite zu sehen. Noch dazu einen so Ranghohen.

Über die Farbbezeichnung musste Stefanie lachen, meinte aber unmittelbar darauf, dass ihr eigentlich gar nicht zum Lachen zumute sein dürfte, weil irgendwann, am Ende dieser bösen Zeit, der haarfeine Unterschied nicht mehr zu erkennen sein werde, der zwischen dem Opportunismus eines bereitwillig Angepassten und der Opportunität eines Widerständlers aus Gründen der Zweckmäßigkeit bestand. Es seien halt alte Kontakte aus jenen Zeiten, als sie an der Seite ihres Mannes, dessen Namen sie nicht mehr trage, Wirtschaftsbosse und Parteigrößen kennenlernte und dass diese Bekanntschaften gelegentlich immer noch recht hilfreich seien.

Die Essenszeiten im Haus Vzor waren an diesem Montag aus Reihe und Ordnung geraten. Das für gewöhnlich unübliche Gabelfrühstück war fast in Mittagsnähe gerückt, die Jause vorgezogen worden, und gegen vierzehn Uhr dreißig war Horst-Manuel mit einem ersten Bildentwurf nach unten gestürmt, hatte Stefanies Lob empfangen und war glücklich wieder nach oben geeilt.

Eine halbe Stunde später stieg Stefanie Wimmer wieder in ihren Wagen. Für Horst-Manuel ein trauriger Moment. Vom Schlafzimmerfenster aus beobachtete er gardinengefiltert den Vorgang. Am liebsten hätte er das Fenster aufgerissen, sich hinausgebeugt, gewinkt und auf Wiedersehen gerufen. Was er noch lieber getan hätte: mitzufahren - mit Papa Josef natürlich.

Bis zum späten Nachmittag war Horst-Manuel im Schlafzimmer geblieben, hatte die Gardinen vorsichtig zurückgezogen, sich aufs Bett gelegt, den dahinsegelnden Wolken zugesehen und sich zu einer davon hinaufgewünscht.

Nachschrift

Knapp zwei Jahre - grob überschlagen - wird dieser Krieg noch dauern. Eine Menge an Zeit und Gelegenheiten, in dieser Spanne umzukommen, auch in Josef Vzors Ausnahme- und Zufallsidylle.
Himmlische Schutzengel waren Ausgesperrte in Hitlers Reich, und die irdischen Vertreter dieser Gattung hatten Seltenheitswert.
Stefanie Wimmers Rolle als Hilfsengel wäre uneigennützig und ohne Selbstbefleckung nicht zu verwirklichen gewesen. Davon handelt der dritte Teil.
„Wenn man Fische fangen möchte, genügt es nicht, zum Fluss oder zum See zu gehen; man muss auch die Angel und das Fangnetz mitbringen", wird Stefanie sagen.
Und Vzor wird antworten, dass er dem himmlischen Beistand vertraue, dem Paradies am Weinberg, seiner Geburtsstadt Brünn und der vierhundertjährigen stolzen Vergangenheit österreichisch-tschechischer Gemeinsamkeiten.

   Untertitel des letzten Bandes
   der Trilogie DER IRRTUM:
  Nur die Toten durften bleiben